苏霍姆林斯基
教育经典

КАК ВОСПИТАТЬ НАСТОЯЩЕГО ЧЕЛОВЕКА

养育孩子
如何培养一个真正的人

[苏] **苏霍姆林斯基** 著

黎铮 译

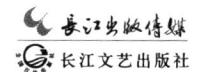

长江出版传媒
长江文艺出版社

图书在版编目（CIP）数据

养育孩子：如何培养一个真正的人 /（苏）苏霍姆林斯基著；黎铮译. -- 武汉：长江文艺出版社，2021.4（2024.1 重印）
（大教育书系）
ISBN 978-7-5702-0981-1

Ⅰ. ①养… Ⅱ. ①苏… ②黎… Ⅲ. ①青少年教育
Ⅳ. ①G775

中国版本图书馆 CIP 数据核字(2021)第 026177 号

责任编辑：陈欣然　　　　　　　　　　责任校对：毛季慧
装帧设计：柒拾叁号　　　　　　　　　责任印制：邱　莉　　胡丽平

出版：长江出版传媒　　长江文艺出版社
地址：武汉市雄楚大街 268 号　　邮编：430070
发行：长江文艺出版社
http://www.cjlap.com
印刷：武汉中科兴业印务有限公司

开本：720 毫米×970 毫米　　　1/16　　印张：17.375　　插页：1 页
版次：2021 年 4 月第 1 版　　　　　　2024 年 1 月第 2 次印刷
字数：215 千字

定价：38.00 元

版权所有，盗版必究（举报电话：027—87679308　　87679310）
（图书出现印装问题，本社负责调换）

代前言

苏霍姆林斯基教育思想在中国的传播及其现实意义

苏霍姆林斯基是乌克兰著名的教育家,虽然在苏联早已闻名于世,但是在中国,直到改革开放以后才被介绍进来。最先介绍他的事迹和教育思想的是北京师范大学外国教育研究所,即现在的国际与比较教育研究所。1981年该所连续翻译出版了苏霍姆林斯基的《要相信孩子》《把整颗心献给孩子》《给教师的一百条建议》,后来又翻译出版了《帕夫雷什中学》。几乎与此同时,华东师范大学外国教育研究所的杜殿坤教授翻译出版了《给教师的建议》一书。苏霍姆林斯基的教育思想一经在中国传播就受到教育界的广泛重视,一时间在中小学校教师中掀起了学习苏霍姆林斯基教育思想的热潮。25年来虽然国外各种教育思想像潮水般地涌入中国,但中国中小学教师仍然念念不忘苏霍姆林斯基。这是因为苏霍姆林斯基的教育思想具有普适性、先进性、丰富性,是符合教育的普遍规律、符合儿童的成长规律的。他懂得儿童的心,能用自己的满腔热情灌浇儿童的心灵。他的事迹,只要是教师,看了无不为之感动。

苏霍姆林斯基教育思想的核心是人道主义。相信人,相信每一个孩子是他的教育信条。1960年他写了一本书，就叫《要相信人》，中国翻译过来的时候，因为当时正在批判人本主义、人道主义，因此把它译为《要相信孩子》。其实他的原意是不仅要相信孩子，而且要相信人。他教育学生要关心人。他说："我认为，对人漠不关心是最不能容忍、最危险的一种缺点。"他又说："我们内心中应当对人，对他身上的良好开端具有无限的信心。"这有点像我国古代孟子的心善说，认为每个人生下来是善的。至于社会上还有坏人，那是因为没有受到良好的教育，再加上恶劣的环境的影响。教师应该相信纯洁无瑕的学生，这种信念是我们每个教育工作者都应该具备的。我国现在社会正处在转型时期，社会上各种思潮影响到青少年的思想，因此现在青少年的思想有点混乱，出现了不少问题。但是我们仍然坚信每一个孩子的天性是很纯洁的，都是要求上进的，都是可以教育的。只有有了这种信念，才能做好教育工作。我们把这种信念概括为"没有爱就没有教育"。爱学生这是教师最高的职业道德。这种爱不同于父母对孩子的爱，它是一种对教育事业的爱，对人民的爱，对民族的爱，是无私的爱，不求回报的爱。只有具有这种感情才能相信每一个孩子，才能把他们培养成才。

苏霍姆林斯基认为每个人身上都具有某些好的素质，教师要善于挖掘这些素质。他说："每一个儿童身上都蕴藏着某些尚未萌芽的素质。这些素质就像火花，要点燃它，就需要火星……教育最最重要的任务之一，就是不要让任何一颗心灵里的火药未被点燃，而要使一切天赋和才能都最充分地发挥出来。"我认为，任何学校，每一个教师都应该把这种思想作为自己的教育理念，作为自己教育行为的准则。

教师要相信学生，首先要让学生自己相信自己。为了建立孩子的自信心和自尊心，老师要特别注意自己的一言一行，不说损害学生自尊心的话，慎重地对待给学生的评价。

我国教育现实中绝大多数教师都是热爱学生的，但是也有一些教师对学生不那么热爱。有些教师只爱一部分学习好的、听话的学生，从而让有些学生受到伤害。如果我们把苏霍姆林斯基作为一面镜子拿来对照一下，我们就会发现有许多值得改进的地方。

我认为，教师热爱孩子要建立在信任和理解的基础上。教师要理解孩子的需要，理解孩子的想法，同时让孩子理解自己。教师对孩子的要求要让孩子理解，而不是强迫命令。这就需要教师和学生沟通，从而建立起互相信任、互相理解的关系。有了这样的师生关系，教育也就很容易了。

苏霍姆林斯基设计的教育目标是要培养人的和谐全面发展。什么叫和谐发展。他说："所谓和谐的教育，就是如何把人的活动的两种职能配合起来，使两者得到平衡：一种职能就是认识和理解客观世界，另一种职能就是人的自我表现，自己的内在本质的表现，自己的世界观、观点、信念、性格在积极的劳动中和创造中，以及在集体成员的相互关系中表现和显示。"又说："和谐的教育就是发现蕴藏在每个人内心的财富。……就是使每个人在他的天赋所及的一切领域中最充分地表现自己。人的充分表现，这就是社会的幸福，也是个人的幸福。"他的话语中充满了以人为本，以学生为本的精神。他说，每个教师都应该想一想，我们要把学生培养成什么样的人。我们培养的就是和谐的全面发展的人。在人的和谐发展中，苏霍姆林斯基特别强调要培养学生的精神生活。他认为，我们要培养的人，不只是有知识、有职业、会工作的庸庸碌碌的人，而是要培养大写的人，就是有高尚的精神生活，有理想、有性格、关心别人、关心集体的人。他说，我们时刻不能忘记："有一样东西是任何教学大纲和教科书，任何教学方法和教学方式都没有做出规定的，这就是儿童的幸福和精神生活。"他说："我认为教育的理想就在于使所有的儿童都成为幸福的人，使他们的心灵由于劳动的幸福而充满快乐。"要做到这一点，就需要把学校各方面的工作结合起来。

苏霍姆林斯基的和谐全面发展教育思想很值得我们今天来学习。我国十多年来一直在推进素质教育。所谓素质教育就是把提高每一个孩子的素质作为教育的目标。素质包括身体心理素质、思想道德素养、科学文化素养，具有创新精神和实践能力。各种素质中最具统率作用的是人的世界观、价值观等核心观念，也就是苏霍姆林斯基所说的精神生活。培养全面发展、和谐发展的人，就是要培养他们具有高尚的精神生活。要培养学生的精神生活，教师首先要有高尚的精神生活。我们有些老师起早贪黑，辛辛苦苦备课教学，但是脑子里想的是学生的学习成绩，眼睛盯着的是学生的分数，很少思考和关心学生的精神生活。这样的工作虽然辛苦，却缺乏方向，孩子将来能否成为有丰富的精神世界和创新能力的人，却要打个问号。

苏霍姆林斯基认为，学校里智育起着重要作用。但是，智育不等于简单地传递知识。学生获得知识是为了增长智慧、增长才干，以便于以后能创造性地工作，造福于人类，同时成为一个精神充实、文明幸福的人。苏霍姆林斯基说："对我这个教育者来说，一件必须的、复杂的、极其困难的工作，就是使年轻人深信：知识对你来说之所以必不可少，并不单单是为了你将来的职业，并不单单是为了你毕业以后考上大学，而首先是为了你能享受一个劳动者的丰富的精神生活；不管你是当教师还是当拖拉机手，你必须是一个文明的人，是你的子女的明智的和精神上无比丰富的教育者。"他认为，知识既是目的，又是手段。知识不是为了"储存"，而是为了"流通"。教师不只是让学生记住知识，而且要注意发展学生的精神世界。他意味深长地说："不要让上课、评分，成为人的精神生活的唯一的、吞没一切的活动领域。"我觉得这句话好像是直接针对我国当前的教育现实讲的。

这些话对我们也有很大的启发意义。我们现在的教育受到的升学压力越来越重。升学是重要的，是每个家长都期望的。但是如果从我国民族的长远利益来考虑，升学就不是唯一的，更重要的是要把我们的下一代培养成全面发展的、有高尚精神境界的、有创造能力的人才。这不仅对国家、对社会来说很重要，就是对每个人的发展、每个人将来的幸福生活也是至关重要的。教育的任务就是要促使学生和谐全面的发展，将来不仅能为社会作贡献，而且自己能够过上文明幸福的生活。因此，我们的老师不能只顾眼前考试的成绩，让上课和评分吞没一切。

培养学生的精神世界是道德教育的主要内容。他说："形象地说，道德是照亮全面发展的一切方面的光源，而同时又是人的个性的一个个别的特殊的方面。"他强调道德教育要从童年抓起。童年时代由谁来引路，周围世界中哪些东西进入了他的头脑和心灵，这些都决定着他今后将成为一个什么样的人。对祖国、对劳动、对长者、对同志的关系都应从孩子开始观察、开始认识、开始评价周围世界的时候就开始培养。

道德教育需要有自己的独立大纲，需要学校和老师精心设计。同时德育也离不开智育，要防止教学与教育脱节：即在传授那些本来可以培养高尚的心灵的知识时，不去触动学生的思想，不使知识转化为学生的信念。也就是说，道德教育要渗透到教学中。

结合当前我国新的课程改革，这个观点也是很有意义的。新课标强调三维目标，即知识与技能、过程与方法、情感态度与价值观。这三维目标是有机结合的。这和苏霍姆林斯基的观点不谋而合。

苏霍姆林斯基非常重视学生的个性的发展。他认为，学生都是具体的，没有抽象的学生。学生的禀赋、才能、爱好和特长是各不相同的，要让它们充分发展，就要提供良好的条件。他说，为什么经常在一年级就出现成绩不好，落后的学生呢？这就是因为在智力劳动领域中没有对孩子个别对待。他说："教学和教育的艺术和技艺就在于揭开每个儿童的力量和可能性。"他重视研究每一个学生。他在帕夫雷什中学担任校长 23 年，一直坚持不脱离教学，不脱离学生。他担任一门课的教师同时还兼任班主任，从一年级一直教到十年级学生毕业。23 年中，经过他长期直接观察的学生达 3700 多人。他了解每一个学生的个性，注意培养他们的个性。他提出学校要达到三项具体要求：一是让每个学生都有一门特别喜爱的学科，鼓励他"超纲"；二是让每个学生都有一样入迷的课外制作活动；三是让每个学生都有他自己最爱读的书。他说："如果一个学生到十二三岁在这三方面还没有明显的倾向，教师就应当为他感到焦虑，必须设法在精神上对他施以强有力的影响，以防止他在集体中变成一个默默无闻，毫无长处的'灰溜溜的'人。"所以他非常重视培养学生的学习兴趣。

什么叫个性？就是一个人不类同于别人的思维品质、智能结构和人格品貌。个性的核心是创造性，创造就不是类同的。个性的发展首先源于兴趣。我曾经总结一条，就是"没有兴趣就没有学习"。学习是从兴趣开始的。教育要从小培养学生的学习兴趣，有了兴趣，他就会把学习当作快乐的事，就会以苦为乐，刻苦钻研。社会上任何一个成功者都是对自己的事业充满兴趣，同时执著追求，刻苦钻研。每一位诺贝尔奖获得者是这样，比尔·盖茨更是这样。因此，学校不是只给学生死的知识，更重要的是要培养学生对某门学科的兴趣，并使之成为他的爱好。这样的学生将来才能成为有个性，有创造能力的人才。所以苏霍姆林斯基说的，如果孩子在十二三岁还没有什么感兴趣的学科，还没有什么爱好，老师就应该为他感到焦虑，这句话有着深刻的含义，值得我们细细品味。

苏霍姆林斯基也非常重视美育、体育、劳动教育，把它们作为和谐发展的重要组成部分，它们之间是互相联系的，而最重要的都是为了培养学生丰富的精神世界，为了学生的幸福的生活。

以上我只是作了简要的介绍，我们可以看到，苏霍姆林斯基的教育思想具有丰富性、全面性、深刻性。所谓丰富性，表现在苏霍姆林斯基不仅在理论上论述了教育的规律、原则，而且身体力行，亲身实践，有着丰富的活生生的案例。他的理论不是苍白的，而是有血有肉、五彩缤纷的。所谓全面性，他几乎论述到了教育的各个方面：德育、智育、体育、美育、劳动教育都在他的视野之内，都有精辟的论述。所谓深刻性，就是他提出的每一个教育命题都有着深刻的哲理。他讲德智体美劳各育的任务不是孤立的，而是统一的，统一在培养学生的精神生活，和谐发展。他把人的价值放在教育的第一位。因此，我们学习苏霍姆林斯基的教育思想就不能就事论事，应该理解他的教育思想的精神实质，学习他的教育思想的精神。近些年来我国教育界引进了许多西方教育思想，大多是教学的技术层面的。例如建构主义理论、多元智能理论等，都是论述如何使学生在智力方面得到发展，如何主动地获取知识，却很少涉及学生的和谐全面的发展，尤其很少涉及学生精神世界的培养。因此我觉得今天我们有必要重新审视苏霍姆林斯基的教育思想的深刻意义。今天，我们提倡素质教育，就是要让学生和谐全面地发展。培养学生的高尚品质是核心，培养学生的创新精神和实践能力为重点。苏霍姆林斯基的教育思想不就非常切合我们的实际吗？我们要学习苏霍姆林斯基的教育思想，推广他的办学经验，明确教育目标，把提高学生素质、培养学生的精神生活放在重要位置。教育是一门科学，需要认真研究它的规律，遵循教育规律施教，就能事半功倍，取得较好的成绩。教育又是一门艺术，需要每个教师去创造，教师要根据学生不同的素材去创造出一个个具有鲜活个性的人才。

苏霍姆林斯基既是一名教育科学家，又是一名教育艺术家。他所创造的美丽的作品永远是我们的楷模。

北京师范大学比较教育研究中心

顾明远

引　言

本书是作者在学校工作多年的实践成果。题目中有"真正的人"字样，这意味着作者认为教育过程本身就是对共产主义理想的追求，即对体现了完美社会关系的那类人的生动形象的追求。

我称为真正理想类型的人的形象应具有以下主要特点：

对共产主义社会的完美性、对人类向道德顶峰发展的共产主义关系要有正确、深刻的认知；对感受共产主义理想之美应有个人的目标和行动；要善于珍惜神圣的祖国和共产主义社会，就像珍惜个人内心中最重要的、最神圣的东西一样；换而言之，这个理想的特点可以定义为对生活目的及意义的理解和体验，善于对自我提出"我为什么活着"的问题，并且如此回答——"为了崇高的目标"；

在个人的精神生活中，社会的与个人的事务、大事与小事都能做到和谐统一；

精神世界、精神利益和精神需求要丰富；善于运用精神财富，珍惜它们，发掘它们，使之在个人世界中更加人格化；

人们的相互需要就像需要精神财富一样，这种需求的产生和发展是建立在人们的精神共性上的，是对精神财富的共同追求。

要做到肯定与否定的和谐统一，要有强烈的爱与恨的能力，换而言之，就是爱要爱得深切，对爱人忠贞不渝，恨要恨得入骨、不会妥协；

积极地对待善与恶，表现在不光可以看到善与恶，还能够对周围发生的事物心领神会；坚定自己的理想信念，时刻为自己的信念而奋斗，当阶级信念取得胜利时每一个人都值得庆祝；

能深刻理解和自发评价这种情况：现在为了人们的心灵，首先是青年人的心灵，正进行着一场永不妥协的斗争。在这场斗争中，同我们共产主义思想相对立的，是贪婪、凶残、狂妄、狡猾的敌人——帝国主义思想和仇视人类的法西斯主义；

对人格尊严的感知——要尊重自己，要擅长珍惜自己的荣誉和名誉；要关注集体和同志对自己举止和内心世界的评价；要不断追求道德上的完美，追求理想和高尚的道德品质，追求比昨天更好的生活；要有丰富的思想并追求精神世界的生活；要有不断地丰富和发展自己智慧的意愿；

要有丰富的审美情趣并且要敏锐地发展对美好事物的需求；

以高尚的道德热爱劳动，热爱具体工作；渴望增长劳动技能；

拥有强壮的身体；

为了让道德理想成为现实，就要教会他人正确地生活、正确地行事、正确地对待他人与自己。教师要想成为教育者，需要掌握最精致的教育工具——道德科学与伦理学。伦理学在学校里被称为"实用教育哲学"。

教育伦理学中最重要的思想是——奉献，这种奉献展现了善的含义。理解和感知奉献是道德教育和道德文化的基石。内心要坚定自我奉献的信仰，这包含了道德伦理中的伦理学与伦理学实践的紧密联系。当奉献成为一种思维方式，个人和集体的关系、劳动态度与社会服务的关系，才会变成理想，被儿童的心灵所接受。善的思想，只有在一个人以对善的追求和对恶的毫不妥协的态度为生活目标时，才能成为生活实践的指南和行为的准则。只有当对理想有了追求的时候，共产主义教育才能成为现实的力量。学校里道德教育的本质，在于教师要唤醒自己学生对理想追求的渴望，这是教师应该做到的。

П. П. 布隆斯基写道："真正的道德是对道德的追求。"① 在学校的生活中，道德必须成为道德的实践——这一观点是把教学与教育统一起来的条件之一。这种统一我们讨论过很多，但尚未成为现实。道德成为道德实践的条件就是要明白关于奉献、善与恶、道德价值的内涵，即老师和学生感受到奉献与爱、永不言败的精神和永不妥协的仇恨，还有对理想的渴望、同志和战友之间的关系以及热情洋溢的相互鼓舞的时候，只有这样道德才能实现。

培养一个真正的人，教会他如何生活，意味着要让他感受社会责任，教会他该如何奉献。而怎样把这种生活的智慧融入学生们的灵魂中呢？又该如何培养出在共产主义社会中具有高尚道德品质的人呢？我们自身所表现出的道德规范就是我们巨大的精神财富，且这些就是要融入青年人的心灵里的。然而，这该如何去做呢？

我相信，教育者的话具有无限的力量。语言是最巧妙的、最尖锐的工具，我们的老师必须巧妙运用它来触及学生的心灵。本书就是对教育语言的阐释。书中揭示了共产主义的道德标准——具体的教育和教导，人们该如何生活，如何行事。形象地说，只有在语言中蕴含了对道德理想追求的种子的时候，语言才可能成为道德教育的工具。言语教育——是教育中最复杂、最困难的。认为学校教育工作中缺乏言语教育的观点是极为荒谬的，这里有必要探讨的是另一项：关于言语教育的无知和一些教师不善运用言语教育的问题。

我给自己提出了这样的目标：将共产主义的道德标准和真理原则，充分体现在奉献的话语中。

我认为教师的话语，应该是一个坚定自己的观念、拥有正确而美丽的世

---

① 引自 П. П. 布隆斯基（П. П. Блонского，1884—1941，苏联教育家、心理学家）的作品《教师在学校中的工作》（*Учитель трудовой школы*），该作品出版于1919年，是作为《校园中的劳动》（*Трудовая школа*）的第二部分单独出版的。全文大意是："实际上，真正的道德是对道德的追求，因此，真正的教育是对教育的追求，是对自己的教育工作进行持续的、顽强的、艰苦的努力。"（参见布隆斯基《教育论文选》，1961年俄文版，第618页。）

界观的人和一个渴望成为好人的人心灵之间最需要、最细致的沟通。需要注意的是，这里的沟通指的是信念与渴望成为好人、努力使今天比昨天过得更好的人的沟通。只有将二者联系起来，才有可能进行真正的教育。只有在您面前有受教育的人，言语教育才成为可能。创造人的受教育性，是道德教育的一项任务。

第一，教育孩子是让他们在快乐、幸福、开朗的世界观下成长。真正的人道主义教育是珍惜孩子拥有快乐、幸福的权利。

教育不具备魔法的能力，不能让人在生活中无时无刻感到开心，但是教育会保留小孩心灵中的巨大财富，即快乐和幸福。如果孩子的心灵受到伤害，我们一定要明白，应首先消除我们孩子的痛苦和惊慌，让他们平和与安宁，随后再为他带去喜悦。如果我们的孩子用快乐的眼光看待世界，如果他周围的环境是美妙的、细腻的、温柔的，那么他将更加容易接受教育。他将渴望倾听你说的每一句话。我知道孩子如果感到不幸就体会不到道德和心灵之美。有时我们成人觉得微不足道的事情，恰恰会给孩子带来无形的痛苦。一个五岁的小女孩，当她知道有人把她好朋友的洋娃娃丢在屋外淋雨的时候，她彻夜无眠——既不说话也不哭泣，默默地忍受着痛苦。如果孩子在孤独中忍受着痛楚，没有他人的同情和怜悯，他的内心会在很长一段时间被冷漠的冰霜笼罩。

第二，当人们在童年和少年时期与自然和他人打交道的时候，让他内心不安、焦虑、脆弱、敏感、易受刺激、富有同情心，才能成为有教养的人。这里讲的是情感修养，在观察周围人时，具有体会人们内心的喜悦与痛苦、焦虑与困惑的高超能力，能感受到孤独是降临在人们身上巨大的不幸。

在谈论儿童心灵脆弱、细腻、敏感时，我不会说这些是懦弱无能，而认为是坚定、勇敢和毅力的体现，表现出选择自己的立场和观点的能力。但是，生活多次让我信服：若没有细腻和脆弱，内心中真正的坚强、勇敢和忠于原则是不可想象的。孩子应该对他人的喜悦和悲伤敞开心扉——这是让孩子步入课堂、接受教育的重要先决条件。

儿童集体的教育者，好比一位指挥，乐团中的每一分子都应该遵从他的指挥棒去为他人创造幸福，而自己作为集体中的一员，也因此可以感受到作为公民的最大幸福。对其他人的关怀，会让人成为一个敏感的人，这种敏感极易让人感受到那些可以唤起自身道德理想追求和自身美的塑造的言语。在儿童为他人创造快乐的地方，教育者的言语拥有强大的力量。

为他人的幸福奉献自己精神力量的道德尝试会给予儿童非常重要的能力，可以使他们从另一方面用别人的眼光看到自己开放的心灵和周边人的行为。在童年时期通过自己的道德尝试感受生活是最高尚幸福的事情——让自己的心灵一点点影响他人，那么即便在他独处时也可成为一个正直的人，这也许是成为有教养人的重要的品质。

顺便说一下，在当前，关于社会犯罪的原因还存在着争议，如果不对人的心灵中细微的心理活动进行分析，就无法解决这种争议。当每一个人都成为自己行为的主人，当每一个人都对自己的良心有着严格的评判，当每一个人的自我羞耻感远大于别人时，犯罪才可能会在我们的国家完全消失。但是请注意，良知和良心可以成为行为的严格守护者，这是最大的心灵上的坚强，是在那些精神生活中最薄弱的范围内，在心灵中的温柔、脆弱和极易受伤的土壤中成长出来的勇敢，这种精神生活还包括人们之间的相互关系：友情、同伴的爱和相互帮助。

我一直都在关注培养孩子接受教育的能力。孩子越小就快乐越多，他们能为朋友、父母、老人、集体和个人创造快乐，这是最重要的。教师非常重要的任务是唤醒学生细腻、敏感的情感和注意力。

如果孩子在人群中感到孤独，这是校园生活中最可怕的不幸之一，你应该像害怕火灾一样为此感到担心。

我相信，小学学业的这段时期，是人们接受教育的关键时期，这期间涵盖了人们对道德教育的需求。在这一时期，教师要培养为他人幸福而慷慨的心灵，而这种慷慨的心灵正是那种具有贪婪欲望的人相反的一面。

第三，为了使孩子成为有教养的人，让他们对他人深信不疑，使有原则、有规范成为无可争议的道德标准，他一定要感到自己掌握在信任的人手中，道德典范是令孩子们珍惜、钦佩和向往的。有时看见老师无助地摊开双手，惊奇地说道：任何方法对这个男孩都无效了，他无可救药了。这没有什么奇怪的，因为这个难管教的孩子身边没有人给予他启迪，没有一个人的行为举止能够作为人类之美令他惊叹。的确，这世界上没有什么比人的举止更让人惊奇，更能震撼刚刚学会走路并开始发现世界的孩童的想象力。

每一个受教育者都应有鲜明的人格——这是我经过35年的艰苦探索，寻找到的令人确信的教育奥秘。正因为如此，教育者的话语就是他手中最有力、最精细的工具。当然，教育者，首先应该是父母、兄长和姐姐。我们所忙碌的，有一半是为了确保让每一个学生都相信人的鲜明个性，而这种个性要配得上这种称号，更要配得上这种信任。

如果孩子丧失了对他人的信任或者不懂什么是信任，他的内心就会常常产生沮丧和悲观的情绪。他要是停止了对真理的信任，不仅会变得暴躁不安、残酷无情，还会变得虚伪、表里不一和谎话不断。不管出现什么不道德的现象，孩子都会在道德上变得冷漠，道德价值观对他而言就不复存在了。孩子总是会注意周围世界中细微的不道德的现象，罪恶吸引着他，他好像要找谁复仇一样，好像有人教导他去做凶残的事情似的。人们应该拥有更高的敏感性去发现并防止这种危险，要去发现正在堕落的人并阻止他。真正的教育的智慧在于，对于那些不懂得信任他人的人或是迷失自我的人，教育者应该成为他们的信仰支柱和指路灯。

教育者的道德教育话语只有在其拥有道德权威时才有效。教育者本身应该成为拥有道德权威的真正的人——这种人有着热爱生活、热爱人民、热爱家庭、热爱劳动和高度热爱祖国的品质。如果您的道德教育语言和您的内心充满了崇高的信念，您的道德教育语言就会像磁铁一样对那些疑心重重的人产生吸引力，对他们而言你会成为支柱和指路灯。

第四，美能使人成为有教养的人（如果拥有上述三个条件），确切地说，精神生活在美的世界里可以让人更有教养。道德教育可以培养出真正的人——号召人们做一个具有美德的人。当人接受这种号召就会成为一个十分敏锐、易于接受教育的人。因为道德思想本身就是高尚的美。美好世界里的精神生活，就是感受、创造和保持周边自然世界的美——在人际关系中、特别是精神领域中的美。美的世界中的精神生活唤醒了人们不可消除的需求——成为美丽的人和追求奉献。当一个孩子观察到周边的美，赞赏并惊叹美的感受的时候，犹如在照镜子，他也看到了自己和人的美。孩子如果越早感受到这种美，他的自尊心就越高。在为人们创造幸福和快乐的过程中，通过了解自己身边的美来认识自己。例如，花朵的美，河岸边色彩缤纷的石头的美，黎明中的多彩霞光的美，优雅语调的美，人们举止的美——这些都蕴含着巨大的教育力量，它们能使教育者的内心获得真正的神奇本领，这种力量可以在孩子的心灵受到痛苦、不幸和灾祸时将之扭转，使之振奋起来。教师作为孩子快乐的制造者，我们的权利就是为孩子们打开通往美丽世界的大门。

我的理想就是要让每个孩子都可以看到真正的美，让他们在美的面前赞叹不已，让美好成为精神生活的一部分，让他们感觉到言语和形象的美。

感受美可以让年轻人拥有坚韧不拔、宽广善良的心灵。

如果一个人在童年时期没有体会到人心灵的美丽，那他就不可能成为有教养的人。用惊奇的目光看待他人，应该成为学校教育的基础。我认为学校只有帮助孩子从认识人的心灵开始去了解世界，在此认识的基础上形成信念，并且最主要的是培养他们对待爱与恨的能力，只有这样学校才能称之为学校。实际上，培养真正的人就是用人的美让人变得心灵崇高，正是那种思想高尚的心灵，才能让孩子们去思考：我是谁？我为什么而活？要善于对自己尚小的学生们这样讲，对青少年讲人的心灵之美，这是伟大的艺术和伟大的教育才能。

教育自己的学生让他们幼小的心灵被美的光芒照耀，使得他们的心灵变得纯洁、细腻、敏感，让其容易接受道德教育。在行为举止上，良心永远都会是一位勇敢的哨兵。在英雄主义、勇敢、忠于信仰、愿为理想献出自己生命的这类美德面前（遗憾的是，不知道为什么人们总是回避这些词），有良知的人会表现出惊奇的精神。这种惊奇的精神让人的心灵和情感变得细腻。正因为如此，词语才成为有力的教育工具。

这就是让人成为可受教育者所必备的条件。

就像乐器经过弹奏发出乐响，让音乐变得更加美妙、更加富有表现力，人对教育的敏感性——这是成为有教养的人的本领——经常受到教育的熏陶就会得到提高。

现在我要将具体的讨论内容转到该如何培养真正的人的方向上。

目 录 | CONTENTS

热爱社会主义祖国，高尚的思想和公民觉悟/001

与他人之间的义务/028

与父母、亲属之间的关系/046

理解生活以及生活中的善恶/065

培养高尚的道德品格和情操准则/092

热爱知识，热爱学校，热爱老师/174

友谊，爱情，家庭/203

对自然美和社会美的态度/249

俄文版编者后记/257

热爱社会主义祖国,高尚的思想和公民觉悟

> 你生而为人,就要努力成为一个真正的人。真正的人会用信念和情感表达自己,在意志和追求中,在对待自己和他人的态度中,在爱憎分明中,矢志不渝地为共产主义理想而奋斗。

1. 你生而为人,就要努力成为一个真正的人。真正的人会用信念和情感表达自己,在意志和追求中,在对待自己和他人的态度中,在爱憎分明中,矢志不渝地为共产主义理想而奋斗。

人体现的是一种精神的力量。在这个真理中,我看到了道德教育的一条红线。我努力让教育在每一位学生身上确立自豪感。即为共产主义理想而奋斗的战士的高尚、勇敢的精神,还有革命者、创造者和思想家的精神。

道德上高尚的精神力量源于对祖国和人民的神圣信仰。一个没有信仰的人不可能拥有精神的力量、纯洁的道德和炽热的勇气。对神圣事物的信仰赋予了孩子们十分宝贵的精神品质:他们会看到和感受到大千世界的社会生活并渴望生活在这个世界上。信仰我们神圣思想的人,就是拥有强烈的爱与恨的人。

我会对每一位参加青年列宁组织的孩子,讲述一位名叫尤拉的 10 岁男孩,在反法西斯战争中牺牲的英雄故事。村子里来了一伙德国兵,尤拉和妈

妈在一起，他的父亲和哥哥参加了红军。德国兵命令他们走进房子，大屋子里坐着法西斯军官。

当尤拉来到院子里时，军官正在梨树下喝着咖啡，他问道："小孩，你叫什么？"

"尤拉。"

"你是少先队员吗？"

"是少先队员。"

"你的红领巾呢？"

"在柜子里。"

"你为什么放在柜子里？为什么不戴着？"

"因为在法西斯面前不可以戴。在我们的红军战士到来之前需要保护好它。"

军官的脸色变得苍白，手在颤抖。但是他极力克制自己，继续扮演着一位对政治毫不关心的单纯的军人。

"吃糖吧。"他说道。

"不能吃你们的糖。"

"为什么？"

"因为我痛恨你们，法西斯！"

军官瞪大了眼睛看着小孩。他桌子上的那杯咖啡晃动着。

"如果我要给你一把枪你会干什么？"

"装满子弹的吗？"

"是的。"

"我会杀掉你们。"

军官用颤抖的手从枪套中拿出手枪，打中了孩子的心脏。

三十年来，人们一直以传说的方式谈论这件事。从来没有人会说：这个小孩不应该将自己的胸膛暴露在法西斯的枪口之下，他应该沉默。每一个听到尤拉之死故事的人，都会心跳加速，思想变得更加深刻，眼睛变得更加明亮。

在我看来，人们从童年时就能在道德财富世界（包括我们伟大的思想，我们的祖国，我们的历史和人民）之中享有精神生活是极为重要的。小公民精神生活的本质包括对人的美和精神的美的追求，他们会充满崇拜地发出惊叹和赞美，会渴望自己也能成为一个真正的爱国主义者和战士。一个生活在道德财富世界里的人从小就会感到自己是祖国的孩子。

2. 你生下来就是世界上第一个社会主义国家的自由公民。

你拥有人类的幸福——自由劳动的幸福；

劳动给人带来了最大的幸福；

在你面前展现了丰富的精神生活，展现了精神上的成长、发展和改善的道路；

你首先关心的是理智和情感、创造与美、书籍和音乐，而对衣、食、住的关心已经退居次要——

这一切都应该归功于伟大的十月革命。

革命拯救了你的祖国，使她免受外国侵略者的威胁；

革命拯救了你的人民，拯救了你的祖辈，拯救了你和你的后代，使他们摆脱了贫苦、碌碌无为、精神空虚和无知的状态；

革命使你的祖国在人类面前的声誉得到空前的提升；

要珍惜伟大的十月社会主义革命的成就！

要珍惜共产党的思想和原则，正是党带领你的祖国达到了强大和幸福的巅峰。要忠于我们伟大革命和共产党的思想、原则、法规、传统。要成为一名革命者和共产主义者——这不仅会使你对祖国的命运担负起重大的责任，还会使你的生活充满深刻的意义。

要忠于伟大的十月革命思想和共产党思想。我努力使我们的公民在儿童时期就从心里明白和理解这种思想，让他们可以分辨社会主义世界和资本主义世界的巨大差别，是十月革命将他们从危险中拯救出来。随着孩子们逐渐长大，一种思想会更加深刻地渗透在他们的意识中：那就是资本主义制度是对人的压迫和剥削，它的财富是建立在人们的血汗之上的，它犯下了可怕的罪行；对暴力的追逐，对财富的贪婪，这种观念渗入到了每一个家庭，毒害了人与人之间的关系。

我认为，向自由的苏维埃公民的意识和心灵中传输这种思想是非常重要的：资本主义世界最大的罪恶就是奴役人的思想，让人的思维、才能和劳动都服从于资本家的利益。这个制度会将一个人出售给另一个人，即便他拥有丰厚的财富，他也出卖了自己的思想和才能，因此他不可能成为一个创造快乐的人；根据残酷的社会制度，他将会沦为无言的努力者、沉默的仆人、渺小的尘埃，他一出生就注定会消失得无影无踪。二十世纪的奴隶可以拥有自己的房产和汽车，可以不为食物和衣服发愁，甚至可以将一定金额的钱存入到自己的银行账户。但他依旧是资本主义可怜的奴隶，他为暴利服务，从工人身上榨取更多的利益，导致一批批丢掉工作的失业者，或者制造可以杀害人民、毒害人民的武器。

我深深认为，我们对苏联小学生进行道德教育有一个非常严重的疏漏：我们很少教孩子们如何思考幸福，思考关于整个苏联人民的幸福，关于每一个家庭的幸福，在我们每一个人面前的社会主义制度向人们提供了可以实现那些不切实际的想法的机会。智慧和技巧，艺术和"技术"教育主要是让孩子和青少年思考并珍惜幸福。在教育中，世界观信仰对我们的精神世界和精神生活的方向起着极其重要的作用。

我会逐渐让自己学生的思想充实起来，让他们了解到我们的人民是如何通过劳动创造幸福的。我们要让孩子们发现并思考在我们的社会主义生活中越来越多的新事物，这就是我们教育的首要目标。

3. 你不会永远都是个孩子——你需要考虑这个真谛的深刻含义。我们来

到这个世界,从孩童时代逐渐成长,在世上留下自己的足迹,过着真实的生活。世界上还生活着其他的动物,昆虫活着,鸡活着,牛活着,但是它们的生活和人相差甚远,好比虫的巢穴、鸡的栖木和牛棚与宇宙飞船的座舱一样不可相提并论。它们的生活与人类的生活大不相同,人的生活是人精神的作品。努力成为一个精神上成熟的创造者——思想家或勤劳的人。人终有一死,同时,人也是不朽的,人之所以不朽,是因为人可以为人类做出贡献。

道德教育是最细致的教育工作之一。我坚信,人会随着他这一代人(这一代人也是人类不朽链条中的一环)对生活梦想的渴望在精神上变得成熟。要想启发孩子让他们意识到今后自己会长大,并需要为物质和精神价值的创造做准备,这并不容易。我认为非常重要的是:老师要懂得婉转地、细腻地、不断地提醒孩子,让他们知道,他们在生活中该做些什么,什么样的劳动和什么样的职责一旦与精神活动联系在一起就会造就他们的个性,会创造他们作为公民、劳动者、思考者、父亲、丈夫的声誉。这里十分重要的是细致入微又不复杂的说教:教师只要稍微提醒,就会在孩子的脑海中唤起丰富的思想。

如果你想让你的学生看到、理解并感受到他一生中必须拥有什么样的精神财富,那就把他带到你自己的精神世界中吧。让他把你看作是一位对无尽知识海洋深思熟虑且富有求知精神的航海家;让他把你看作是一位知道即使穷极一生也无法探知未知世界千分之一却依然无所畏惧踏上征程的探险家。观察和直接感受精神财富,体验人类创造的伟大——所有这些都有助于我们教育自己的学生,帮助他们思想成熟,让他们在意识中了解到从现在起就应该开始繁重的工作,并为此付出一生。这种认知对形成以下信念是尤其重要的:"学习、掌握知识"是毕生的事业。而且你在童年少年时代越努力越认真地开始这项事业,到了你的成年时期你所获得的知识乐趣和精神乐趣就会更多。有的少年总是为他没有时间读完自己想阅读书籍的千分之一而感到遗憾,也为他没有时间去了解许多有趣又有必要了解的事物而感到惋惜,他会意识到、体验到、感受到自己将会步入青年早期和成年时期。他会考虑到自身的成熟，知道有意识地去规划未来。

如果你让孩子们思考他们将要成为成年人，这种想法会迫使他们审视自己，反省自己要如何向人们展示自己的生活。孩子们需要思考自己的命运，只有这样他们才能成长为一个有远见的真正的人，这样的人应当知道自己的一生需要做什么。

孩子们，请思考自己的命运。只有向前看的人，知道在自己生命中该做什么的人，才可能成为真正的人。

4. 许多年前，当你还没有来到这个世界上的时候，我们的祖国和人民遭受了德国法西斯侵略的苦难。法西斯想要摧毁我们的社会主义国家。在被占领的土地上，德国人建造了大量的死亡工厂，每天有上千名苏联人死于毒气室。请你们记住，不要忘记这些，要告诉子孙后代：德国法西斯想彻底摧毁我们，之后是其他的国家，他们想要成为全世界的主宰。所有苏维埃人民都参加了反对纳粹的伟大的卫国战争。有两千万人民为自由献出了宝贵生命，我们的社会主义祖国会永远牢记这段历史。法西斯的企图和所作所为是不可饶恕的。如果我们忘记或者原谅了这些，就是玷污了我们的兄弟、我们的父亲、我们的祖父和我们曾祖父的圣洁记忆。

从斯大林格勒到柏林和布拉格，从白海到黑海，到处都有神圣的墓地。如果没有数以万计的英雄挺身保护我们的社会主义祖国，如果不是19岁的年轻人安德烈·马特洛索夫在冬天的清晨用胸膛挡住了敌人的机枪口，如果不是尼古拉·加斯特洛驾驶燃烧着的飞机冲向法西斯的坦克纵队，如果不是17岁的共青团员卓娅·科斯玛捷米扬斯卡娅在赴刑场的路上高呼："消灭法西斯！"你将不会出生在这个世上，即使你出生了，也会像奴隶一样苟且度日。

请记住，永远不要让子孙忘记，是谁拯救了你和你的家庭以及我们的多民族社会主义祖国，使我们的历史和价值观免遭毁灭。这是一场苏维埃人民神圣而伟大的战争。

我认为最细微和最重要的教育任务之一，是共产主义思想通过英雄主义的方式传播给孩子们。

有一个关于"坚强的政委"的故事。曾经有几天，为了突破敌人的防御，部队向前进发，士兵们不停歇地走了十公里、二十公里、三十公里，穿过战火。（向孩子们讲述战争的巨大艰辛，就是让他们明白战争是艰巨而残酷的，比起世界上任何一项工作都艰巨且残酷。）走在最前面的是"坚强的政委"，他是一个坚韧不拔的人，担任党的领导职务，执行同志们都认为十分艰巨的工作。他说他永远都不会累，士兵从未见过他休息。当有机会休息的时候，"坚强的政委"会坐在某个地方阅读列宁的著作。他说道："列宁教会我如何爱与恨。"士兵还看到他在学习德语。"坚强的政委"说："在审判敌人时，我们必须告诉法西斯，他们在我们的土地上做了些什么，因此需要懂得德语。"

如果行军特别困难并且漫长，"坚强的政委"就会用歌声来度过时光。他永远冲锋在前。士兵问道：

"政委同志，您的脚怎么了？"

"战争开始的头一个月我就负伤了。""坚强的政委"回答道。

在一个秋天，该部队向前进军，士兵在泥泞中勉强挪动双脚。天就要亮了，他们仍然行进缓慢，而他们要尽快穿越第聂伯河。精疲力竭的政委走在队伍的最前面，突然，他倒下了。士兵们朝他跑去，医生来了，宣布说："他死于心脏骤停。"

他的遗体被人们小心翼翼地抬到担架上。这时士兵才发现，政委的腿是假肢。

消息立刻在成千上万的人中传开来。

"坚强的政委"的心脏在一瞬间停止了跳动。但是，在成千上万勇敢的士兵的心中，政委新的生命开始了。在这位共产主义者勇敢精神的鼓舞之下，士兵们齐头并进，又跋涉了二十公里，穿越第聂伯河。"坚强的政委"被埋葬在一座小山上，这位共产党员将永远活在孩子和人民的心中。

有一种思想比其他的价值观和精神财富更加强大，它可以让少年的心灵变得更加高尚，这种思想就是忠于人民，为人民的幸福甘愿献出自己的生命。我想把教育称为唯物主义思想教育，这种教育本质上是让崇高的思想和信念成为孩子的理想追求，启发他们展现自己的美。当这种思想以英雄和战士这些正面形象在年轻公民面前展现的时候，可以让公民心中充满骄傲感，这种伟大的崇高将变成信仰。教育的思想和信念的形成首先是一个人对神圣祖国的态度，领悟在祖国的土地上自由和独立、荣誉与尊严的重要性，知道我们英勇的人民创造的过去与现在的辉煌。

在思想上做一个有教养的人，意味着你要具有鲜明的爱恨情感。要热爱祖国，憎恨敌人，要永远牢记那些给我国人民带来灾难而无法原谅的事情，并要世代相传下去。这种情感的交融，正是高尚的道德文化和真正的文明和谐统一的表现，这是对真正文明的解释，关于为何生活和如何生活的知识已经成为最主要的知识。如果说在学校和生活中获得的所有知识都是建立在这一坚实基础上的，人就会产生对祖国的责任感。认识这个真理，就会强烈地憎恨敌人，永不妥协，这种憎恨还会产生勇敢的精神。一个人若是对与我们祖国和意识形态敌对的势力深恶痛绝，便可以去建立英雄的功绩。

为了让年轻一代在心中牢记那些将我国人民和全人类从法西斯中拯救出来的人们，为了培养年轻一代的责任感，我们必须像珍惜圣火一样，珍惜对敌人的仇恨，并使之世代相传。法西斯主义是穷凶极恶的，它应该被深埋在地底或是海里的深渊。只要是帝国主义还存在，这世界上就仍然会有亿万人民是资本的奴隶，我们的每一个学生都必须准备好在战斗中流血牺牲。对帝国主义暴政的仇恨，这种神圣的情感不应被磨灭，而应世代相传。

是什么激励了尼古拉·帕尼卡科，让他在伟大的卫国战争中留下丹柯[①]

[①] 丹柯是高尔基短篇小说《伊则吉尔老婆子》里的人物。故事中，他是一个勇敢智慧的青年。当族人陷入黑暗的困境时，丹柯掏出自己的心。他的心熊熊燃烧，照亮了族人前行的道路，丹柯自己则因此牺牲。——编者注

的盛名，在战斗中用自己熊熊燃烧的身体点燃法西斯的坦克？是什么激发了尼古拉·加斯特罗和亚利山大·马特罗夫、卓娅·科斯玛捷米扬斯卡娅和尤里·米尔诺夫，不惜牺牲自己的生命去阻止敌人，夺取胜利？是仇恨，是对祖国敌人毫不妥协的仇恨。

对敌人的仇恨是热爱神圣祖国的精神力量。将你的学生带到卫国战争英雄公墓时，要对他们进行爱国主义教育，在他们的内心埋下爱国主义思想，让学生们做好为祖国而战的准备，在孩子们的内心深处种下对敌人仇恨的种子。记住，老师们，这是最人道、最高尚的情感，它能让人变得更美、更善良、更温柔、更富有同情心。

要告诉孩子们、青少年们，法西斯在我们的土地上做了什么，他们是如何虐待苏联人民的！让被狗强盗残杀、折磨、烧死、迫害的祖辈们的遗骸永远敲击着学生们的心灵——无论过去多久这些苦难也不应该被忘却。

5. 在我们的生活中存在着很多有价值的事物。可以思考一下，哪些事物更好：是家庭，还是孤独一人？是献身于选择的理想事业，还是对万事漠不关心？这世上存在一些无法被比拟，无法被比较讨论的事物，那就是家乡、社会主义祖国、孩子的忠诚、对你降生的这片故土的深情和对养育你成长的人民的热爱。

你是人民的儿子，作为公民，你是可以独立思考、充满崇高思想的人，你是一个劳动者，是一个为真理、幸福而斗争的战士，你关心自己的家庭，你真正出生在这个世上；在你身上，好比一滴水反射一缕阳光，反映出人民悠久的历史，反映出人民的伟大荣耀、情感和希望，反映出人民与我们无限亲切的土地间存在着的永不分割的情感，这些种种，已经成为我们生命中永恒的、不可磨灭的一部分。

母亲生下你的肉体，祖国孕育了你作为公民的心灵，没有什么比祖国更加珍贵的了。可以为了祖国的幸福、伟大、独立毫不犹豫地献出自己的生命。

因为，如果没有幸福、伟大、独立的祖国，人们的生活不仅是痛苦的还会是耻辱的。"俄罗斯可以没有我，我不能没有俄罗斯。"(И. С. 屠格涅夫)[①] 我们的祖国伟大且地域辽阔，她是由我们的祖辈创建的，我们要为自己是世界上第一个社会主义国家的公民而感到自豪。在这里出生了全世界劳动人民的领袖弗拉基米尔·伊里奇·列宁，他是我们共产党的创建者、苏联的创始人，是伟大的思想家、人道主义者。你应该为自己是弗拉基米尔·伊里奇·列宁的同胞而感到骄傲和自豪。

我们的祖国广阔无垠。从北极严酷的冰雪到亚洲炎热的沙漠，从喀尔巴阡山脉到太平洋诸岛，我们的土地绵延不绝，每一个角落都能体现出我们祖国的活力。你有一个出生的地方，在这里你第一次呼吸祖国的空气，睁开双眼，看到这个世界，你说出了人生的第一句话，迈出了第一步，触碰到了祖国的土地，体验了人生第一次快乐和悲伤。对于我们每个人来说，关于祖国的认知都是从细小的、看似不引人注意的、微不足道的事物开始的；在我们每一个人的生命中，直到我们生命的最后一刻，都存在那种独一无二、无可替代的事物，例如母亲的乳汁和她亲昵的抚摸，又例如母语。这是体现了我们祖国鲜明形象的一角。我们发展爱国主义的意义是：这一角就如同我们每个人开始的第一个生命的源泉，将永远融入我们每个人的心灵，激励着我们每个人。请永远不要忘记这温暖且温柔的摇篮，请记住如果没有她，你将什么都不是，通往广阔世界的大门将不会为你敞开。

人对自己祖国的认知和了解，爱国主义的精髓在我们的心里形成，儿童时代、少年时代和青年早期时代的爱国主义教育，爱国者丰富的、积极的、无私的精神生活——这些最细腻、最复杂的过程发生在思想、行动、信念、理想和愿望复杂的交织中，这就是爱国主义教育。学校的爱国主义教育，是

[①] 作者引用了 И. С. 屠格涅夫文字的大意。屠格涅夫在小说《罗亭》中写道："俄罗斯可以没有我们中间的任何人，但是我们不能没有俄罗斯！谁可以没有俄罗斯的人有祸了，谁是真的不要俄罗斯的双倍有祸了。"(参见屠格列夫《罗亭》，1954年俄文版，第2卷，第119页)

对心灵和肉体上的巨大考验。我们崇高的职责就是培养精神上坚定和勇敢的人，这种人会完全忠实于共产主义理想，时刻准备着在战场上为苏维埃祖国的幸福、独立、伟大、荣誉和尊严而献出自己的生命。

爱国主义教育包含着许多方面，首先就是认知世界。一个人从他有意识的生活开始，就是他思考和感受的那一刻的开始，他不仅应该看到和理解他眼前所呈现出来的事物，还要去热爱并珍惜它，把它当作是自己的，感受自己是他出生的这个世界的一部分。要确保用数以千计的细腻的线将个人与祖国联系到一起，这就是给父母和老师的一条建议。我们确保让祖国细小的点滴和难忘的角落（让人感到亲切的世界正是由这些逐步形成的）在孩子的思想和记忆里留下难以抹去的印象。这里谈论的是被人称作心灵记忆的事情，我们的教育者要小心翼翼地、仔细呵护地去触碰孩子们遗忘了的过去，要帮助孩子恢复和还原遗忘了的记忆，让他们睁开眼睛看到祖国家乡的新面貌。

在每一个受教育者的心里保存这种亲切的、不会被磨灭的记忆，对我来说是宝贵的。正是这些构成了无数条细线，将人们的心灵永远联系在一起。以下是我的学生在毕业25~30年后对我说的话：

"我对我的童年的第一印象就是燕子的窝。这种温顺且温柔的小鸟会将自己的窝筑在靠近我床边的窗户旁，妈妈说，以前，我的摇篮就放在这里。早晨，我一睁开眼睛会就看到燕子在忙碌着，它总是飞来飞去，喂养自己的孩子。无论我走到哪里，无论我在哪里生活和工作，永远都不会忘记那摇篮旁的燕子窝。每当我记起它，心跳便会加快，父亲、母亲就会出现在眼前，我好像可以清楚地听到妈妈轻柔的歌声，看到夕阳还有被夕阳染红了的草坪，看到路边整齐的杨树，蓝蓝的天空……我多想再抚摸一下妈妈的脸庞和故乡的白杨呀……"

"我记得我家旁长着一棵老樱桃树，它的枝叶几乎都干枯了，只有一棵较粗的树枝到了春天还会长出翠绿的叶子，开着像白云一样的花朵……父亲不止一次地计划砍掉它，种上新的樱桃树，但是妈妈请求道：'不要砍掉它。这是我爷爷种的，让它活下去……'于是，父亲从老的樱桃树上截下一根幼枝嫁接到了小树苗上，接着，在老樱桃树旁生长出一棵新樱桃树——它枝繁叶茂，风过时发出沙沙的声响。这棵老樱桃树到现在还活着。它对我们所有人而言都是珍贵的。每当我听到祖国这个词的时候，就会想到这棵老樱桃树。无论何时何地，它的每一片叶子都会出现在我的眼前；有一种感觉，就像我现在正抚摸着樱桃树一样，感觉到那酸甜的樱桃的味道……"

"从不可思议的遥远的童年时期开始，我一直记得塔拉斯·谢甫琴科《科布扎歌手》[①]的封面画：妈妈怀里抱着孩子。孩子看起来很快乐，妈妈微笑着——对于一位母亲来说还有什么能比自己孩子的快乐更让她感到高兴的呢？当我听到或者读到'祖国'这一词时，我就会回忆起妈妈把这本书递给我的那一天。一个想法在我的脑海中浮现：不论是在机床旁工作的工人，还是在田间劳动的集体农庄庄员，还是地下劳动的矿工或者在炽热熔炉旁的冶炼师，大家的工作都是为了使儿童能开心地微笑。我们制造具有强大威力的武器，也是为了让孩子的微笑永不消失。"

"那是童年时代遥远的日子。清晨我和妈妈去野外。当她工作的时候我就在草原上漫步，听着蚕斯的歌声，看着蓝天中的云雀。有一次妈妈带我回家，我们穿过树林，在一个空地上休息，妈妈对我说：

'看到了吗？三棵橡树，内战时期，白军在这里枪杀过红军游击队员。'

我再也没有忘记那片林中的空地、青草的味道和啄木鸟捉虫的样子，对我而言这就是伟大的祖国。"

曾经的学生讲述的一切对我来说都是他们终生难忘的关于父母的回忆，也是对祖国成熟的思考。热爱祖国的思想是以一种微妙且复杂的方式形成的，这种思想充满了情感，就像一个人对一件事物珍惜时，这种思想就会变得强大。爱国主义的思想、情感、意愿影响着人们的内心，这得益于人精神世界

---

① 塔拉斯·谢甫琴科（Тарас Григорович Шевченко，1814—1861），乌克兰诗人及艺术家，著有诗集《科布扎歌手》。——编者注

的道德财富。在所有的回忆中，都贯穿着一条红线，即祖国的美，对眼前无与伦比的宝贵的事物所表达出的惊奇感，以及让人铭记一生并成为爱国主义思想的首个源泉的周围世界的微妙景色——所有这一切，在人的心中点燃了美好情感的火焰。孩子的内心所珍视的东西越清晰，就越能体会到自己的人格。我认为细致的教育任务是在每一个学生的精神生活中都留下这些日子，形象地说，就像时间似乎停止在这些片刻，这些对世界的印象永远留在了他的意识中，在他生命的道路上留下了伟大的火种。

要在情感上确立宝贵、亲密、无可比拟的东西，不是为了让人们消极地欣赏美。真正懂得珍惜美，就是懂得保护美，爱护美，使个人和祖国的命运紧密相连。一想到有人会来犯我亲爱的、不可侵犯的祖国时，年轻公民就应该义愤填膺。

战争期间，在第聂伯河岸的一个村庄发生了这样的事件。法西斯占领了这个村庄之后，法西斯军官来到了校园。他们被美丽的花朵吸引住了。军官们说明天他们将有晚会，如果用这些花朵来装饰房间再好不过了。五年级学生瓦洛佳听到了他们的对话。这些花是由他照顾的，昨天还给它们浇过了水。纳粹的对话激怒了这个孩子。深夜他来到了学校，将采摘的鲜花摆放在教室里列宁的肖像前。

讲述这件事的时候，我没有做出推断和结论，结论要由孩子们做出。因为仇恨侵略我们神圣土地的敌人，孩子们握紧了拳头。痛恨祖国的敌人——这是一个高度，孩子们攀登上这个高度，可以看到这个世界。正是怀有这样的感情，祖国就像一件无与伦比的珍宝一样展现在他们面前。只有对祖国的敌人强烈的憎恨和毫不妥协的精神才能在年轻公民面前展现出宝贵事物的真正价值：祖国的命运比个人的命运更加崇高，更加珍贵。由于仇恨，人会从小就拥有这种思想：对敌人宽容，在他们面前屈膝，对他们的意图和阴谋漠不关心——这对我、我的家人、我的母亲来说都是一种无法抹去的耻辱。

从孩子踏入学校的第一天起，我就跟他一起在为了祖国的伟大、荣耀、光荣、独立而建立功勋的世界中旅行，在充满勇敢、艰苦卓绝的斗争的世界中旅行。我努力使孩子们的心中永远怀有劳动人民对妄想毁灭我们祖国、使我们祖国人民卑躬屈膝的奴役者和征服者的强烈的仇恨。由于阶级意识和高尚的心灵，我的学生——祖国未来的主人——从小就开始以公民的身份生活，他会成为劳动人民的一分子，体验劳动人民的命运，在内心铭记祖国的欢乐和悲伤。我努力确保祖国的英雄历史和人民英雄事迹的史诗永远以灿烂的光芒照亮学生的生活道路。

我们要在青年公民中培养爱国主义意识和情感，向他们揭示真理：我们的每一寸土地都洒满了爱国者的鲜血。现在孩子们童年的幸福、父母们和平劳动的幸福、憧憬未来梦想的幸福都来之不易。

孩子们要在祖国的光荣、荣耀、伟大和独立的世界中旅行，这是他们充满伟大、高尚精神生活的开始。把青年公民培养成为在政治上志同道合的人——为共产主义理想而战的人——就要让他们逐渐地从家庭、故乡和村庄的利益的框架中走出来。将社会的利益、我们伟大的祖国——苏维埃的利益、全人类的利益尽可能早地灌输到孩子的意识和心灵中，这是十分重要的。要让孩子用公民的视角去看待周围各种各样的事物。应该使年轻人在孩童时就为那些与个人生活没有直接关系的苦难而痛苦。正因为如此，孩子开始从邻近的事物了解世界——从家庭和祖辈的命运、勋章和奖章，以及他们在伟大的卫国战争中荣获的由于时间流逝而发黄的证书和嘉奖中来认知世界。

从爱国主义视角来认识周围的世界：公民需要了解自己家庭的历史，了解几百年前就生活在这个土地上，抑或刚离开人世不久的同胞的壮烈经历，了解他们曾经为了祖国的幸福和自由而英勇奋斗。正是因为青年公民对世界有这样的认知，他们体会到，作为一个真正的爱国者——意味着要在田地里种出粮食，感受在故乡土地上为创造财富而劳动的人手上的茧。

我努力做到让年轻公民，感知和认识美丽祖国的每一个角落，用无数条细线将自己与祖国联系在一起，理解并体会到，他之所以能感受和认识这种美，是因为祖辈们付出了巨大的代价——汗水、鲜血、眼泪和苦难。我向孩子们展示在伟大的卫国战争期间，战斗英雄们为之奋勇搏斗、英勇牺牲的祖国土地的每一个角落。

离我家乡不远的村庄，那里在战争前住着两位少先队员——费佳·舍别里和亚沙·马特维科。法西斯的入侵，苏联的大地发出痛苦的悲鸣。我们的游击队员在夜晚袭击了法西斯，费佳和亚沙是游击队的联络人。晚上他们从树林返回时，法西斯抓住了他们，对他们进行了折磨，试图让他们供出游击队的下落。然而，任何酷刑都不能让这两位少年成为叛徒。随后法西斯犯下了罪行：他们让费佳和亚沙在橡树下挖了一个坑，然后把他们活埋了。

当我们站在这片绿色的草坪前：这里就是两位少年英雄的墓地（现在英雄的遗骸已经迁到了村里）。

年轻的朋友们，当你触碰到这块土地，你会听到它的哭泣。请在心里永远铭记对敌人的仇恨。我们不能原谅法西斯和那些叛徒所犯下的罪行。

我们会带着每一届学生来到位于学校附近的烈士陵园。1941 年，我军在全副武装的敌人的猛烈进攻下被迫撤退。炮兵一个个倒下，只有一个英雄幸存下来，面对敌人数量庞大的坦克和一个连队的机枪手，他坚持战斗了半天。身体被数颗子弹击穿，英雄的眼睛里充满了鲜血，但他还在继续消灭敌人。前来掩埋英雄遗体的集体农庄庄员在他身上发现了 43 处伤口。一颗穿甲弹击中了英雄的胸膛，使得他的心脏暴露在外。在这里，集体农庄的庄员们用一大块红布裹上英雄的遗体，将其埋葬。这颗从撕开的胸口暴露出来的心脏，在这里化为尘土。年轻的朋友们，这就是保卫祖国每一寸土地的代价。

这些英雄的故事教育孩子们用爱国的眼光看待世界。英雄主义不仅能够开阔人的视野，同时还会帮助人们体验苏维埃公民生活中共有的事物——祖国。她是伟大的、神圣的、最为宝贵的，也是无与伦比的。

我认为，非常重要的是，要让对祖国的无比忠诚永远照耀孩子的童年时期。当一个达到高尚道德顶峰的人使孩子们感到惊奇的时候，孩子才会接受真正的教育。年轻人应该看到人类光明的顶峰，而并不是遇到坎坷和沼泽就灰心丧气。让每一个年轻公民永远翘首面向被崇高思想照耀的顶峰，只有在这种情况下，他们才会对祖国产生感激之情和责任感。善于让年轻人看到人类高尚的思想，是教育技巧最细腻的方面之一。

在列宁同志的房间里有一个笔记本，在上面贴着裁剪下来的报纸和杂志。记载着在俄罗斯、白俄罗斯、乌克兰等地被摧毁的那些村庄和村庄中发生过的英勇、悲壮的故事。阅读这个笔记本，年轻的公民会感到强烈的震撼。这是人类思想最光辉的顶点——成千上万的英雄在临刑前手拉着手高昂着头毫不畏惧，在他们的话语中充满了对敌人的仇恨和英勇牺牲的大义凛然。这是忠于祖国的苏维埃人民的道德美，它可以使人的勇气、毅力和坚韧的精神增长千倍。关于在祖国村庄中被杀死、烧死、活埋的苏维埃人的故事是一部真正的史书。

宁可站着死，也不跪着生。虽然人的生命是宝贵的，但是还有比我们的生命更加宝贵的东西——我们的祖国。我们的祖国将会永远存在，因为我们的英雄将会为它的荣誉和尊严献出自己的生命。当祖国在最艰难的时候，成为叛徒可以暂时保全自己的性命，但这是可耻和令人憎恨的行为。"叛国者"一词在所有的语言中都是对叛徒的愤怒蔑视。要做好英勇杀敌、战死沙场的心理准备。做到无所畏惧、忠于祖国，这是你最强大的武器。要懂得以你自己的牺牲换取胜利。在面对死亡时你憎恨着敌人，这就是你的胜利。如果一个人在战场上只有一种选择——用身体去挡子弹，那么为此，也是值得出生在这个世上的。(Л. 列昂诺夫)① 能够勇敢地面对死亡，并不意味着在战斗开始前就准备牺牲；只是意味着，藐视死亡，胜利就会到来。

---

① 这是列昂尼德·列昂诺夫（Леонида Леонова，1899—1994，苏联小说家、剧作家）的小说《俄罗斯森林》(Русскй лес) 中的文字，描写了女主人公波琳娜·维克洛娃对越过前线进入法西斯占领区提议的反应。原文为："哦，如果她的身体能阻止一颗子弹向她的祖国飞来，她的生命就是值得的！"（参见《列昂诺夫作品集》，1962年俄文版，第9卷，第627页。）

我们要从公民小时候就灌输蔑视背叛的思想。我努力让年轻的公民理解和感受到，什么是真正的人类生活，有人卑躬屈膝，充满奴性，出卖了自己的灵魂，践踏了自己的思想。极端地仇恨奴颜婢膝、庸庸碌碌的行为——是伟大精神的道德基础。我努力使我的学生在童年和少年时期崇拜那些藐视碌碌无为的卑劣行为、为了真正热爱的生活而勇于献身的英雄们。

6. 请记住，未来的公民们，带着对死亡的蔑视和对叛徒的憎恶，你们就能战胜敌人。对敌人的蔑视和仇恨是战斗中最强大的武器。要知道，这种武器已经无数次地成为强大的力量，这种力量在卫国战争时期让敌人明白了真实的战争情况，迫使他们思考这样一个问题：我为什么而战？我的对手又为什么而战？请记住，哪里有蔑视死亡、背叛、变节的行为，哪里就有英雄的行为阻止贪生怕死的念头，哪里就有两个意识、两个世界、两个信念的碰撞，最终获得胜利的必定是我们共产主义世界，我们的共产主义理想。

我努力使人们了解我的信念：视死如归，热爱祖国——这是公民的最高理想。要实现这种理想，人们就应该从意识上审视自己的行为。在热爱祖国的思想下，最重要的是我们要认识到：我们是苏联人民的一分子，为了使人民永垂不朽，我必须在死亡面前表现得不屈不挠。

如果一个人想要成为真正的公民，一个勇敢、坚定的爱国者，不知疲倦的劳动者，忠诚的丈夫和父亲，还要具备与之相应的高尚能力——不吝惜自己。"不要吝惜自己，这是世界上最骄傲、最美的智慧。只有两种生命形式的存在：腐朽和燃烧。胆怯、贪婪的人会选择第一种形式，勇敢和慷慨的人会选择第二种形式。每一个热爱美的人都清楚，哪里存在有雄伟庄严的事物。"①

这里谈论的是培养毫不吝惜自己的品质。这种道德品质是产生勇敢和无

---

① 引自高尔基的作品《时钟》。（参见《高尔基作品全集》，1949 年俄文版，第 2 卷，第 430 页。）

畏精神的基础。父母和老师要像害怕火灾一样，害怕孩子对自己怜悯。哪怕一点点的疼痛也会痛哭落泪，这就是产生利己主义、懦弱、背信弃义和变节的根源。有这样一个故事对父母和老师都有启示作用。

6岁的格里沙在院子里跑来跑去，一不小心踩到了一根小刺。刺扎进了脚趾里，他感到痛了。格里沙坐在板凳上，把脚架起来，想把小刺拔出来。

妈妈看到了儿子，想格里沙在干什么？她举起双手，跑向自己的儿子，拥抱他、亲吻他，并哭着说：

"我的小宝贝，可怜的孩子，你受伤了吗？"

这时，格里沙觉得脚疼了，脚后跟也有刺痛感。母亲帮助他清洗伤口，并用绷带包扎。

"坐着这里儿子，不要乱跑。"她对格里沙说，擦干了眼泪。

但是格里沙并不想坐下来，而是想继续玩。

过了一个小时，格里沙在跑的时候，又踩到了一块锋利的小石头上。他想起妈妈因为他的脚被刺伤而哭泣，又感觉痛了。他跑回了家，坐在了板凳上，抬起脚看到：尖石头在脚下留下了红色的痕迹。格里沙觉得脚更疼了。

"妈妈……"他哭着，"快过来，我的脚疼……"

母亲看到之后，举起双手跑向儿子，拥抱着他，亲吻着他……格里沙流下了眼泪，他觉得自己很可怜……

几年过去了，格里沙成了小学生。天气寒冷的时候，他就会待在家里。阴雨连绵的天气，他也不想上课，妈妈对他说：一天也没什么，今天不用去学校了。

当格里沙成为少年时，班级里的同学在田野里劳动，而他却在家里，不是肚子疼就是脚疼。

当格里沙18岁的时候，他长成了高大、英俊的年轻人，并应征入伍。午夜响起了战斗警报，士兵们用三分钟穿好了衣服并排好队开始行军。行军中每个人行动迅速、斗志昂扬，只有格里沙低下脑袋停滞不前。

"你为什么走得这么慢？"指挥官格里高利问道。

"走不动……太难了……"格里沙回答。

"难道参军是件容易的事情吗？"

格里沙沉默了。

怜惜自己，是过于关心自己的痛苦和忧伤，这会导致道德上的冷漠；无视他人的痛苦；冷漠会成为他无法走出的顽疾。我们要向母亲们提出的忠告之一是：要知道不去注意孩子们的痛苦、困难和不幸。要让孩子耻于说出"我很疼"这几个字。让孩子从小就勇敢地学会忍受困难。要让他为同情别人的痛苦而不是自己的痛苦而流泪。儿童时期的勇敢和无畏——是公民坚韧不拔、百折不屈以及军人勇敢和英雄主义的萌芽。我们的任务是在每一个年轻人的心灵中培育这种幼芽，幼芽会有长成强壮枝蔓的那一天。

祖国是你的家乡，也是你的摇篮。我们的家乡是永远不会毫无波澜的，我们会遭受不幸和痛苦。当你在谈论这些时，请记住：你所说的是自己家中的不幸和痛苦。为了在道德上有权利谈论人民的不幸和痛苦，你为自己祖国的巩固要付出巨大的行动。要切忌迷惑煽动、口若悬河。不仅要善于发现，还要善于观察。应当对世界上的万物有自己的看法。在生活中看到并创造出自己觉得喜欢的东西时，才有可能形成自己的世界观。如果心中缺乏闪耀的激情，那么最正确的真理对你来说就是毫无意义的字母。当然它们可以组成文字并且阅读出来，但不会产生令人振奋的力量。

14岁时就可以加入共青团，共青团证件是你加入第一个政治组织的证件。回望你的14岁，你可以看到自己辛勤劳动的成果，对自己最初的公民生涯做一个总结。

"共产党员"是列宁主义者的最高尚的称谓，也是道德、行为、生活和我们为苏维埃祖国的幸福、尊严和独立而付出劳动的最高标准。

如果思想上没有明确的目标，思想上的教育是无法想象的，世界观的教育和意识形态的追求也是无法想象的。思想是根，也是绿色的嫩芽，它可以成长为一棵人类思想的参天大树。我们必须教导每一位年轻人领悟人生最重要的智慧：需要这样来思考，以接近或实现崇高的思想。没有不断发展的思想，世界观将是无法想象的。

那么该如何培养思想、世界观、意识形态并展开对思想的追求，如何将这些融合在一起呢？

莱昂纳多·达·芬奇写道："智慧是经验的结晶。正像铁不用就会生锈，水不流就会变质且在寒冷时结冻，人类的智慧如果不用就会枯萎。"① 教师对于培养具有浓厚兴趣的人极为重要，教师要明确孩子的爱国奋斗的思想，要向孩子解释应该如何去做。共产主义社会的建设者需要具有创造者的思想——在行动中培养世界观。教育应该有以下特点，孩子在思考问题的时候，同时应该认识和解释周围的世界，并为捍卫自己的思想进行斗争。思想和信念的统一可以在以下条件中实现：当一个人在青少年时期就要培养他的勇气和真诚。英勇的精神就是在真理面前勇于追求，为之奋斗，不惜一切地追寻；切忌半途而废和言而无信。要勇于独立思考，做一个真正的人。②

智慧上的勇气和真诚是指导人类思想生活的一条红线，我努力让少年、青年男女们勇敢、真诚地思考最困难、最复杂的问题，这些问题的深处，涵盖着爱国主义的情感和信念的根源以及对理想忠诚的根源。

青年朋友们，你们必须了解自己民族的历史，要把民族最好的传统刻在你们的心里，成为你神圣的法则。要知道，对于一个人来说，没有比母亲的诅咒更严厉的惩罚了。如果母亲放弃了儿子，那就意味着这个人被排斥在人民的家庭之外。要擅长用思想和心灵理解这个残酷的真理；只要人民、父母、父亲、儿子这些神圣的词语存在，就会永远存在这种非常可怕的惩罚。我向你们所说的这些话，为的就是让你们每个人都拥有勇气和真诚，人应当勇敢且真诚地思考自己的祖国和对她应尽的神圣职责，思考对父母、家人和家庭

---

① 参见《莱昂纳多·达·芬奇选集》，1952 年俄文版，第 178、235 页。
② 参见《罗曼·罗兰作品全集》，1958 年俄文版，第 13 卷，第 126~188 页。

应尽的责任。关于神圣事物的思想应当像真理一样纯洁。

青年朋友们，要有勇气，用智慧和心灵去认识和体悟：背叛的罪行是永远也不会得到宽恕的。叛徒是孤独的，是不会引起人们的同情和怜悯的。叛徒的伤痛绝不会引起人们的共情，只会更加让人蔑视。正直的人任何时候也不会向背叛祖国的人伸出援助之手。

青年朋友们，你们要知道，背叛祖国的人是不可能得到怜悯的。法律给予服过刑的人的权利是：生活、劳动和与他人交往。但是人们的内心十分清楚，什么东西是可以用法律衡量的，什么东西是无法衡量和无法评估的。人民以自己的方式惩罚叛徒。人民可以看到那个留在黑暗中的卑鄙灵魂，对人民来说，卑鄙灵魂无处躲藏。

青年朋友们，请明白，一个冷酷的人，与其他人的关系也是冷酷无情的，对他来说没有什么是神圣和崇高的。热爱祖国和热爱人民这两条激流，汇成了强大的爱国主义洪流。年轻的公民们，请你们知道，在未来的日子里，你们需要拿出勇气和毅力，准备应对所有精神上和体力上的压力。那个时候，一方面你会感到愉快、满足和幸福，另一方面，你可能会感受到痛苦，需要做出自我牺牲，甚至要为他人的生活和幸福奉献出自己的生命。时刻准备着，在必要的时候，攀上勇敢的高峰——去夺取胜利。

在我们学校的荣誉展厅里，挂着18岁的青年莱昂里德·谢甫琴科的画像。莱昂里德·谢甫琴科前往哈萨克斯坦志愿参加开垦土地的第一年担任了拖拉机手，他为了保护社会主义国家财产，在岗位上殉职。在这个年轻人画像下面有一句话："人的生命像钢铁一样，要将它使用在需要的地方，否则就会生锈、腐朽。"要在你的内心燃烧起明亮的火焰，为你和你的孩子照亮前方的道路——这就是生活的幸福。莱昂里德·谢甫琴科认为燃烧比腐朽更好。在二月寒冬的一天，莱昂里德·谢甫琴科和队友们行进了五十公里，在返回的路上他们遇到了暴风雪。莱昂里德·谢甫琴科本可以丢下拖拉机，去守牧人的家里躲避暴风雪。但是他并没有这样做。"你走吧，"莱昂里德·谢甫琴科对队友说，"离开这里，去躲避一下暴风雨，我要留下给发动机加热，要知道，如果丢下发动机，明天它就发动不起来了……"风暴变成了可怕的飓风，天气更加寒冷了，大家无法靠近拖拉机车队。一天后，队友在拖拉机的驾驶室内找到了这个年轻人，他已经冻死了，双手还握着方向盘。

现在，并不仅仅只有学生这一代人骄傲地提起莱昂里德·谢甫琴科的名字。从小莱昂里德的母亲就教导他说："你活在人民当中，要知道，你最大的快乐就是给他人带去快乐。"我记起莱昂里德的童年和少年时期也和其他许多孩子们一样：在休息的时候十分顽皮，跟同学们打闹，玩弹弓……而母亲教育儿子为了他人不要怜惜自己。

年轻的男孩女孩们，望着你们的眼睛，我想和你们谈谈，关于人类的命运。你们每一个人不仅仅是一个独立的世界，还关联着其他人的命运——你们未来的妻子、丈夫、孩子、孙子的命运。你的行为会给你的母亲带来快乐或者忧愁。我看着你们的眼睛，年轻人，我在想：你为了人们做了些什么？你是否和劳动人民联系在一起？从这永恒的美丽源泉里向你输送的高尚思想的根源又在哪里？在这个世界上是什么给你带来了快乐？我记得，在五一劳动节那天，你坐在拖拉机的方向盘旁，为了让老一辈的劳动者能休息，你在田野里持续劳作了两天。你回来时非常疲惫，却那么的高兴，那么的幸福，因为你为他人做了好事，所以你从中找到了快乐。你把 20 吨化肥运到了田地，甚至连之前寸草不生的荒地也变成了肥沃的土壤。当你看着自己的田野时，你的眼中闪烁着快乐的光芒。

我审视着你们的眼睛，男孩女孩们，我最大的期盼是，希望你们中间不要出现一个空虚的灵魂。在我们民族的花园里，有无数的玫瑰长得越来越美丽，污染我们生活新鲜空气的曼陀罗和飞廉，也浓密得引人注意，但是曼陀罗和飞廉是可以从花园中铲出的，我们却不能把人从社会中除去。所以必须注意，不要让曼陀罗生长出来，而要让每一粒撒在沃土中的种子都长出美丽的花朵。

7. 在我们的生活中存在着一种神圣的东西——共产主义思想，这是社会和人民的财富，是用很高的代价，用鲜血和斗争换来的。我们伟大十月革命的旗帜，少先队员鲜红的旗帜，青年列宁主义少先队员的称号，我们对制度、对人民和共产党的爱国主义的忠诚——这一切都是你应该加倍珍惜的神圣的东西。这些神圣的东西绝对不能成为随处可以重复的空话。绝不允许用类似合不合格成为一名少先队员，合不合格戴上红领巾之类的话去肤浅地评论你同伴的一言一行，从而让伟大的真理空有其名，受到贬低。

现在我们谈论的是社会伟大又神圣的东西。年轻的列宁主义者——少先队员，鲜红的红领巾，是伟大十月社会主义革命旗帜的一部分，我们先辈（那些为共产主义理想而斗争的战士）的英雄主义和勇敢精神，我们为苏维埃祖国的自由、独立英勇牺牲的前辈所建立的功勋和他们的墓地，就是我们伟大且神圣的东西，是我们的旗帜，是教育者用来塑造人的工具，是最细腻又最复杂，最有力又最有效，最温柔又最珍贵的工具。我们是否总是能正确且巧妙、坚定且明智地使用这些工具，让其触及人的心灵？多年来我一直在思考这个问题。在我们的生活中，在最复杂、最愉快、最费心的劳动中，在极为繁琐，让人耗尽精力，同时又让人精神激昂充满新的力量的劳动中，在人的意识中，一个新的时期——更加清晰理智地审视世界以及怀着同情和十分严厉的态度对待人的时期——正在到来。在这种对世界的审视和对他人的态度中，最重要的问题是用神圣的共产主义思想和神圣的党的宗旨触动孩子的心灵。

这些最细腻的工具不是让人拿来随便乱用的。不要使用大炮去打苍蝇。孩子们没有拿练习本，无法完成作业，上课迟到，在桌面上乱画，如果他听到的责备是：你是什么少先队员？难道真正的列宁主义者会这样做吗？难道瓦洛佳·乌里扬诺夫也这样干吗？瓦洛佳·乌里扬诺夫全部都是5分，而你的考核本上是什么？你也可以被称为真正的列宁主义者吗？如果你如此轻率地处理孩子们的问题,这和我们要理智地运用这些最细腻的工具的目标就相悖甚远了。

要珍惜年轻人心中具有共产主义思想的神圣的东西——这是我要给每一位教育者和父母的建议。你们应该小心且理智地关怀孩子的成长,让我们的儿童和青少年深信并且无限忠诚于我们的理想,让他们的信仰毫不动摇,用马克思的话来说,就是不要撕裂他们自己的心①。共产主义教育,最主要、最核心、最本质的问题,就是让我们的学生活在我们最宝贵和对理想不懈追求的世界中,让他们懂得珍惜这些神圣的东西和思想,信仰它们,理解并感受自己与它们荣辱与共的联系(这是十分重要的),并像珍惜自己的尊严和公民的荣誉一般珍惜这样的联系。

要让青少年领会和感悟到自己与这些神圣的东西和理想荣辱与共是十分不易的,需要历经很多年才能实现,但是用极其粗鲁且愚笨的方式进入孩子的心灵,那就会竹篮打水一场空。如果要是寄希望于时常使用那些最细腻、最柔和的方法就能防止孩子懒散和敷衍了事的坏习惯,那么最终还是只会徒劳无获。爱劳动、勤思考、好钻研,听从老师和父母并尊重他们的劳动——这一切都取决于:我们多大程度上在年轻人的心中确立了一个主要的思想——理解并感受到共产主义神圣事物和理想与自己荣辱与共。

同时,我们需要深刻思考复杂教育过程中另一个十分重要的方面。在教育过程中,存在肯定和否定(指责)这两个完全不同的东西。我们总是力求通过肯定或者否定以实现或者克服某些事情。教育的智慧全靠这两者的状态决定。如果是肯定的一面占据优势,学校就会充满了创造性劳动的氛围,教育者和受教育者彼此相互信赖,老师和家长都觉得轻松愉快,学生会听从老

---

① 马克思在文章《共产主义和奥格斯堡〈总汇报〉》中写道:"……而征服我们心智的、支配我们信念的、我们的良心通过理智与之紧紧相连的思想,是不撕裂自己的心就无法挣脱的枷锁;同时也是魔鬼,人们只有服从它才能战胜它。"(参见《马克思恩格斯全集》俄文第2版,第1卷,第118页。)

师的教导。而如果是指责的一面占据主导，整个学校的生活就会变得十分不愉快，家长和教师也会感到很大压力。我们一起考虑一下，如果我们时常使用最细腻、最明智的工具，即用共产主义的神圣事物的工具，只是为了责怪学生，改正他们不好的习惯，会发生什么呢？会发生这样的情况：我们用来建立最核心事物的工具和精神力量付诸东流，起不到任何作用。如果不建立最核心的东西，道德上的自我统一是无法想象的。

要树立对共产主义意识形态中最伟大、最宝贵事物的崇敬态度，确立对人民不朽价值的崇敬，帮助年轻人确立并且爱护他们心灵中对我们最宝贵的事物的信念。愿教育的这个领域，犹如一颗璀璨的星星在教育的天空闪闪发光；这颗星星越是发亮，我们需要给予指责和改正的各种缺点会愈加渺小，愈加微不足道。

8. 在我们的社会中，正在实现"人是宝贵的财富"这个原则。社会主义赋予每个人确立并积极表现个性的权利；赋予每个人从事创造性劳动，创造丰富的精神生活，享受幸福、自由与快乐生活的权利。然而，脱离了公民、劳动者、有教养的人、子女和父母的责任和义务，这些权利是不可思议的。谁想不尽义务就过上幸福的生活，这个人就会受到指责和鄙视。权利和义务的统一，个人幸福和为他人的利益、幸福而劳动的统一，就是社会主义社会的道德思想，只有保持这样的统一性，一个人才会获得真正的幸福。

每一代小学生准备加入少先队时，我会带他们到一处荒废了的草原去远足。山坡上，孩子们看到了一些枯萎的灌木丛，灌木后面有几棵橡树，再往下就是田野。炽热的阳光从远处照射着这片荒地，远处是一个村庄。这片荒地在很久以前曾经是一个深水塘，里面有许多鲤鱼和鲫鱼，池塘边长满了柳树，人们可以坐船从村子里来到阴凉的橡树下。橡树很多，树林中还有许多松鼠，然而，发生了什么事？为什么池塘消失了？这是一个古老的村庄，据说，人们很早就挖了这个池塘并定居在岸边。但是人们觉察到，池塘填满了淤泥。村民们开会后决定：每一个在池塘里洗澡或者只是在岸上欣赏美景的人，必须从池塘里采集一桶淤泥搬到山坡上，倒在田地里。人们遵守着这个规矩。在岸边的柳树上倒挂着很多木桶。成年男人用大桶，女人和青少年用较小的桶，孩子则用更小的桶。只有在母亲怀中的婴儿不用为此付出劳动。池塘一年比一年清澈并且越来越深。后来有一户人家（父亲、母亲、四个儿子、两个女儿）搬到了这个村庄，定居在池塘附近。这个家庭的每个人都在池塘里洗澡，但是并没有用桶去搬运淤泥。起初人们对此事并不太关注。但是后来他们发现许多年轻人也开始这样做：洗澡但是不搬淤泥。老人们开始告诫年轻人：你们这是在干什么？但是年轻人们说：之前其他人可以，我们也可以。他们做了不好的示范。许多人在黄昏之后来洗澡，因为这样不容易被人发现……老人们摇着头，什么也做不了。木桶破裂、散落，然后就完全消失了。古老的习俗被人遗忘。每一个人都只认为：在我生活的时代这水塘足够用了……于是淤泥越来越多，池塘变成了沼泽，杂草丛生。鲫鱼和鲤鱼也都消失了。有一段时期，只有春天池塘才有点水，不久，春天也没有水了。池塘就这样消失了。

没有什么比自私自利更加糟糕的事情了，没有什么比为自己的懒惰行为辩护更有害的了：我比他人更加糟糕吗？利己主义千百年来一直在腐蚀着人类的思想。

全人类的共同利益是每个人应该思考的，真正的文明应该体现在对全人类利益的关心上。不要把全人类的利益想成用一些砖块砌好的建筑，只要有砖块的地方就会有家庭的幸福。这种建筑是不会坚固的。社会的幸福不是机械地建立在每个人和每个家庭的幸福之上的。我努力让孩子明白：如果每一个人都想"我这一生有这一口池塘就够了"，那么这个水塘会变成什么样子？……个人对公共利益源泉的关注，就是将个人利益的砖块和所有人的幸福大楼连接起来。每个人在童年、少年、青少年早期就应该用自己的双手去创造和保护公共幸福和利益的根源。我认为这尤其重要，公民从童年开始就应该对社会尽到公民的责任。社会的一切应该和个人的一切融合为一。正是在社会的一切和个人的一切融合为一的时候起，人就开始为能从那个根源有所获得而尽到自己的责任，如果在童年时期看不到自己为社会劳动所获得的果实，那么他就不会认真思考这个根源的真正价值。

与他人之间的义务

爱他人。爱他人就是你的道德核心。一个人活着,就要让你的道德核心健康、纯洁和强大。成为一个真正的人——意味着奉献你精神上的力量来让周围的人更加美好,精神上更加丰富,让生活中与你交往的每一个人都能从你的存在和心灵中得到美好的东西。

1. 人不可能一个人独自生活。一个人最大的幸福与快乐就是与他人交往。

孩子们每天都会在学校里见面。他们互相关注、保守秘密、体验着对方的喜怒哀乐,有时候会打打闹闹,生出一些矛盾怨恨。日常生活中的琐事会影响着微妙的人际关系。老师们,不要忘记,了解这种关系是你们的首要职责。每一个学生怎样看待一个人,在这个人的身上发现什么,在别人身上留下了什么,对他人有什么样的看法——清楚一切情况,要比了解学生是否完成了今天的家庭作业强上百倍。本质上讲,教育就是不断地引导孩子理解"人本身就是最宝贵的财富"这一真理。这种认知一定不是实用主义,不是为了自己,而是为了大家。教育技巧最细腻的方面之一,是培养自己学生对他人的需要,发展全心全意爱惜他人的能力,培养年轻公民成长为人民的真诚的朋友。

这是人类精神生活中最微妙的领域——忠于人与人之间的相互义务。如果你们的学生在儿童、少年和青少年早期不能为他人的快乐奉献出自己的心灵，那么就谈不上培养爱国者的心灵，也谈不上对信仰和理想的忠诚，教师的任务在于，让他的每一个学生在个人与他人的深厚的人际关系交流中，从小就获得履行职责的道德体验。一般来说，应当减少说一些热爱人民的空话，而多做些具体的工作，心怀热忱地投入生活，创造快乐——这是应该成为道德教育准则的东西。

2. 人要履行义务。我们生活的全部意义是：我们需要履行义务，不这样做就无法生活。你生活在社会中，随时随地都要和他人交流，你的每一份满足和快乐，都是别人为你付出的代价：为你消耗精力和体力，为你辛劳，为你担心、焦虑和思考。如果人不履行自己的义务，生活会变得毫无秩序，即使是光天化日也不能外出，要清楚地明白并严格履行你对他人的职责——这就是你真正的自由。你越是用人的意识履行对他人的义务，你从源源不断的人类的真正幸福源泉——自由——中获得的东西就会越多。如果你试图要摆脱自己应尽的义务，你将会变成自己任性肆意的奴隶。如果一个人所做的事情不是他应该做和需要做的，而是自己想做的，那就会造成腐败和道德堕落的开始。要提防自己在精神上成为欲望的奴隶。如果你不严格约束自己，不用义务感来约束自己，你将成为思想薄弱的人。

在履行道德义务方面，人总是会在一些方面逊于他人的。在生活中，经常会出现一个人的生活十分轻松，而另一个人的生活十分困难；一个人获得的快乐很多，另一个人却很少；一个人的生活会更好，另一个人的生活却更糟的这类情况。人类道德义务的智慧正是在于发现和从内心做出判断：哪些是你应该享受的，哪些是你应该尽责的。形象地说，如果我们可以敞开心灵的眼睛观察人们之间的微妙关系，如果每个人经常地、时刻注意这些关系，那么，在道德生活中便会出现普遍的和谐，犹如高尔基形象的比方：人们也会像星星对星星一样坦诚相对①。小到一些日常生活中最不引起他人注意的行为，例如你在电梯、电车、公交车上给老人让座；大到你对别人（你把自己的命运和他联系起来以繁衍人类的后代，抑或是你生育了他，赋予了他生命）的生活、命运和未来担负起人类伟大的职责；总之，希望道德责任主导你全部的生活。假如你失去这种道德义务，那么开始的时候你可能还仅仅是个渺小的自私自利者，随后你会逐渐成为一个厚颜无耻之人，最后你会成为叛徒。请记住：我前面谈过的那个人的最大不幸，就是从忘记自己的责任开始的，起初，会是在小事情上，然后会发生在重大事情上。

这种教育技巧和人的智慧的重要性怎么强调也不过分——我们要懂得如何与孩子谈论道德义务感。经常谈论这些，可以打开孩子们的心灵。让他们习惯履行义务——这意味着首先要学会观察生活，能够关注到身边的人和事物，了解周围与你有关的一切，而且不仅仅只是了解，还要用心去感受，冷漠的态度不能容忍，粗鲁的做法更是令人憎恶。

我们看到果园里一根折断了的苹果树枝。没有肇事者，是风吹断了它，但我们不能视而不见，就这么走过去。正是在一切似乎都是自然而然的地方，义务感才特别重要。孩子们可以冷淡地看着悬着的枝条，从旁边走过——这是有关冷漠的一课，这种课在童年时期"上"得越多，将来在他们的性格中，自私、卑鄙和背叛的危险就越大。我们停下来，系住折断的树枝，孩子们既会感到快乐，又会有些担心——他们可能会意识到世界上的事情并不都是一帆风顺——这又是一堂关于责任的课。如果你在人际关系的海洋中旅行时细致且眼光敏锐，你就会不断发现履行这种道德义务的可能性。最初，孩子会拒绝你给他们送去的这种快乐，而渐渐地，他们会完全感受到履行义务所带

---

① 作者引用的是高尔基的小说《母亲》中的角色霍霍尔的话，他梦想人类光明的未来时说道："人类相亲相爱的时候一定会到来！那时候人们会像星星一样彼此照亮。人们会因为得到了自由而变得伟大，彼此坦诚相见，恶意不存在于世……"（参见《高尔基全集》三十卷本，1950年俄文版，第7卷，第305页。）

来的这种特殊快乐。

我们坐在车厢里，列车向温暖的海边行驶。天黑了，孩子在摇晃的车厢里昏昏欲睡，他们躺在柔软的床上。年纪最小，有一双乌溜溜大眼睛的奥莉娅问道：

"您说火车是司机驾驶的。那么谁会在深夜里开火车呢？火车自己会开吗？"

"司机夜里也在开火车。"

"怎么开呢？"奥莉娅十分惊讶，其他孩子也十分惊奇地抬起头倾听，"难道司机深夜不睡觉吗？"

"不睡觉。"

"我们睡觉，他一整夜都不睡吗？"奥尔加更加惊讶了。

"是的，驾驶员深夜不会睡觉的。如果他睡了哪怕一会儿，火车就会脱轨，我们都会丧命。"

"怎么会这样呢？"奥莉娅还是不明白，"难道他不想睡觉吗？"

"想啊，但是他必须要驾驶火车。这就是他的职责。看着窗外，你们可以看到拖拉机司机在田间耕种土地。深夜了，还是有人在劳动，你们看到探照灯把田野照亮了吗？因为他们必须在晚上劳动，如果只在白天劳动，面包和粮食就不够了……"

"那我的义务呢？"奥尔加问道。

"还有我的，还有我的……"孩子们问道。

"我们所有人的义务呢？"

"长大成人，这就是你们最主要的义务。"

如果你们能够设法让孩子们睁开双眼，认识那些鲜明地体现人的责任感的种种事物，如果这些事物可以令孩子们觉得惊讶，并且促使他们深刻思考，那么，此时此刻你们教育他们的每一句话语，都会进入他们的内心深处，就像种子撒在肥沃的土地，会长出茁壮的嫩芽。

3. 如果你只做自己想做的事情，如果只有觉得可以得到某种好处或快乐才可以引发你的积极性，那么，你的生活中就不会存在任何宝贵和高尚的东西，你的心里也不会理解什么是爱，什么是真诚，你的欲望低下又匮乏，缺乏高尚人的那种希望，生活会变得十分空虚、毫无生气。道德义务——是培养人高尚愿望的学校。每个人都应该达到那种高度：在那里，他的行为会受到责任的支配，他能将乍看起来不可思议、无法达到的目标实现，从而显示出伟大的精神。有了这种伟大的精神才能理解责任感。只有伟大的精神才能产生真正的人所需要的——珍贵的、独有的人的需要。爱情、忠诚和爱人的幸福是来之不易的。这样的幸福只有通过义务感获得，并只存在于义务感之中。

我认为教育有一项重要的意义，那就是让每个人在童年时期就体验到人追求尽职尽责时的魅力和美。一位8岁的男孩瓦西里为了他的妹妹娜塔莎（妹妹对他而言是世界上最宝贵的）达到了精神的第一个高度。做游戏时，娜塔莎搬着梯子爬到了屋顶。她爬到房顶后，环顾四周，惊恐地尖叫着。当时爸爸妈妈没有在家。瓦西里从窗户里看到了小妹妹，急忙沿着梯子冲上了屋顶，马上跑到娜塔莎的身边，但是，他没法带着妹妹爬下来。瓦西里和妹妹一起在屋顶上待了很久，他一直扶着妹妹，直到爸爸回来将他们救下。

童年时期表现出来的伟大的精神力量——是成长的第一步，一旦他做到了，他就会了解自己应尽的义务。教育的智慧和艺术是要使每个人都迈出这一步。

4. 爱他人。爱他人就是你的道德核心。一个人活着，就要让你的道德核心健康、纯洁和强大。成为一个真正的人——意味着奉献你精神上的力量来让周围的人更加美好，精神上更加丰富，让生活中与你交往的每一个人都能从你的存在和心灵中得到美好的东西。

但是，在对人的爱——这一无穷无尽的财富之中，还有其他的精神因素。我们之所以爱他人，是因为我们在其中找到了作为公民的幸福。在对人民的爱之中，我们每个人都将自己视为人民的孩子。

在人类的爱之中还有一个精神因素，那就是我们对他人的需要。如果我们感受不到、意识不到有人关心着自己，有人存在的全部意义只是因为我们在这个世界里，我们是无法生活下去的。爱，就是人对人的忠诚。在爱之中，光永远燃烧着，我称之为一个人属于他人并成为其挚爱的精神准备。这并不是奴役，而是一种人格的真正提升。这种精神上的发端包含着人类尊严的根源。

如果您发现了爱的这些精神因素，您就会找到真正的幸福。爱是一位有能量的老师。它能使人更加纯洁、诚实、真挚，使人有更高的追求，并严格遵守生活的道德原则——最后两个概念在道德发展过程中起着极其重要的作用。

如果孩子不懂得如何去爱，他将无法过好人的生活，他不能真正的成长，也无法融入公民生活的广阔世界里。我写过一个童话故事，意在让孩子们聆听体验到这个故事时，惊奇地发现人类生活中的一个重要真谛：人只有在懂得爱的时候，才能成为真正的人。

一座城市的大房子里，住着许多男孩和女孩，其中有一个十几岁的女孩名叫"小驼背"。她的个头确实很小，而且背有点驼。像其他孩子们一样，她也去院子里玩耍。院子里还有三个漂亮的女孩：蓝眼睛的、碧眼的和黑眼睛的漂亮女孩。每个人都坚信自己比世界上任何一个人美丽，值得其他所有人的欣赏与赞美。

"小驼背"目不转睛地看着这些漂亮的女孩们，她是多么想把自己的爱向她们表达出来呀！她走近她们，想要一起玩耍，可没有一个人理睬这个驼背小女孩，好像她根本就不存在。

于是"小驼背"爱上了一颗遥远的闪烁的星星。在傍晚，她仰望星空并小声地用爱的温暖话语说道："美丽的星星呀，我想成为你的心爱之人！我爱你，也希望你爱我。"

星星居住在难以想象的非常遥远的地方，闪烁着看不见的火花，忽隐忽现，但是"小驼背"爱的力量是如此巨大（孩子们，试想一下），星星回答道："好呀，小驼背，现在你是我的心爱之人了。""小驼背"的眼中闪烁着巨大的幸福。她望了望蓝眼睛的、碧眼的和黑眼睛的漂亮女孩们，感到伤心得惊骇。"小驼背"小声说："这些女孩是多么不幸啊。"

这个童话将永远刻在孩子们的心里。这种幻想出来的形象具有生活中人的特征。即使是最小的孩子，也会产生这样想法：真正的美在于奉献，在于给他人带来快乐。我的童话希望能教会孩子们懂得珍惜他人的忠诚和爱。感受并理解他人的爱意——是做人的重要价值。我们的任务是让每一位孩子都认识并重视这一价值。

5. 生活在人与人之间，要仔细观察你周围发生的事情：人们劳动、上班、下班、生老病死、做客与待客、离别又重逢；多年来耐心地等待某一刻，为了这一时刻忙碌奔波，然后继续忍受痛苦和剥削；实现目标并再次设定新目标；有些人活着，可是不知道他们为什么而活，有些人会为了崇高的目的，燃起生命之火。每个人都在表达自己。每一个人都是按照自己的方式、自己的信念、见解、疑虑、想法、情感、心情、情绪、对他人的态度、与他人的关系，通过行为举止、快乐与烦恼、对善与恶的感受，通过这些永恒的人类的心理，成功与失败、希望和绝望、满意和不满、喜悦和悲伤、同情和冷漠、失望和遗忘、怨恨和悲伤、同情与不容忍，来表达自己。

这都是人类的精神生活。要掌握精神文化中人际关系的基本文化：善于分辨人身上的光明面和阴暗面。无论一个人在你看来多么不可救药，你也需要懂得发现他身上的善良的、光荣的种子。尊敬他人，就是要相信他身上拥有美好的品质。但是对于敌人，我们只有不可让步的仇恨，因为他们试图侵犯我们的祖国，玷污我们神圣的土地和理想；对于叛徒，只有毫不妥协的仇恨。尊重一个人，就要严格地要求他。在道德关系中不可能存在圣徒式的宽容和普遍的抽象的爱的甜蜜安慰。善良，只有当它坚定有力且懂得自我保护时才能称其为善良。一个懂得尊重他人的人，如果他不擅长表现出憎恨、蔑视和永不妥协的精神，那么，他可能会变得迷茫无助、无力自保。人的精神生活——不仅仅是人本质的表现，而且要为坚持真理和正义进行斗争。要懂得做一名战士，要懂得做一个温柔、严格、绝不留情、公正无私的人！如果有人将罪恶的牙齿拔掉了，那罪恶就会求饶——不要忘记这一点！

人的精神生活不仅要求人们付出巨大的努力，而且要求人们拥有坚定的思想和信念，有看到每个人的价值并提防这种价值损失的能力。一个人的不幸常常是这样发生的——没有人在灾难来临前给予告诫，没有人在事情恶化时加以阻止。这里我们谈论的目的是，在现实生活中，我们必须教育自己的每一个学生拥有强大而极其细微的能力，即在思想上能够强烈地与他人产生共鸣。如果没有这种思想和心灵上的共鸣，无法理解身边发生的不幸和罪行——一切都只能变成一种感动的泪水和一阵鸽鸣。这种思想和心灵上的共鸣，可以唤起积极斗争的力量，它是一种很好的方法，可以防止冷漠无情，而且往往可以治愈和拯救他人。

我相信共鸣的力量。教育者的任务不仅是带领受教育者前进——当他知道自己的道路和能够正确看待世界之时；更困难的任务是挽救、拉回一个失足的人，帮他重新开始。这种重建必须是在人的少年时期进行，当罪恶还无法控制他整个人，当善良和共鸣的呼唤能够唤醒他去做一个幸福的人的时候，这项工作就必须进行。

6. 我们经常相互说："祝您一切顺利！""也祝您幸福快乐！"这不仅仅是表达礼貌，这些话还表达了人的本性。感知能力——可以让人看到周围人品格的能力——不仅仅是道德文化的指标，也是巨大的精神活动的结果。真诚的向善离不开自我的教育，真正善良的人今天一定比昨天生活得更好。善意的情感会给他人带来幸福感。善良的人懂得如何将自己的爱传递给他人，他们的内心充满了美好的愿望。如果你因为你的朋友比你糟糕而感到一阵喜悦——这意味着你还要学习很多东西，要教育你自己，杜绝自私自利，是的，这是因为嫉妒心作祟，它是软弱、恐惧和冷漠的产物，这些加起来会让人变得懦弱、胆小、缺乏意志。

我们会互相说："您好，保重身体。"这些话包含了深刻的道德意义，表现出人际交往中最本质的关系，这些话体现了我们对待人这最宝贵的财富的态度，而不与他人问候则会反映出人在道德上的无知。

我们相互说："谢谢！"意味着善待他人，创造幸福。"谢谢"这个词，从人类的远古时期就出现了，已经成为人际关系的一条准绳，表达了对为我们做好事的人的态度和美好祝福，让为他人做好事的人永远有美好相伴。与其说要在正确的时间讲出这些话，不如说是要诚心诚意在心底感激他人的帮助。

如果想向对方提出要求，我们要说："请。"这是一个简单且美妙的词语，能够产生奇特的效果，它表示我们尊重他人的自尊心，尊重他人的自主性、独立性和善意。要培养自己的这种人格，以便养成尊重他人的习惯，同时，要学会对他人的"请"给予回应，请求是一种感情的激荡。当一个人请求他人的时候，就会出现这种激荡。要善于聆听他人的恳求，并给予回答，在微妙的精神生活中，举止的无知会导致对他人的冷漠和无情。冷漠是最危险的恶习之一。漠不关心是指丧失了感受周边人的能力。为了让自己不变得冷漠，要拥有同情心、同理心，并且秉持正直，严格要求自己不走向恶的一面，并能够将无伤大雅的弱点与残害心灵的恶劣品质区别开来。

要善于正确地、善意地看待自己的伙伴！只有在不断发展的理智和道德中，才能培养出善良地对待自己伙伴的能力。谁感觉到自己今天比昨天更有进步，谁就能给他人良好的祝福。良好和善良的祝愿——是骄傲自满、自命清高的最好的解药。集体不喜欢那些心怀恶意之人。老师应该敏感地观察，谨防不良的种子落入孩子的心灵。如果这些发生了——不幸将不可避免。

道德文化教育非常重要的一点是，使一个人通过良好的意愿与他人建立联系。让孩子们在初识周围世界的同时经历快乐，让他们体验到与他人交往时的幸福、痛苦和焦虑。但愿他以自己的经历深信，他的内心能否平静安宁，取决于他如何审视他人、对待他人。在儿童时期，假如与通过美好愿望的纽带和自我联系的人相处时，我并没有产生去了解"他的身体怎样？""他感觉如何？"的愿望，那就无法想象会有充足价值的教育，甚至让人勉强满意的教育也难以想象。这是培养观点、信念、生活理想的最细腻、最微妙的领域。

在一所很小的乡村学校，有 32 名学生。学校的院子里有一口井。每天几乎在同一时间，亚历山大爷爷都会拿着水桶到学校的院子里打水。孩子们都知道他，他在卫国战争期间受伤成了残疾人。他的左腿安有假肢，但依然工作——在集体农庄照料蜜蜂，种植小树苗。每次爷爷来打水，孩子们都会跑到井边，帮助爷爷将桶从井中拉出。

"您的身体怎么样，爷爷？"爷爷走进院子时，孩子们问道。

"谢谢孩子们，"爷爷回答道，"我的身体健康得很！蜜蜂们都嗡嗡地飞来飞去。你们来吧，我请你们吃蜂蜜……树苗们也长绿了……你们的学习怎么样？都学得很好吧？"

"不，爷爷……不是都学得很好……我们都在学，但有时候还是迷迷糊糊的。"

爷爷忧心地摇了摇头，承诺当孩子来到他的养蜂场做客时，要送他们一本有趣的书。孩子们饶有兴趣地问："爷爷，您有什么有趣的书？"爷爷和孩子们十分高兴地交谈着，感受到彼此间相互需要。他们通过美好的愿望相互联系着，这就是巨大的精神财富。从本质上讲，正是为了把这样的财富赋予我们的每一位同学，老师们才会不断地燃烧自己，直到燃烧殆尽。

亚历山大爷爷住在离学校 50 米远的地方，孩子们会帮忙将水送到他家里。上课铃响了。"爷爷，请保重身体！"孩子们叽叽喳喳地说着跑回学校。

"我活着，也许仅仅是因为我有这些小朋友。"亚历山大爷爷说，"我会等着下课铃响的那一刻，拿着水桶去取水。我期待着这个时刻，让我能见到会问我'爷爷，您的身体怎么样？'的孩子们；我期待着分别的那一刻，让我能听到孩子们说'爷爷，请保重身体！'……"

老师们，认真思考这些话吧！为了把美好的愿望同人们联系在一起，我们应该发出光和热。让一个人因为人们和他一起生活而渴望生活。

"您好""早安"这些词，包含了人际关系的细腻的方面。我特意和孩子们进行过有关这些词语和情感的谈话，几个世纪以来，人们将这类言辞和情感一点一滴地灌输给他们。我认为，让孩子们口中说出的话语，形象地说，成为人的情感、愿望和渴望的动听的音乐，是一件十分重要的事情。一个宁静的春天的早晨，当学校还沉浸在盛开的苹果花、梨花、杏花、桃花的芳香之中的时候，我们来到花园里最美丽的一角，有我和孩子们——一位老师和他的学生们。当时我的内心产生了这样一个希望，就是对这美丽景色感到惊叹不已、兴趣盎然的孩子们，会感受到"您好"这个充满智慧的美妙词语所具有的最细腻的色彩。

于是，在花树下的第一次聚会中，我给大家讲述了关于"您好"这个词语的奇妙故事。

一对父子走在林间的小路上。四周寂静，只听得见远处啄木鸟啄木的声音和丛林深处潺潺的溪流声。

突然，儿子发现一个拄着拐杖的奶奶朝他们走来。

"爸爸，老奶奶要去哪？"儿子问道。

"也许是找人，和朋友见面或者送行吧。老奶奶可能是因为这些原因出门的。"父亲回答道，"我们和她碰面的时候，要跟她说'您好'打招呼。"

"为什么要对她说这句话？"儿子迷惑不解，"我们原本不认识啊。"

"碰面时你跟她说，到时候你就会明白了。"

老奶奶走过来了。

"您好。"儿子说道。

"您好。"父亲说道。

"您好。"老奶奶微笑着回答。

儿子惊讶地发现，周围的一切都发生了变化。阳光更加温暖灿烂，阵阵微风拂过，树叶沙沙作响，鸟儿在灌木丛中歌唱——这都是他之前没有察觉到的。

男孩内心感到十分快乐。

"为什么会这样？"儿子问道。

"因为我们说'您好'，对方开心地笑了笑。"

"您好"这个词具有如此奇妙的特性，它可以唤起人们彼此的信任，将人们团结在一起，让人们对彼此敞开心扉。

"您好"这个词语不仅仅是生活、是我们看待周围的世界和对待他人的方式——我们如此教育自己的孩子。与人见面，说声"您好"更是享受生活的乐趣，是与他人沟通的最重要方式之一。

节日前夕，孩子们总是要去拜访孤寡老人，给他们送去善意和祝福。拜访的全部意义是：孩子们向老人们传递问候，询问他们的健康状况，其中并没有什么复杂和不寻常的，但如果您深思一下，这其实是一个人的心灵对另一个人心灵的触动，这就显得意义非凡。善意的祝福是无形的，它出现在人们的内心世界里，如果孩子同他人建立起联系，就有必要在他的内心思想中培养出明确的目标，即对他人表达善意的渴望。孩子会在人们的幸福中审视其他的价值观。我们教导未来的公民，让他们从孩提时期起就知道，为了不理睬他人的求助而对他人的不幸不闻不问，就等于给别人带来委屈、痛苦和悲伤。与人交往的强烈愿望是严格要求自己和他人的重要先决条件之一。我从小越是细腻地感受到善良意愿的纽带，我就越可以严格地评价他人的品德和行为。我给予他人的是慷慨和诚挚，而他人怎样表现自己，对我而言也并不是没有关系。多年的经验让我坚信，拥有良好品质的人会严格待己，疾恶如仇，痛恨偏激，这些良好的品质正如象征喜爱善良的花朵一样美丽芬芳。

懂得感恩，是人际关系中独特的一个方面。重要的是，不仅要教孩子在什么情况下说"谢谢"，还要让孩子们怀有崇高的动机、热情和愿望。

在俄语中，"感谢"这个美好的词语包含着深刻的智慧：您做了一件好事，我表达善意的祝愿还以答谢，遵循良心的嘱咐和善良的动机，我祝愿您一切顺利，并慷慨地将自己的心灵的一部分奉献给您。感恩来自人的义务感。只有在这里，人与人之间的相互联系是来自内心真挚的希望，他希望奉献给他人的，要比最初看起来别人给予他的更多，这个人才会对他产生一种责任感。这种为他人尽力奉献的行为，体现了人类高尚的品质。

感恩和义务是高尚的道德情操的标志，同时也是人性的基本，如果没有这些，无知就会威胁到我们。我希望在孩子们的观念里树立这样一种思想，即不懂得感恩是最糟糕的一种恶习。人之所以为人，一定要懂得感恩。当我和孩子们第一次去森林旅行，孩子们第一次喝到了那潺潺的泉水时，我跟孩子们讲述了关于"谢谢"这个词语的故事。

两名旅行者——爷爷和孙子——正在森林里跋涉。天气很热，他们十分口渴。终于他们来到了小溪旁，清凉的溪水淙淙作响。他们弯下腰来喝水。

爷爷说：

"谢谢你，小溪。"

孙子笑了。

"你为什么笑呀？"爷爷问。

"爷爷，为什么您要对小溪说'谢谢'呢？小溪又听不懂，不知道什么是感激之情。"

爷爷思考着。小溪哗哗地流着，鸟儿在森林里唱着歌。长时间的沉默之后，爷爷说：

"是的……溪水什么都听不到。如果一只狼喝了水，它也许不会表达感谢，可我们不是狼，我们是人。不要忘记这个，孩子。你知道人为什么要说谢谢吗？你知道这个词的意义吗？"

孙子思考着，他还从来没有考虑过这些问题。爷爷说："我们说'谢谢'，就为了让自己不要成为狼、驴和无脑的公鸡。"

感恩就是我们在学校的集体中，在与他人合作的实践关系中发展的感受。它会打开孩子们的眼界，我们要帮助孩子们理解和感受它。要让孩子们知道人的幸福是靠自己创造出来的。必须理解和感受到这些人的关切和忧虑。要让孩子们深刻地了解实现幸福的劳动来源，这样他们的责任感就会越来越强，对他人的感激之情也会越强烈。在一个爽朗的秋日，当我们完成园地的劳作后，孩子们拿来了精心培育的谷物烤制出来的面包，把它们送给最尊敬的农民和老兵来表示感谢。孩子们要为能过上很好的生活而感激他们；要知道，人们能够生活下去，就是因为这世上有劳动和食物。在结束学业后愉快的日子里，当孩子们十分强烈地感觉到假期的美好时刻，孩子们感激父母，并不是说父母在这一天给了孩子们礼物，而是恰恰相反。孩子们花了好几天时间，有时是整个冬天，都在画一幅画，想要在这个值得庆祝的日子里把画送给父亲或者母亲。他们会种下一朵花或者用木头雕刻一件东西，在学期结束或者开始的日子，向长辈们表示自己的感激之情。这是正确享有物质福利、精神福利和快乐权利的十分重要的条件。我们要努力让孩子们明白：他们完成学业，绝对不是什么功劳，而是一种责任。他在学业中取得了成绩，应该感谢父母和老师，而不是让别人感谢他，更加不是让别人嘉奖他。

懂得和感受他人的感激之情，在道德教育中起着十分重要的作用。我们努力让孩子们以自己的工作、关心和自觉控制自我需要的行为（这是必要的），来换取成年人的感激。孩子越是清晰地感到自己是不值得感激的，他就会越强烈地感受到对老一辈所承担的责任。

鄙视忘恩负义是应该从小培养的高贵品质。忘恩负义，不仅是心灵的无知，它本身还是一种邪恶。我坚信，忘恩负义只能用"没有良心"来解释。事实上，忘恩负义所带来的不仅是不知廉耻、傲慢无礼、行为粗鲁、骄傲自大、卑鄙无耻，还有懒惰怠慢，无所事事。只有在这种情况下，即你最终成功地唤醒最为沉睡的心灵，才可能培养出藐视知恩不报的情感。我认为，尤其重要的是，要让孩子们建立起这样的理念：知恩不报是一种会千百倍的成长为最为愚昧无知的厚颜无耻的行为。有一个关于感恩的故事，在每届学生中我都会反复讲述。

爷爷安德烈请孙子马特维做客。爷爷在孙子面前放了一大碗蜂蜜和一个白面包，邀请道：

"马特维，吃蜂蜜吧，想要用勺子把蜂蜜抹在面包上，还是用面包蘸着蜂蜜吃？"

马特维先用勺子把蜂蜜抹在面包上，然后再用面包蘸着蜂蜜吃。他吃得太多，以至于呼吸都困难了。他擦了擦汗，叹口气问道：

"请问，爷爷，这是椴树蜜还是荞麦蜜？"

"怎么啦？"安德烈爷爷惊讶地说道，"我请你吃的是荞麦蜜，孩子。"

"椴树蜜好吃得多呢。"马特维边打哈欠边说，饱餐过后，他想睡觉了。

安德烈爷爷觉得很难过，他沉默了。孙子继续问：

"做面包的面粉是春种的小麦还是冬天的小麦？"

安德烈爷爷的脸色变了。他心痛得难以忍受，呼吸也变得困难了，他闭上眼睛，叹着气。

在道德教育的各个方面中（这些方面必须在年轻人的心灵面前展现出来），占据十分突出位置的，是与"请"这一概念有关的种种态度。我们给予最大关注的事物，就是以各种美好的愿望、高尚热情和相互信任的纽带去充实这些态度。为了让孩子说出"请"这个字时，对别人善良的思想、心灵的动机、希望和精神状况充满尊敬之情，要教育孩子从小像珍惜无价之宝一样去爱惜他人。内心的力量不是取之不尽、用之不竭的，每一个人都有自己的极限，每一个人的内心也都有一定的热量储备。

你和他人接触的时候，就是在接触他们生活中的某一部分——人们一年

又一年不断地向学生们展示这个真理寻常而又十分深远的含义——你从一堆金色麦子中得到了一粒种子，从篝火中获得火种，从一个大果园里摘下一个苹果，不要在只需要一粒种子就可以了的地方取走一大把，不要在只需要一点火种的地方用铲子将火种统统取走，也不要在只需要一个苹果的地方把整棵苹果树全部砍掉。要擅长保护和珍惜一切。要了解那些无比珍贵的人的价值：从一堆金黄的麦子中留下几颗种子，从正在燃烧的炽热的篝火中留下几颗火苗，从丰收的苹果中留下几个苹果。无怜悯心往往是恶意的一种体现。并不仅仅只有恶意是冷漠无情的，愚昧无知和狡诈欺骗一样是冷漠无情的。同情心要求思想的健康。

7. 善于审视自己的过失是一大美德。每当我们犯了错误或者对他人缺乏同情心，抑或是欺辱了他人，令他人提心吊胆时，我们会受到良心的责备，要对他人说："对不起""请原谅"。我们要用这些话表达对他人人格和宽容的尊敬：我们不知道是向他们提出了什么请求，还是因为不注意而冒犯了他们。我们说出这些话，是希望得到他人对自己的尊敬，获得他人的原谅。

要常常培养自己对他人承担义务的责任感。良心会不断提醒你，什么时候要向周围的人说"请原谅""对不起"。请求他人的谅解并不是因为我们有错。但是，不善于尊重别人，不顾念别人自尊心，就会成为一个过失。要做一个谦虚的人，要保护自己和别人，避免染上厚颜无耻、死皮赖脸、令人厌恶的弊病。

在了解人的价值这方面，我认为最重要的，是让人在童年时期，尤其是少年时期对自己的轻率而感到内疚，对未经思考而做出的行为感到后悔，我们要用良心来谴责自己的错误和不当的行为。道德上的无知，始于不善于对过去进行总结。如果这种无知成为习惯，变成一种本能，那么人的性格就会变得愚蠢、粗鲁和野蛮。老师的任务之一就是教给幼小的孩子看到自己行为的后果。为了看到这个后果，就必须先要想到这个后果。良心的眼睛就是思考。在对孩子进行教育时，我们要让孩子反复思考：我周围和我自身有什么，并设身处地地为他人着想。为了把自己的学生引导到最为复杂的人性世界中来，一个真正的教师应该关注我称之为良心的眼睛的东西。这就是指注意到道德思想的精华之处。在孩子们身上培育审视和思索道德能力的可能性是无穷无尽的。

七月里炎热的一天，你们从树林里归来，朝一棵高大的橡树下的水井走去。所有人都想喝水，离井越近，越是想喝。另一边，一位老人也向井口走来。他从远方而来，十分疲倦，也想喝水。孩子们看见了老人，但心里却没有想着他。眼睛虽然看见了，但是心灵却没有。孩子们和老人几乎同时向井边走去。树下放着一桶凉水。一会儿孩子们就会围到水桶边上，只专注于一个愿望——解渴，没有一个人会留意到老人。

如果人的本能凌驾于用理智和信仰细心培养出来的人格之上，那么，人就会变得既丑陋又恐怖。要善于及时防治这一刻。不要让本能任性妄为，要在学生的身上激发崇高的思想，要让他们对自己拥有的自私的想法感到羞愧。

此时，你应该用冷静、威严又果断的口吻对孩子们说："停下！"让他们看看周边的事物。这时，孩子们看到白发苍苍的老人，因天气炎热而筋疲力尽，眼睛红肿，脸上带着歉意的微笑。当看见这一幕时，解渴的念头就不会再在孩子们的脑海里像火一样燃烧了，它几乎消逝在角落里，大脑被一种新的思想占满：爷爷从对面和我们一起来到井边……我们看到了他，为什么不为他着想呢？怎么会这样呢？

"孩子们，坐下来休息会儿吧。"你轻声说道。橡树下，孩子们坐在你身旁。

"请原谅我们，爷爷。"你转向老人，"我们几乎把水桶抢走了。您先喝吧，之后我们再喝。"

"对不起，爷爷。"孩子们一个接一个地道歉。

当我们看到这个手脚颤抖、尽显疲惫的老人，孩子们会感到惭愧，从他们的嘴里说出"对不起"这个词语不只是形式，而是一种真诚的感情表达。

在这一刻，孩子的脑海里出现这样一幅情景：如果他们喝掉满满一桶水，水桶里一点水都没有了，那么爷爷就不得不再从深井里打水上来。

"孩子们，不用担心我。"老人回答孩子，"我不能喝水……天气这么热，我还要继续往前走……我的心脏不好，我只是需要擦擦眼睛、漱个口。"

孩子们惊讶地看到：爷爷在清洗眼睛和漱口之后又重新上路了。爷爷伤心自己不能坐下来休息："要是坐下来一会儿，就很难再起身出发了。"爷爷出发的时候，孩子们都站起来祝福他身体健康。

在孩子面前展现了一幅十分精彩的人生图画。老师们，我们的责任就是让这幅图画终生刻印在他们的心里。老爷爷走了，可是谁也不着急喝那桶水。你们需要帮助自己的学生去领悟脑海里那朦朦胧胧的事物。你要培养学生的思维能力——这是教育中最复杂的任务之一。

与父母、亲属之间的关系

> 这些礼节都蕴含着深刻的本质——尊重他人。不懂得尊重他人,你就会像对着美丽宏伟的大海吐口水的人,然而,大海依旧是那样宏伟美丽,你的唾沫无法让大海受到丝毫侮辱,只会侮辱你自己。

1. 世界上有父母和孩子。你的父亲和母亲,也是他们的父母(你的祖父母)的孩子。人类代代相传,这是我们存在的伟大智慧。这个世界上同时生活着几代人——年长的一代,充满创造力的一代,还有刚刚来到这世上才意识到自己存在的一代。生活中,除了许多其他的关系,还有代际的关系影响着我们。年轻人,要知道,你们是正在崛起的一代人,就像刚刚升起的太阳,到中午还有相当遥远的一段时间,生活对于你们来说,就像是一片无限的、令人向往的、阳光灿烂的又有些神秘的田野,充满了美丽的憧憬。在你的面前有两代人,一代好像是太阳正当空,一代好像是太阳落山了。人终有一死,但民族会永远长存,人民的智慧将会载入史册代代相传。几个世纪的智慧都保存在我们的书籍和历史中,民族精神的财富被保存在人民的记忆中,当然也保留在你的父辈和祖辈那代的心灵和言行中。不论你将来成为什么样的人,都必须敬重长辈。你应当记得:你祖父或者父亲那探索、专心、思考又让人疑惑的目光是怎样令你感到惊讶,这种目光能够穿透人的心灵深处,令人忐忐不安。这是你的祖父和父亲正极力在你身上看到他们自己，他们在思考，如何才能成功地在你身上再现自己，你能够独立地在自己身上培养什么性格，他们有权用这种目光注视你。

要尊老、爱老，这是生活的法则。你必须尊重长辈，因为长辈比你更有智慧，在精神上更加富有……

在和长辈沟通的每一刻，都应该向他们学习。切忌自负自大，不要以为自己年轻，充满活力，就可以担起所有重任。有些事情只有老年人才可以办得到，因为他们拥有几代人的智慧。长辈的意志和话语是我们所有人的法则。

这些教诲在培养两代人（父辈与孩子们）之间的和谐关系中起着十分重要的作用。向青少年展示这样的思想是非常重要的，共产主义思想在教导我们变得高尚的同时，还教会我们要珍惜他人多年来积攒的一切经验。任何明智的思想，任何深刻的道德信念，在还未将自己的激情传递给年轻人之前，都不应该消失得无影无踪。在这样的教育真理中蕴含着深刻的哲理！我的学生们最具智慧的老师，就是那些如已经触摸到地平线的太阳的老人们。在谈论神圣的社会主义祖国时，他们对祖国的热情之火犹如年轻人的心和战士们的激情。他们说的每一句都是遗训和临别赠言。他们口中说出的每一个字，也因此是最主要、最重要的。孩子们遇见老一辈的人，就好像是处在道德信念的光辉之中。孩子们要珍视这些人，要在他们面前摘下帽子，向他们低头鞠躬。

多年的教育经验让我越来越坚信的是，对那种由于教养不高、情感粗糙而做出的令人无法忍受的行为的理解和体会越深刻，对待长者就会越尊重。那些不被接受的行为的根源可以追溯到修养低下、情感缺乏陶冶。我们的道德教育中有十个不允许。遵守这些规定是集体的荣誉和美德，违反规定被视为是可耻的，是道德上的愚昧无知。这十个不允许是：

（1）当大家都在努力工作时，不要游手好闲；要知道当长辈因工作而无法休息时，你却沉迷于各种娱乐且无所事事，这种行为是可耻的。

（2）不允许嘲笑老人，这是最大的亵渎；在和长辈谈话时要有尊重之情；

世界上有三种东西：爱国主义、对妇女真挚的爱和对老人的尊敬，这三种东西在任何条件下都不该受到嘲笑。

（3）不允许与受尊敬的成年人，尤其是老年人争吵。对于长辈的建议，马上表现出怀疑，是不理智的行为。如果你有什么疑问，在说出之前要进行思考，作出判断，随后再询问长者，避免让长者生气。

（4）不允许由于没有某个东西而表现不满。你无权向父母要求任何东西。你的同龄人有，你的父母没有照顾到这一点，但你没有权利要求你的父母。

（5）不允许向父母索要他们本来都不想给自己的东西，如桌子上最好的食物、最好的糖果、最好的衣服。要学会谢绝别人赠送的礼物，如果你知道在别人给的礼物中有送给你的礼物，但是你的父母拒绝了它，你也应该拒绝。想拥有某种特权的思想，是对心灵的毒害。对这种现象表现出零容忍的态度，你将会获得最大的幸福。

（6）不允许做长辈们所责备的事情——不论是在他们面前还是在其他什么地方。用长辈的观点来审视自己的行为（他们会怎么考虑）：肆意纠缠、无故期望长辈关注自己，提出各种主张，这是不可容忍的；父母是从不会忘记你的；如果你不在身边，他们会比你在他们身边思念得更多，要知道，父母也有自己的精神世界，有时他们也希望单独相处。

（7）不允许将年长的亲人单独留下，特别是不要让你的母亲感到孤独，如果她的身边除你之外没有别人。在愉快的节日里永远不要留下她一个人。你本身，你的话语，你的微笑对她来说都是一种安慰。人越是接近晚年，就越能体验到孤独生活的痛苦。请记住，在人的一生中，会有一段时期，除了人际交往的乐趣之外，再也没有其他乐趣了。

（8）不允许与长辈不辞而别，不要未经长辈许可和建议（特别是爷爷），不听他们对我们旅途的祝福，不向他们表示美好的祝愿就外出。

（9）不允许不先邀请长辈坐下就吃饭。只有在道德上无知的人才会像动物一样，只顾满足自己的饥饿，并且担心在场的其他人会抢走那些属于自己的食物。人们吃饭，不仅仅是为了缓解饥饿，满足新陈代谢的生理需要，人们在一起用餐，是因为可以在桌子上进行有趣的思想交流；如果你成功地邀请老人与你共同用餐，那么你就给他带去了极大的快乐。

（10）在成年人，特别是老年人和妇女站着时，不允许自己坐下。在和长辈相逢时，要主动先向长辈问候，不要等着长辈来先问候你。分别时，要祝他们身体健康。这些礼节都蕴含着深刻的本质——尊重他人。不懂得尊重他人，你就会像对着美丽宏伟的大海吐口水的人，然而，大海依旧是那样宏伟美丽，你的唾沫无法让大海受到丝毫侮辱，只会侮辱你自己。

这十条不允许，要求注重整个教育过程中的和谐性，只有那些应当受到尊重的人才会得到尊重，只有那些肯照亮道路的人才能成为指路灯。

2. 对于父母而言，即便你已经 50 岁、60 岁，而父母已经 70 岁、80 岁、90 岁了，但在父母眼里，你永远都是孩子。你迈出的每一步，无论是好是坏，都会引发父母内心的快乐、幸福或痛苦。请记住，你就是你父母生活的意义，生活的喜悦和悲伤。在对你无限的爱中，他们有时会忘记，会有那么一天，他们将没有精力给你带来物质上的快乐，而只剩下爱你的力量。孩子们，要知道，你们的责任就是要照顾好你们的父母，报答他们对你的无限的爱和忠诚，向他们付出同样的关心、爱与忠诚。孩子对父母应尽的义务是无法用任何方式衡量的，也是无法计算的。

要怎样将这种教导传达到年轻人的心中？这关系到人类情感中最细腻的领域之一——教导人们相互奉献。形象地说，这样的教诲好比开垦土地，父母、教师都有耕耘这方土地的义务。人类最微妙的能力就是懂得如何去爱。爱可以开启人自身最隐秘的根源，从中会不断涌现出生机勃勃的善意。同样，爱也可以把子女的心变成一片荒芜的沙漠，这完全取决于人们相互之间关心和奉献的程度。只有在相互奉献的情况下，才能把关心父母的话语，传递到孩子们的内心。

没有什么比人的爱更加复杂。这是一束最温柔、最质朴、最美丽、最不起眼的花——名为道德。我们在爱自己的孩子的同时，还需要教会他们如何爱我们。如果不教会他们的话，我们就只能在晚年哭泣。我认为，这是父母最明智的真理之一。只有当这种真理成为必要时，形象地说，才会在孩子们意识的土壤里种下爱父母的种子。

　　如何教导孩子们去爱自己的父母？孩子必须学会与他人交往。学会了解每个人都有享受幸福、快乐和个人世界不受侵犯的权利。重要的是防止孩子们在精神上的寄生：他们必须知道，夺走他人的快乐，是极不光彩的行为；以别人的悲伤为乐，更是背叛的行为。一项非常复杂的教育任务是，教导孩子们学会蔑视这种一开始不易察觉的背叛行为，并对之持零容忍的态度。那么该如何去做呢？孩子们拥有将自己的心灵奉献给他人的权利，我们要教会他们如何同情、感受他人。家庭生活中，没有什么比孩子在精神上参与到帮助他人中更加重要的事。老师需要向孩子们诠释如何参与到家庭的精神生活中去，我们必须要鼓励他们学会怎样将自己的精神与成年人的精神融合。孩子高尚的内心是要付出极大努力的，这种内心活动，有时会十分细微且不易被察觉。有必要扶持它，并帮助他在为人处世中将之表现出来。

　　3. 父母给你生命，为你的幸福而生活。请照顾他们的健康与安宁，不要给他们痛苦和悲伤。父母给你的一切是他们辛勤的劳动所得，你们要懂得尊重父母。父母最大的幸福就是你忠于生活，努力工作，你在学生时代就要热爱学习，给家庭带来欢乐，保护家人的幸福。如果别人认为你是坏人，那么这对父母来说是极大的悲哀。对父母真正的爱，是要给家庭带来和睦与安宁。

　　珍惜家庭的声誉。要知道，你的家庭不仅仅只有你的父母，还有你和你的孩子们。要注意你的言行。你必须对所有人真诚，对父母来说，哪怕一点点谎言——如果他们珍惜自己的名誉的话——都是他们很大的不幸。做任何事之前，要征得父母同意。儿女真正的自由是成为听话的孩子。听从父母的意愿,这是公民教育的第一所学校,是培养你良知的第一课。如果你还没有学会听从父母的意愿,并从中看到自己真正的自由——你就不可能成为一个坚韧的、百折不挠的战士,不可能成为严守纪律的劳动者,不可能成为对孩子忠诚的父亲。

如何在实践中进行关于对父母态度的教育?

学校里要充满尊敬母亲的氛围,我们认为这是非常重要的。让教育和谐起来,作为精神上团结友爱的象征,对孩子施加共同的影响也是十分重要的。对孩子们来说,父母的爱情、友谊和相互帮助是把他带入人与人复杂关系世界的最好榜样。父母应该是相辅相成的,如果父亲同母亲保持着纯洁的情意,孩子们将真正认识自己的父亲。而孩子一切道德发展的最初源泉和最细腻的基础,在于母亲的明智的感情和昂扬的精神。确切地说,母亲有什么样的精神面貌,在她的内心世界中情感与意识的和谐达到什么程度,那么,她的孩子在道德发展中就会成为什么样的人。母爱的智慧在于:意识如何掌握着爱,人真正的爱是如何让意识的重要动力(人对未来的责任感)具有高尚的精神。

在孩子们的精神生活中要确立对母亲的敬重感,在这样的情感中,敬重融入着深刻的理解,而理解又鼓舞着尊敬和敬爱的感情。这要求我们老师要巧妙且明智地,满怀崇高的感情,与孩子们谈论母亲承担的高尚使命。我教导的每一届学生,因为他们正处在最敏感、最柔弱、最娇嫩的时期,我会希望他们一生都能记得一个关于鹅妈妈的故事。

炎热的夏日,鹅妈妈带着黄色的小鹅们出去散步。她第一次向孩子们展示了这样一个伟大的世界。这个世界是明亮的、绿色的,充满了欢乐:在小鹅们眼前,是一片广阔的草地。鹅妈妈开始教小鹅吃小草纤细的茎。草茎甜甜的,阳光温暖柔和,草地软软的,万物舒适而美好,还有唱着歌的蜜蜂、甲虫和蝴蝶。小鹅快乐极了。

小鹅们忘记了母亲,在绿色的草坪上四处嬉戏。当生活幸福的时候,当心中充满了和平与宁静的时候,母亲常常是被遗忘的。鹅妈妈开始用担忧的声音呼唤孩子们，但是他们都好像没听见似的。突然，乌云密布，大雨滴落在了地上。小鹅们想：世界不是那么舒适美好了。当他们想到这一点的时候，他们每个人都想起了母亲。突然，他们觉得非常需要自己的鹅妈妈。他们举起小脑袋，朝她跑去。

同时，天空降下了大冰雹。鹅妈妈很快跑到孩子身边，抬起翅膀，把自己的孩子们遮住。翅膀的存在首先是为了掩护孩子——这是每位母亲都知道的——然后才是为了飞翔。翅膀下面既温暖又安全，小鹅们听见从远处传来的雷鸣、呼啸的大风和冰雹敲打的声音。他们甚至感到快活起来：母亲的翅膀外面正发生着可怕的事，而他们却这么温暖舒适。他们没有想到翅膀有两面：里面暖和舒适，外面寒冷危险。

不久，一切都平静下来。小鹅们只想尽快跑到草地上，闹嚷着要求：妈妈，让我们出去吧。是的，他们不是请求，而是要求，因为如果孩子感受到母亲强而有力的手时，就不是请求，而是要求。母亲轻轻地举起翅膀。小鹅们跑到草地上。他们看到母亲的翅膀受伤了，许多羽毛折断了。鹅妈妈呼吸困难，试图伸展翅膀，却不能这样做。小鹅们看到了这一切，但世界又变得那么美好，太阳又那样明亮又温柔地照耀着，蜜蜂、甲虫和蝴蝶们又唱得那么动听，让小鹅们没想到要去问："妈妈，你怎么了？"只有一只，最小而最瘦弱的那只小鹅走到母亲跟前问道："为什么你的翅膀受伤了？"鹅妈妈悄悄回答，似乎为自己的痛苦感到羞愧："一切都好，孩子。"黄色的小鹅在草地上到处嬉戏，鹅妈妈感到很快乐。

准备为信仰而献身的公民、战士和那些勇敢、不屈不挠的人，都是从对母亲无私、慷慨和忠诚的爱开始培养自己的高尚情操的。我认为，如果我养育的孩子，不是只有当母亲不在身边的时候，而是在生命的每一刻都需要母亲——如果没有了母亲这个世界上最珍贵的人，世界将毫无意义——那么，我就是培养了一个真正的人。我认为，当前教育最重要的任务就是让孩子们懂得珍惜、爱护母亲，因为母亲的心是源源不绝的爱的源泉。

在与学生的对话中，特别是和那些青春期初期的孩子，我认为需要传达给他们的最重要的思想是：母亲的健康、幸福、安宁来源于她的孩子。母亲的幸福是由儿童、少年和青年们创造的。

要让孩子们相信：

你心脏的跳动，你人生中的欢乐，崇高的理想，在创造中表达出的崇高的激情，你的爱情，对人忠诚而感受到的幸福，对新人的培育，生命中最困难的时刻自己的不屈不挠、不肯放弃的信念，克服困难的喜悦和对自己勇气的认识——所有的这一切都来自你的母亲。母亲不仅给予了孩子生命，而且养育了孩子。如果她只做到前者，那么她不会是人类的创造者。母亲创造了我们的生活，母亲用民族的精神，用自己的语言，用自己的思想、爱、恨、忠诚和绝不妥协的精神，使我们的生活充满活力。母亲创造了你独特的人格——这就是我们所谓的诞生的意义、艺术和技能。多亏了你的母亲，你和你的人民联系在一起，你是人民血管中的一滴血，但你在世界上也是独一无二的个体。你吮吸着母亲的乳汁的同时，也吸收了人类的精神。

爱戴母亲——意味着关注从你第一次呼吸到最后一刻都在汲取的那纯洁的泉水：你作为人活在这个世上，作为人注视着他人的眼睛，这是因为你永远都是母亲的儿子。

教育者的任务是要在孩子的心中树立起关心母亲的情感。这是一场循序渐进、锲而不舍地去往道德顶峰的攀登。要让孩子们体验生活中的每一个细节，才能让孩子们了解什么是母亲。光有依恋这一种感情是远远不够的。孩子们应该尽早学会思考、认识和判断。对母亲越理解，孩子的感情就越深刻。母亲是怎样在自己孩子身上培养卓尔不群的个性，老师就应该同样教育学生以丰富个性的态度对待母亲。我坚信，母亲有着自己丰富的内心世界、文化素养，有自己广泛的兴趣，有自己的自尊心，有对丈夫忠诚的爱，有着严谨执着和坚韧不拔的品质，有着对邪恶毫不容忍、永不妥协的精神——这样的女性可以成为家庭道德的模范、一个家庭的主人。以培养对待母亲的崇高态度为目标的一切教育工作，是确立父亲的威信的关键。我们之前谈到的意识和爱的真正和谐，在这样一些家庭中是可以实现的：来自母亲的理智和智慧的光芒，由于每天都展现了人的美丽而让孩子们惊叹不已，孩子之所以可以看到人的精神之美和操守之崇高，看到父亲对母亲和家庭的忠诚，同样也是借助于来自贤惠的、对人的优缺点体贴入微的母亲的理智和智慧之光。母亲的智慧可以产生一种精神力量，这种力量能够让父亲严守道德情操，建立对家庭负责的崇高责任感。在我称之为优秀的家庭中，在家庭的精神源泉边总是有一位聪明贤淑、具有丰富的精神世界、充满自豪感、善于珍惜自己美德的母亲。在这样的家庭中，以上的一切都显得巧妙、精致又十分自然。这就是被称为父亲的威信或强硬手段的最主要条件之一。

这里必须要指出一种存在于老师和家长意识中的荒谬偏见。有人认为，"父亲的威严"和"强硬的手腕"是男人与孩子接触时常常起到作用的一根魔杖。不要把母亲的影响和父亲的影响对立起来，如果认为比较有力的意识上的影响只是来自男人，即父亲的大男子气概的教育力量；而来自女人，即母亲的，就好像是一种会让人变得温柔无力的比较柔和、细腻而高贵的影响：这是十分奇怪的事情。真正的女人——母亲，既会像初开花蕾的花瓣一样充满柔情，也会像一把正义的宝剑一样，锋利、坚毅、百折不挠、疾恶如仇。

同时，在孩子的教育过程中，在被称为父母（是一种教育青年一代的力量）精神上相互关系的复杂的乐队里，也不能否认男人——父亲的特殊地位和作用。男人——父亲的作用取决于他的责任感。一个勇于负责、勇担义务的父亲，才是真正的男人，他的意志可以成为一种能使孩子的思想、情感、愿望和热忱具有严格纪律的力量。

一位男子汉、丈夫、父亲的气魄，在于保护孩子和妻子的能力。作为人的道德义务和责任，要求父亲成为孩子和母亲的重要经济支柱，因为在某些时期，母亲的工作可能只能是抚养孩子而已。

一位男子汉、丈夫、父亲，就从这里开始履行自己的责任。如果我们谈论的是父亲的公民形象和他作为孩子榜样的能力，那么，男人的道德修养首先取决于他勇于承担责任的能力。对你自己的孩子负责——这是你应尽的公民义务，是为祖国服务的考验。对于真正的男人来说，为祖国服务的道路贯穿于你的家庭之中，贯穿在你对妻子儿女的义务和对他人应尽的责任之中。只有沿着这条道路走下去，男人——父亲才会登上为祖国服务的爱国主义的高峰。

这就是我们在儿童、青少年和年轻人心中唤起对父亲的爱和尊重时所秉持的立场。我们这样教育自己的学生：

父亲是你最亲、最珍贵的人，父亲的形象表现了人的责任感：对你降临这个世界，对你走出的每一步，对你做出的每一个行为，对你的整个生活道路——在一生中，他都承担了责任。在父亲和孩子的关系中，包含着一些伟大的使命：繁衍人类、培育新人、延续家族。在父母创造的全新个性中改进人与人之间的道德面貌。母亲生育、抚养了你，父亲则不仅仅生育了你，而且要让自身的品质在子女身上体现出来，受到继承和发展，并将自己的精神和母亲的精神交融在一起。

父亲是公民，是勤劳的工作者，也是母亲最亲爱的朋友。父亲为祖国服务，他忠于社会主义祖国和社会主义理想，这是令人骄傲的。孩子们要善于做父亲的继承者，珍惜他留给人民的东西，珍惜他用自己的灵魂和自己的智慧为祖国的物质和精神方面留下的宝贵财富。

成为无愧于自己父亲的人，这才是你个人的荣誉。父亲的荣誉和尊严必须加倍守护，不能把它们当成生活的资本，不可以把它们作为从中牟取福利和特权的筹码。你已经扎根于父亲的荣誉之中，但对你而言，请记住来自民间的谚语："你要拥有自己的根基，如果你没有这个根基，你将无法依赖父亲的根基生存下去。"你父亲在社会上所做的贡献越闪耀，你就越需要让自己发出更多的光。

你的父亲是祖国的守护者。他曾在苏联军队服役。他拥有向敌人射击的必要武器，如果敌人侵略我们的国家。要是战争爆发，你的父亲将参加战斗。

他将会用自己的胸膛保卫祖国，保卫你的妈妈、爷爷和奶奶，保卫人民。请记住，有数百万的父亲为了保卫社会主义祖国，在伟大的卫国战争中牺牲。成为一个英勇的战士，是每一个男人的职责。

培养孩子对父亲的爱和尊重的情感，就必须注意分寸和方法。有些孩子，甚至提到"父亲"这个词，就会感到伤心。这是我在一堂课中看到的情景：

"孩子们，现在我们要写自己最喜欢的词语。"一位老师对一年级的学生说，"谁能猜出这个词语？"

孩子们思考着。纷纷举手说自己猜到了。

"妈妈！"这就是我们最喜欢的词。

他们写下了"妈妈"这个词。

老师又问道："你们还想写哪个词？"

"爸爸！"孩子回答道，他们的眼睛里充满了喜悦。

只有蓝眼睛的萨沙笑不出来，大家都写出了"爸爸"这个词语，只有他不写。他的眼中充满了痛苦……男孩哭了，跑出了教室……

为了不伤害任何人的心灵，教育者应该具有出色的敏锐力和洞察力，也应该具备细心和远见！

4. 要成为父母的好孩子。"每个人都会面临三种不幸：死亡、衰老和不孝的子女。"这是乌克兰的民间谚语。衰老是不可避免的，死亡是无法抗拒的。面对这样的不幸，没有人可以将其拒之门外。但是，家庭可以防止出现不孝的子女，就像防止火灾一样。这不仅取决于孩子的父母，还取决于孩子本身。

成为好的人，意味着什么？它意味着，给家中带去和睦、安康和幸福。不要给家人带来焦虑、悲伤、怨恨和耻辱，绝不允许你用可耻的行为去伤害年迈的父母。关心家庭的和睦与安康，关心父母的幸福和快乐，应是你生活中的主要心愿。这种心愿，应该像一个方向盘一样引导着其他的想法。自己的任何愿望，都要经过理智的思考和检验：这种心愿对我们父母的情感会产生什么影响？这种心愿给父母带来了什么，又从他们身上夺走了什么？

你们经常听到一句话："为人民而活。"你们要好好思考一下，这意味着什么？"为人民而活"，意味着要做父母真正的子女，要善于为人民而活。对于这点的理解，通常是从教科书中获得的，这种教科书汇集了世代的智慧，汇集了人民的道德，汇集了一代代人的经验。要善于阅读教科书，并对它进行思考。

"好的子女意味着你将拥有安逸的晚年，恶劣的子女意味着你的晚年将会受苦。"这也是来自乌克兰的民间谚语。

请明白：你们尊重父母，当你们成为父母时，你的子女也会尊重你。

做个善良的儿子，做个善良的女儿——这是一个人在童年、少年、青年甚至是到老年都应该要做到的。直到临终，你依然还是父母的孩子。一个人对自己孩子的责任越大，他自己作为孩子的义务就越重——即便他的父母已经不在人世。要记住，这个世上总有比你年长的人，当然，这不完全以年岁而定，而是以道德财富、人格和受人尊重的权利而言。

要善于觉察父母内心的细微活动。他们病了，也是你的痛苦。他们在工作上的挫折，也是你的不幸。他们的耻辱不仅仅是你的耻辱更是你的不幸，只有克服它，才能摆脱够它。如果家庭出现了痛苦、不幸和麻烦，为了家庭的安宁，你要百分百尽到自己的责任。只有努力，才能减轻父母的负担。你的这种劳动是人类最复杂的事情。它是心灵上的劳动。父母的不幸和痛苦，常常需要用你的想法和方式去克服。要善于思考，懂得善解人意。

要照顾父母的健康。记住，造成父母过早的衰老和患病与其说是因为劳累，不如说是因为内心的焦虑、悲伤和烦恼。父母的内心总会被儿女的漠不关心刺痛。

这涉及各代人之间的最重要的道德教诲之一。我坚信，公民职责的培养就是从孩子们会思考的时候开始的：父母会对我的行为说些什么，想些什么？发展孩子对父母情感、思想最细微的感受，我认为这是最重要的教育任务。要尽可能少地请父母到学校来对孩子进行道德教谕，父亲要尽可能少地使用

"强硬手段"吓唬孩子，要尽可能多地让孩子与父母在精神上进行交流，这样可以给父母带去欢乐。我们认为十分重要的问题是：孩子要在父母面前对自己做的错事感到惭愧（不过，如果父母做了错事，在孩子们的面前也应感到惭愧，这是另外的特殊问题），目的是让孩子从小就意识到，让父母幸福、称心满意、充实满足，是多么的快乐。应该这样培养孩子，让他不但能够得到快乐，还会把快乐带回家里与父母分享。无论您怎么认为，在学业的初期，学校所依赖的就是这种教育，而不是其他的教育。在孩子们的脑海中、心灵中、在他的笔记和日记中所有的一切，我们都要从孩子和父母相互关系的角度给予分析。放任孩子伤了父母的心——这种教育是不堪设想的，是不能被允许的。要密切关注，以防孩子在学业初期就开始变坏，不要让母亲冷酷无情地对待孩子，从而使他们丧失做好孩子的美好希望。孩子和母亲的相互关系应该建立在孩子希望自己成为好孩子，给家庭带来欢乐的基础上。

我们经常邀请父母到学校来。邀请他们参加"母亲节""父亲节""图书节""创作节"。其中我们的考量是，父母会接触到自己孩子的思想、能力和爱好。父母在这里可以看到子女们的脑力劳动和成绩。来到学校的每一位父母，都想获得由于孩子的优异成绩带给他们的愉快心情。虽然这些愿望不是都能实现的，当然每一位父母，都会有这种愿望，如果没有这种愿望，父母将无法正确教育孩子。有件事情让我觉得十分奇怪和惊讶，甚至完全无法理解，就是大部分的学校都忽略了让学生好好学习、做个好人最重要的激励因素是：给家人带来欢乐、幸福、祥和与安宁的愿望。这个愿望是将学校和家庭联系起来的最细腻、最牢靠的纽带。如果没有这种纽带，或这条纽带中断了，父母的教育将会变成空谈，学校对于家庭教育的要求就不会取得预期的效果。只有孩子努力给家庭带来欢乐，学校和家庭才有可能联系起来。当然，我谈论的是在道德上健康的家庭，这种家庭建立在每个家庭成员互相爱戴、互相奉献、互相帮助和共同创造幸福的基础上。

我知道许多家庭，在这些家庭中，因为孩子给家庭带来的欢乐与和谐，使得父母之间的裂痕消失了。人类精神的本质就是，在子女和父母的幸福中看到了他们共同的努力，这种幸福感越深，就越能增加精神上的凝聚力，以及父母彼此间的奉献。学校在巩固家庭关系的任务上的作用是非常精细和微妙的：孩子们必须要从学校把快乐带回家。但有种观点我并不十分赞同：如果孩子学习不好，你又会从哪来获得快乐呢？事实是，任何孩子都不应该有这种意识：我真不走运，我什么都做不到，我没法得到什么好的结果……如果孩子们的脑袋里有这样的想法，等孩子长大后，他将不再是你的学生，你也会失去对他的家庭——他的父亲和母亲——的教育影响力。教育者的人道使命，是让弱小的学生体验成功的喜悦，只有在这种情况下，他才是你的学生，在家庭中，他的快乐是一种巨大的精神力量，能够增强父母之间的精神共鸣。如果孩子从学校带回快乐，那么父母可以为你提供的帮助，比你专门把父母叫来学校让孩子好好听话要有效一千倍。你们可以强迫他们做事，但不能强迫他们变成好孩子。渴望成为好孩子的主要动机是孩子们的善意；这是义务感的源泉，这是孩子们心中的细腻角落永远不会变冷酷的条件。我这样教育自己的学生：

你恶意的言辞会在母亲脆弱的灵魂上留下划痕。母亲能忍受一切：不管是委屈，还是痛苦和悲伤……但是请你记住，这些伤痕将会永远存在。

在毕业晚会上，送年轻的公民步入独立生活之时，我给他们讲了一个面包从窗口飞走的故事。

一位母亲有 7 个儿子，年龄最大的 10 岁，最小的 3 岁。

母亲用麦子做了 7 个小鸟形状的面包，另外还有一个是给自己的。

母亲把小鸟形状的面包从炉子中取出，放到餐桌上，孩子们并排坐着。他们目不转睛地看着小鸟面包，看着母亲的眼睛，等待着母亲微笑着点头的时刻，他们就可以吃面包了，他们多么明白母亲点头和微笑的意义啊。

蓬松、焦黄的小鸟形状的面包放在桌子上，朝向开着的窗户，仿佛会飞出窗外一样。

母亲说:"去吧,孩子们,去院子里玩一会儿,让刚出炉的面包凉一下。"

6个儿子来到了院子里,而最小的孩子,母亲叫他"小指头",留了下来:"小鸟形状的面包看着真好吃啊!"他无法从凳子上离开。

"小指头"坐在桌旁,他的手伸向面包。拿着一个热的小鸟形状的面包,放进了嘴里,咀嚼着,很快面包就吃完了。"小指头"感到了害怕,马上跑到院子与兄弟们一起玩耍。

不久,母亲召集儿子们坐到桌子旁。7个人每一个人都有一个小鸟面包,唯独母亲没有。

"您的面包呢?"大儿子问道。

"我的小鸟面包从窗口飞走了。"母亲叹了口气,靠在椅子上,陷入深思。

这时"小指头"流下了眼泪。他为母亲感到难过,他愿意给她最好看的、最可口的小鸟形状的面包。但可惜的是,当妈妈说到小鸟形状的面包从窗户飞走的时候,他已经吃掉了第7个小鸟形状的面包。"小指头"十分难过,感觉到巨大的痛苦,他既不能站起来,又不能说一句话,眼睛也抬不起来。兄弟们又跑到院子里,在阳光明媚的草坪上嬉戏,只有"小指头"一直坐在那里,他感到非常后悔。

这个时刻让他终生难忘。

愿你们每个人,未来的父母,都要铭记这一刻,当你们吃了那个从窗户飞走的小面包时,当妈妈为了让你们不感到难过,轻声叹气,并走到你身边说着你能了解真实用意的话时。就让这一刻的想法,在你们的人生道路上燃起璀璨的火花,警告着你不要冷漠无情,提醒着你:在这个世界上,我只有唯一一位父亲,我只有唯一一位母亲。

如果您能够在告别中学时这个庄严的时刻,向年轻人生动地表达这个观点,这将是很好的临别赠言。请记住,并不是所有的学生都会成为工程师、医生、老师、艺术家,但是所有的人都会成为父母、丈夫和妻子。

5. 晚年并不都是幸福的。人的晚年生活可能是安宁的，也可能是不幸的。当老年人受到关爱，就会感到安宁。若是被遗忘，孤身一人，就会感到不幸。不要让你的爷爷奶奶和父母感到自己成了麻烦。请记住，你也会老。请仔细照看爷爷奶奶，过几十年，你也会和他们一样。请珍惜爷爷奶奶的健康，他们所剩的日子比你少太多。

爷爷奶奶是家中的荣誉。如果你要解决某种复杂的事情，第一个就要听取爷爷奶奶的建议。与他们分享自己的快乐与悲伤时，无须害羞。他们可以用生活的智慧给予你喜悦，这份喜悦会让你的幸福加倍。他们知道如何引导一个人的精神力量，你去向他们寻求建议，这本身对他们来说就是很大的快乐。如果爷爷奶奶不和你们一起居住，请常给他们写信。不被忘记，是一位老年人感到最宝贵的东西。在节日时，要记得祝福你的爷爷奶奶。如果一个人感觉到自己被遗忘了，就会产生周围的人都很残酷这样的想法。请认真听爷爷奶奶的教诲，他们有这样的权利。如果老人的智慧得到充分的尊重，年轻人在生活中将减少很多错误和因盲目自信而造成的损失。

如果爷爷奶奶去世时留下了他们珍爱的遗物，要保存好它们，并传给你的子孙。这样一代代传承下来，就是人民生动的历史。

我们向年轻的父母和未来的父母建议，最年轻和最年长的一代的精神联系对他们子女的道德成长具有非常重要的意义。如果这种纽带不断发展和增强，父母就不必为孩子们担心。这种联系的本质是，老一辈人将会教育孩子体验生活的快乐，担负起对他人的责任。睿智和高尚的老年人更加懂得如何疼爱孩子，这种感情的每一次表现，都能唤起孩子们对长者的热爱，对他们健康的关心。年轻父母的任务，就是要像保护一个非常温柔和脆弱的东西一样，保护老人的睿智的爱。爷爷奶奶为子孙们做的所有善意的事情，都会在子孙们人生的记忆中珍藏。我知道一个家庭，爷爷留下的钢笔一直保存了三十年。他曾用这支笔纠正了他的孙子和曾孙的笔记本上的错误。在爷爷的帮助下，他的孙子和曾孙成了出色的数学老师。

祖父母对孙子孙女细腻的关怀始终表现在具体的方式中。父母和老师需要注意到这一点。我认为，父母的冷漠会伤害到孩子，并且会给他的一生留下深刻的烙印。

一定要教育儿童和青少年用关切和严谨的态度，处理那些让老年人悲伤的十分复杂的人与人之间的联系。

"孩子们，想一想，如果在节日前夕你们没有去看望奶奶，你们的奶奶会怎么想呢？"我们教育自己的学生，"如果你去看望奶奶，那么就请努力别让老人的内心留下痛苦的回忆——要经常这样做。"孩子与老人之间的精神联系显示出他们的良知，会培养他们对生活的敏感。

我们的教育集体十分关注的是，要让孩子与老一代人之间的相互关系充满以诚相待的氛围，形成独特的世界，不论在什么情况下都不能让它具有某种政治运动和"社会措施"的性质。要像防止火灾一样防止全体学生和最值得他们尊重的人的相见变成毫无意义的闹剧，而对老人的关心变成了纯粹的履行义务。与老人的关系只能是诚心诚意、亲密无间的。孩子将成为什么样的公民，很大程度上取决于他如何对待老一辈人。

6. 在你的屋旁，种上一棵母亲的苹果树，一棵父亲的苹果树，一棵祖母的苹果树，一棵祖父的苹果树，一棵兄弟的苹果树，再种上一棵姐妹的苹果树。从这些苹果树上摘下的第一批果实要送给母亲和祖母，父亲和祖父。你送给他人的东西，将永远属于你；你隐藏起来的东西，将永远消失不见。[1]

---

[1] 作者引用了绍·鲁斯塔维里（Шота Руставели，格鲁吉亚诗人）的名作《虎皮武士》（*Витязь в тигровой шкуре*）里的句子。原文大意为：
  慷慨是国王的荣耀和智慧的基础。
  即使是邪恶的人也能被主的慷慨所征服。
  每个人都需要吃和喝，我看不出有什么不对。
  你藏的东西——会毁了你；你送的东西——会回来的。
（参见绍·鲁斯塔维里，《虎皮武士》，1969年俄文版，第32页。）

即使你在大城市里长大，在那里——在屋子里——也可以培育出父母的花园，祖父母的花园。最重要的是，要擅长将自己崇高的情感奉献给他人，奉献给劳动。如果你住在乡村，你也要为孤独艰难的人种上一棵苹果树，果实成熟后给他们送过去。当你给他人带去快乐时，你本身也会变得高尚。

要永远做母亲的孩子，因为即使你已经 60 岁、70 岁，在她眼里都是孩子。向她寻求建议，向她倾诉你的快乐与悲伤：你加入了少先队，加入了共青团，成了公民——把这些快乐带给你的母亲。你挣取了第一笔收入，要买些礼物送给你的母亲和奶奶。这份礼物表达了你对她们的感激之情。要履行自己的承诺。信守对父母的承诺，是你尊重他们的体现。要强迫自己去做那些必要的、该做的事情。对待父母的态度，是你接受道德教育的第一堂课。

这里所说的是关于伦理的最细微的一面，它在忠诚、忠实、坚定不移地奉献理想的情感和认知中体现出来；在对待背叛、伪善、见利忘义、背信弃的情感和认知中表现出来。

我们崇高的目的是培养社会主义祖国的忠诚儿女，始终坚信社会主义思想，时刻准备着为社会主义祖国的自由与独立、为劳动人们创造的神圣财富、为共产主义的胜利献出自己宝贵的生命。对崇高理想的忠诚是人格道德发展的顶峰。忠于崇高的理想是个人道德发展的顶点。这种崇高的情感来源于对人民的忠诚，来源于对那些让我国自由的人民得以诞生，获得幸福，获得物质和精神财富的人的忠诚与爱护。忠诚是孩子和他人（首先是跟他们有血缘关系的人——父母、兄弟、姊妹）的坚定信念和共同行为的产物。人的理想、坚定的信念，原则性和对共产主义的奉献精神——这些特征是最细腻的根源，就是孩子对待他人，首先是对父母的信任。原则性要从摇篮时期就开始培育——这是我们教育的关键之一。年轻一代坚定地从老一辈手中接过革命的旗帜，他们能否把这面旗帜扛一辈子，取决于父母和长辈——孩子们忠诚的朋友——是否是可以信赖的、坚定有力的、坚毅干练的，是否能伸出这样的手握住孩子的手。家庭中儿女和父母之间、青年与长辈之间的关系，首先就是一所培养忠诚情感的学校。只有当年轻人从童年就学会信任和忠实于他人，他的内心才能充满对我们社会的思想和理想的信念。

我们的教育思想，就是让真诚和信任成为孩子心灵的一部分，这是他一生的价值。让孩子在对父母兄弟姐妹的忠诚、信任之中获得巨大的快乐。在少年即将到来的时期，孩子们应当想到他们奋斗的原因和努力的方向；这个时期，生活的目标变成光芒，照亮孩子们的心灵，帮助孩子们看清自己的价值，不过，还需要拥有一些珍贵的事物——亲爱的人，珍贵的情感和经验，对人可贵的希望和期盼——这一切才可以实现。对思想、信念的信任，与对他人的信任是分不开的。让孩子对身边陪伴的人产生坚定的信任是十分重要的。对人的信赖决定着珍视真理、自信和自尊的关键能力。

具有懂得珍惜的能力，会点燃孩子们对于信赖的火焰。在孩子们的童年和少年时期就树立懂得珍惜的能力，让孩子们在真诚与信任的环境中成长是十分重要的。我知道在一些家庭中，孩子对爸爸、妈妈、哥哥、爷爷的信任感是十分强烈的。家人与孩子们在道德上的统一已成为强大的教育力量，这是让孩子们克服生活道路上常见的邪恶、欺骗、伪善的最有效的解毒剂。我还知道一些家庭的孩子，在他们的童年和少年时期没有遇到值得信赖的人。孩子们在这样的家庭里，童年时期往往是在没有相互信任、没有相互忠诚的环境中度过的——孩子们之所以在崇高理想和原则面前显得空虚、道德丧失、心胸狭隘和理智低下的主要原因就在于此。对于某些人来说，真理没有在榜样和理想中展现出来，这样的人既不可能有信仰，也不可能坚持原则——因为他对那些应当为他所爱戴的人的态度，并不取决于他的忠诚。

要教育孩子具有信任、忠诚的品格，如果孩子觉得自己没有可以信任、依赖的人，那么就要好好地帮助孩子，为他们解除这些疑惑和烦恼。

如果父母不配守护孩子的忠诚和信任，在孩子的内心就会产生消极的情绪：在他看来，世上没有真理可言。如果这一切发生在孩子的精神世界里（这真是悲剧），我们十分有必要帮助他们防止悲剧的发生。

理解生活以及生活中的善恶

教育工作的一个特殊领域是守护并保护好儿童、青少年和青年,避免他们遭受一种最大的灾难——思想的空虚和理性的丧失。对信仰和理想的虔诚是坚韧、勇敢、坚定、充满朝气、生活充实而幸福的最深的根基之一。

1. **珍惜幸福。**幸福只有人才能够理解。在每一个人面前,都展现着幸福无限的海洋。

但是,正如我们呼吸着空气,却没有人想到空气一样,很少有人想到幸福的存在。

为了真正地珍惜幸福,人们需要有很高的、细腻而全面的道德修养——包括智慧、心灵和意志各方面。我毫不夸张地说:在摆脱了所有奴役经济束缚的社会中,珍惜幸福的教育,是最重要的道德教育之一。形象地说,就是扬起自我教育之风,如果没有这股风,人就会停止发展,看不到生活的目标。

要让孩子成长为能够理解和领悟对于生活、幸福、快乐和人身不受侵犯的伟大人权的思想家,很大程度上取决于我们的父母和老师,因为我们每时每刻都要和心怀坦荡且敏感的孩子们接触。绝不可能在真空之中培养孩子。

我永远不会忘记 7 岁的男孩阿廖沙所经历的那次冲击。这对父母和教育者来说具有很大的启发。在一个夏日的夜晚,阿廖沙和爷爷坐在河边,太阳落山了，晚霞映红了天空，河边吹来凉爽的风。爷爷叹了口气，说道：

"啊，鸟儿们在唱歌，这永恒的宁静时光。"

"什么是永恒的宁静时光？"阿廖沙问道。

"我很老了……快要死了啊……"

爷爷的回答就好比在讲述普通的日常生活，孩子当然听说过一些关于死亡的事。但到目前为止，这种情况还只是和别人、和比较疏远的人有关。但现在，死亡与亲爱的爷爷联系在了一起，因此，孩子非常想了解什么是死亡。

于是，阿廖沙问道："爷爷，什么是死亡啊？"

"死亡意味着这世界上将不再有爷爷啦！我将再也看不到太阳，看不到黄昏的晚霞和绿色的草地……"

"那么太阳、晚霞和绿色的草地到哪里去了呢？"阿廖沙惊恐地问道，"生活中没有太阳会怎么样？会是夜晚吗？"

"太阳、晚霞和绿色的草地会一直在，只是我将不会存在了。没关系，孩子，你还是会在绿色的草地上玩耍，欣赏你心爱的蝴蝶，阳光会温暖地照耀着你，晚霞会提醒你早些回家。"

爷爷想安慰孩子，但事实并非如此。孩子坐在那里，受到了惊吓。"死亡不可避免"，这个可怕的想法闪电一般刺激着他的心。

"爷爷，告诉我，所有人都会……"话还没有说完，阿廖沙就哭了起来。

爷爷抚摸着他，但阿廖沙久久不能平静。孩子的心灵受到了巨大的冲击……

父母、教育者和作家，每一个与教育相关的人都应该明智地牵着孩子的手把他们带到世界里，而不是把孩子关在人生的快乐与痛苦之外。让孩子意识到既然我们来到这个世界，也会永远地离开这个世界。这个世界上最大的快乐是人的诞生，最大的痛苦则是人的死亡。明白这个真理，会使人成为智慧的思想家，要对他们进行智力、心灵和意志的教育。在这个真理中，蕴含着人类最宝贵、最微妙的根源，蕴含着公民、劳动者、关心家庭的人、有文化教养的人的美德的根源，蕴含着那种不会受到社会经济动荡的威胁、完全取决于自身的幸福的美德根源。

要让你的学生们理解这个真理，要让孩子们成为小小的哲学家。我认为，对孩子来说十分重要的是，要让孩子们思考时间永恒且不可逆转的奥秘，思考人生命伟大的一面和脆弱的一面。教孩子观察和理解生活，引导他理解并感受生活的美、幸福、快乐的重要条件，这也是让普希金所说的"我想活着，为了受苦和思考"[①] 这一深刻思想在每个孩子的心中揭示出美德隐蔽之处的首要条件。

如何培养人的这种精细的能力——珍惜生活的快乐的能力？例如，你在大地上行走，炙热的太阳晒在你的脸上，使你大汗淋漓几乎睁不开眼睛；晚上，在辛勤劳动了一天之后，你挺直腰板看着手上的茧，再看着灰暗的天空已经闪烁着的第一颗星星。教会孩子看到和体验这种幸福——这是教育学中最微妙的问题之一。在社会主义社会中，少数人出现道德反常和道德变态心理，而这种反常和变态的心理会给人类带来重大的损失，不会珍惜生活的幸福，自由劳动的幸福，丰富多彩的生活——人们相互交往的幸福，究其缘由，除了不善于在自身树立真正的人的尊严之外，再也找不到其他的原因。

要让孩子学会观察、思索、发现和赞美事物。让您的学生能够发现和领悟这个真理：人从出生、成长、发育、成熟，到渐渐衰老，他在生活中正确度过的每一天，都会让他变得更加聪明，更加充实，并时时刻刻给这种独一无二的人生价值慢慢地增加新的内容。

您越能加深您的学生对了解这一真理的渴望，他生活、思索和感受这件

[①] 作者引用了亚历山大·普希金在诗歌《哀歌》中的话：
　　我的路很忧伤。未来那汹涌的大海
　　只带给我辛劳和悲伤。
　　但是，我不想死，朋友们！
　　我想活着，为了受苦和思考

（参见《普希金作品精选》，1970年俄文版，第1卷，第172页。）

事就会给他带来更多的幸福。

2. 人生除了幸福，还有悲伤、不幸、灾难、绝望、疑惑和内心的痛苦。幸福就好比太阳，对所有幸福的人都给予一致的光芒；不幸好比阴影，它是多种多样的，会给每一个不幸的人带去深刻的、截然不同的伤害。在这个世界上，最可怕的痛苦就是战争与死亡。

人最大的不幸就是丧失勇气——成为一个卑微、胆小的可怜虫。如果你丧失了勇气，你就可能会失去一切：荣誉、尊重、信赖和世代相传的家庭联系——你出生的这个家庭，它给予你名与姓；你还可能会失去祖国，因为从怯懦到背叛只有一步之遥，一定要像珍爱公民、父亲、儿子的名誉和尊严一样，以坚强且明智的态度爱惜英勇的精神。

与他人保持精神上的联系，在共同的事业和人的热情中产生共鸣，由于给他人带去快乐而达到精神上的升华，为家人和同胞的不幸而感到痛苦——这样的幸福就好像新鲜的空气，失去的时候，才会深刻感受到它。这种教育的智慧是，要让越多的人拥有幸福，就越应该更加珍惜这样的幸福。

人最大的不幸是精神上的空虚，这意味着，在他的心里没有任何神圣的东西，什么他都不会珍惜，也没有什么可让他屈服的；生活中没有任何事物可以让他献出自己的生命——穿过枪林弹雨，冒着被杀头的风险；放弃一切优渥的福利，去承受穷苦和困难。人只有在拥有比自己的生命更加珍贵的东西，并愿意为理想付出生命的时候，他才能够真正做到珍惜生命。

一个人怎样看待自己和别人的悲伤、痛苦、绝望、困惑之间的关系，反映了他们的思想本质，以及他们对待善与恶的态度。我们作为教育工作者，要让学生深深地体会到痛苦和不幸也有很多种：有些痛苦可以让人的品性得到锻炼，有些痛苦会让人深受屈辱。我们可以昂首阔步地承担前一种痛苦，而为后一种痛苦感到懊恼惭愧。我的教育理念是：坚定地去承受那些让道德更为高尚的痛苦；而对于那些让人遭受屈辱和摧毁他人人格的痛苦，我们绝不容忍，也绝不妥协，这样的苦难是我们生活中不应该存在的。

战争就是全民的痛苦和不幸。人与人互相残杀，这其中除了诅咒和仇恨之外，再无其他。但是，我们生活在这样一个世界上，每个公民都要时刻准备保卫自己的家园——在身体素质上要准备好，更重要的是，在精神上和道德上要准备好。我看到共产主义道德教育中一根鲜明的红色底线，那就是教育我们的学生做一个温柔、善良、细腻且具有高尚道德情操的人；为了我们的人民能够和平安宁地工作与生活，要在精神上做好消灭侵占我们神圣国土的敌人的准备。这并不意味着我们从童年开始就要学习杀戮，而是要培养出少年的勇气。其中有很多微妙复杂之处。

我们与残忍的、顽固不化的敌人斗争，要做好充足的精神准备，要求学生们具有强大的勇气和毅力。残忍是永远的懦夫，善意和真诚总是英勇慷慨的。在伟大的卫国战争期间，我很荣幸看到战场上的一种行为，这种行为明确表达了我们的教育理想，即孩子们对苦难与快乐、生存与死亡的态度。士兵们要把狂妄的法西斯分子赶出我们的家园，敌人激烈地反抗着。我们在丛林中进军，法西斯的地雷和炮弹在我们前进的道路上爆炸。一棵枝叶茂盛的桦树下，站着一个年轻的苏联士兵，他大约18岁，叫作尼古拉·波利瓦诺夫，来自西伯利亚。他将轻机枪架在桦树枝上，朝敌人开枪。一只小鸟的巢在桦树上，旁边就是机枪，它的巢在颤抖。小鸟躲在鸟巢旁边，盯着这个士兵，然后又看看鸟巢里的雏鸟。这时，在附近某处的地雷爆炸了。一个弹片打断了鸟巢旁的树枝。树枝断掉了，鸟巢也掉了下去。小鸟飞起来，焦急地鸣叫着，在雏鸟上面盘旋，这些雏鸟张开了嘴，悲惨地尖叫。敌人正在撤退，战斗转移到了山冈上。尼古拉·波利瓦诺夫走到小鸟旁边，小心地整理着树枝。他将鸟巢与树枝分开，与桦树上的另一个树枝相连，士兵用细绳子将鸟巢绑好，这样鸟巢就不会掉下去了。"我知道这种鸟……一旦它发现人在鸟巢里做了些什么，它可能就不会去管这些雏鸟了。"尼古拉微笑着说。这位士兵带着机枪奔向战斗的地方，鸟巢边的鸟儿钻进了巢里。"它没有扔下小鸟……"年轻人回头望了一眼。同一天，士兵尼古拉以疾恶如仇的气魄杀死了一名法西斯军官。到了寂静的夜晚，他谈到了在西伯利亚家乡的小鸟，眼中闪现出温柔。

在我的眼前还发生了这样的悲剧：父亲和儿子，都是侦察排的士兵，他们接受了战斗任务。可是一枚地雷炸死了儿子；我看到了一个沉默无言、悲痛欲绝的父亲抚摸着鲜血淋漓的自己孩子的遗体。然后，我们埋葬了这位牺牲的战士。这是这位父亲在这场战斗中牺牲的第三个儿子。没有什么可以和这位父亲巨大的悲痛相比拟的了！我还认识一位母亲，她住在切尔卡斯克地区，当她的村庄解放后，她收到了自己唯一的儿子阵亡的通知书。在随后的二十五年里，这位母亲每天都在村口等待，她期望儿子在某天会回来。她并不是由于悲伤而疯掉了，不，她是一个十分理智的人。苦难在她内心激起了人类强大且宝贵的东西。当她走出村庄，经过学校的时候，孩子们因为对敌人的仇恨，而紧握拳头，他们心跳加快，热泪盈眶。这位母亲悲痛的故事对于我的学生的教育是真实的。英雄的事迹揭示了悲伤的含义和崇高的人生理想。

了解这种思想可以让他们变得更加勇敢。许多孩子经历了让他们感到光荣的痛苦：他们的父亲在战场上牺牲了。我永远不会忘记那段集体生活的岁月里崇高的道德氛围。那时，孩子们认为眼泪是可耻的。

我们一定不能忘记道德教育的一个重要方面：儿童、青少年、男孩和女孩们，应该懂得，如果儿子、兄弟、父亲以叛国罪破坏了祖国的名誉，会给家庭带来多么可怕的痛苦。要在这个敏感的年龄段——当孩子的心灵和思想都在学习人类精神的各个方面的时候，种下蔑视背叛祖国行为的种子，这种思想和心灵之间的融合，产生了对自己的严格要求。我坚信，只有一个人在他的童年时期就体会到那些不齿行为的可恶，只有在满足这个条件的时候，自律才能树立在年轻人的心中。

多年以来，我一直在观察，我的故事在小学生的灵魂中留下了怎样的痕迹，这是一个关于懦夫的故事。题目叫作"一个永远只能低头看着大地行走的人"。一个年轻的士兵可耻地逃离了战场。在一个漆黑的夜晚，他回到了自己的故乡。母亲从家里走出来，紧紧地抱着儿子，在他的胸前哭了起来。随后她看到儿子背上的伤。"为什么你的背上受伤了？"妈妈问道，并把儿子从自己身上推开。儿子沉默了，低下了头，垂着眼睛，看着地面。"你是个懦夫！"母亲说道，"我诅咒你。你将永远成为流浪汉，永远在路上流浪，永远看着地面！"被母亲诅咒的儿子呜咽着，离开了他的母亲。从此，他低下头，在故乡的大地上走着，他只能低头看着地面，永远地流浪着。人们看到他就会转身离开，当孩子看到他的驼背时，会感到害怕。他永远不会被故乡接受，因为他成了叛徒。这就是叛徒和懦夫的命运。

这是一个让人终生难忘的故事。十年前、二十年前从学校毕业的人们，会把它当作母亲的嘱咐牢牢记住——"成为忠于祖国的爱国者"。

令我高兴的是，我的学生痛恨撒谎、胆怯和懦弱的行为。我看到了一个非常重要的教育任务，那就是让每一个男孩和女孩都具有这样一种细腻而强大的道德品质：做一个忠诚的人。只有从小就学会做一个忠诚的人，才会成长为一位忠实而有爱的家长。我们社会的许多不幸，都是来源于家庭生活。当你看到一个年轻的孩子，刚刚对自己的存在有些许认识，就遭到伤害和摧残，是十分可怕的：一个刚来到这个世界上不久的小孩，悲伤地意识到，谁也不需要他，他的出生是一个不幸的误会。这就是为什么我认为在人际关系中，背叛是最大的悲痛——童年的悲痛，也是我们社会的悲痛。这种悲痛是不应该出现的。爱人，对人忠诚，将那个唯一的人的命运放在自己心中的能力，是人的品质。这种品质对于我们社会的基础和制度以及对祖国的忠诚来说都是十分重要的。多年来同人们心中最细微的那一面的接触让我相信，如果不知道如何在心中确定那个唯一的人，那个连接自己命运的人，创造他（因为爱是一种长期的、终生的创作过程，是成为爱人的人的创作过程），那么这个人就会孤独终生（这就是不幸所在），而且他的孤独也会给别人带来痛苦、摧残，会损害别人的生活。永远保护自己免受孤独的最可靠方法，就是要教会人们去关爱彼此的心灵和思想。

教育工作的一个特殊领域是守护并保护好儿童、青少年和青年，避免他们遭受一种最大的灾难——思想的空虚和理性的丧失。对信仰和理想的虔诚是坚韧、勇敢、坚定、充满朝气、生活充实而幸福的最深的根基之一。真正的人，始于神圣的灵魂。通过所做的一切，我认为，在学校的教育中，要坚守的一条红线的思想是：在这个世界上，比我们的生命更加珍贵的，是祖国的命运。只有当祖国幸福时，我们才会感到幸福。不应该发生这种情况，即学校的精神生活没有深刻了解祖国人民的幸福之路，学校和每个人精神生活的脉搏没有反映出对祖国命运的关注。教育最复杂的奥秘之一，是尽可能让孩子对人民有着深切的关怀之情。我看到的艺术和教育的技能是这样的，它使孩子生活在崇高的思想中；由于这个原因，他领悟了自己的伟大，从而让自己变得更加伟大。

那么，如何让高尚的思想充满道德世界呢？

这涉及一个最微妙，或者可以说，比较难说明的一个问题。真理只有在人们对它持有某种明确的态度的时候，才能教育人。一旦知识从人类的激情中脱离出来，人便不再具备奋斗精神，知识也会停止它的教育特性。老师们，请注意这个冷漠的"有影响力"的事实。了解自己国家的过去、现在和未来的知识，必须充满个人生动的体验和感受——只有这样，历史才能变得栩栩如生，成为强大的巨人，成为和我们一起生活、战斗的共产主义建设者。祖国命运的继承者，永远会对真理进行思考，这些思考一定会对了解这些命运的人有所影响。在这种情况下，他的思想才能表明他的立场，包括他的爱与恨，同情和蔑视；沿着历史的道路，他找到自己的归宿，找到了属于自己的命运——这就是生活在崇高思想世界中的人们。在人类的世界中一点一滴地找到了一种神圣的、不可动摇的、无与伦比的、无比珍贵的东西——祖国的命运。这个世界上所发生的和将要发生的事情，都是我们的人民已经创造的或是正在建设着的事物。在祖国将人民的生活变得更加富裕之前，人们的灵魂是必须要经受苦难考验的。这是因为人不仅仅是独立生活的，他应该将个人的命运与祖国的命运联系在一起，这样他就会了解自己的伟大。只有一个人开始关注祖国的命运，真正地表现出自身的品格时，他才会真正珍惜自己的荣誉、友情和家人的尊严。

所有这些看似无关紧要的、日常的全部教育工作，是为了充实年轻人的心灵，预防他们的精神变得空虚。

3. 你生活在善和恶共存的世界。社会主义已经在你的国家取得了胜利，共产主义正在建设当中——这是你的父辈和祖国的最大财富。你出生在一个没有压迫的社会，一个消灭了"人对人来说是豺狼"这种仇恨人类的观念的自由社会中。社会主义生活的福祉，是祖国的所有财富都属于劳动人民，在工作中人民创造了社会和个人的财富。成为社会主义关系的优秀继承者，不仅仅是幸福的；对此，你需要付出巨大的道德代价，需要有远见的智慧，能够回望过去、看到当前、预见未来。我们必须清楚地了解，那些被奴役的历史和祖辈所受过的苦难，它们是善的深厚的基础。随着你的脑海中闪现出第一个意识，浮现出你对周围世界的最初概念和想法时，善良的思想就注入到了你的内心。当小小的你勉强地迈出了平生的第一步，你就已经知道哪里是邪恶和不公平，哪里是不道德的罪恶元凶。当看到那些浪费他人创造的价值的行为的时候，你会很激动地说："不应该做这样的事！"你自己虽然还没有能力同践踏这些美好事物的行为进行斗争，但你已经感觉到我们的社会拥有着可以抗衡邪恶的强大力量。于是，你有了一个模糊的想法，就是善良在维护我们正义的社会，那就是社会主义制度。随着时间的流逝，这个想法就变成你自觉的观点，并成为你的信念。

这种善的概念已经成为你自身的一部分，与你的思想、观点和信念是密不可分的。善良的思想，是你用来解释和评估人际关系的方法与标准。让善成为良心的守护者，成为道德层面、不屈不挠的坚定精神的推动者，这是一种坚定的思想和勇气。你的意识——这是非常重要的——必须要对生活有所界定，区分什么是值得赞扬的，什么是值得谴责的。善良，不是一个抽象的事物，是上一代人对你灵魂上的投入。列宁曾写道："善良"是一个人的权利。善良包括了："既然世界不能令人满意，那就让人去改变它。"① 善良，是争取正义的武器，也是我们的行动、我们的意志和对邪恶不妥协的精神。善良，是思想和意志融合的结果，在这种情况下，我们才会对邪恶不屈不挠，这也是善良的本质。你人格的道德焦点应该是——用纯粹的道德、高尚的气质和永不妥协的精神对待邪恶。这取决于善良的思想是否成为你的信念，深入到你的灵魂；是否成为你的需要，成为衡量在这个世上发生的每一件事和迈出的每一步的标准。

在这个世上，不仅有善，还有恶。社会产生的恶，如资本主义社会中人压迫人，以及秘密蓄谋可能毁灭人类，或使人类倒退回几千年野蛮时代的暴行，那就是战争。请考虑一下这个问题！只要凶恶还存在于这个世界上，我们善良的标准就应该是特殊的，可以帮助我们衡量日常生活中的任何现象。在你灵魂的每一部分，你都必须憎恨社会中的邪恶现象并与之进行斗争。那些官僚主义的人们仍然具有帝国主义的思想。不要终止你的期望，不要让自己变得冷漠，如果你对政治冷漠，就不会对自己国家所做的事情有所感触。如果一个人的灵魂感到空虚，对善与恶漠不关心，那么他就不再是战士，也不会再捍卫我们生活的幸福和社会主义的成果。善意的想法应该存在于你的思想中，作为衡量我们这个星球上所发生的一切的标尺。

我们还有内在的邪恶，即道德的败坏。在社会主义社会中，虽然没有道德邪恶的社会根源，但邪恶依旧存在，它有许多面孔。教育的目的就是在提

---

① 列宁在《哲学笔记》中谈到了黑格尔关于实践的说法："'善'是'对外部现实性的要求'，这就是说，'善'被理解为人的实践＝要求（1）和外部现实性（2）。"（参见《列宁全集》俄文版，第29卷，第195页。）

高道德水平的同时，帮助人在与他人的交往中战胜邪恶，作为苏联社会积极的一分子，参加慈善活动，加入共青团组织。你应该知道邪恶的具体表现：怯懦、行为不检、犯罪。它们发生的原因不仅仅是因为邪恶的意识，在某种程度上也因为缺乏意志、待人冷漠、处事消极。人变坏，无须特别费劲，但是要做一个好人，却要付出艰辛的努力！邪恶始于道德的无知，始于一个人在发展的某一阶段没有掌握人类的文化，因此陷入道德无知的泥潭。这就是为什么道德教育在我们的社会主义社会中有着举足轻重的政治意义；你与他人的关系，你对母亲和父亲的感情，决定了你将成为什么样的公民，将如何为祖国服务。

乍眼看来，这些教义都是抽象的，读者可能会怀疑：以这种方式向儿童、青少年、男孩和女孩们介绍道德真理是否值得？多年来的教学经验使我坚信，如果你想在尚小的孩子们身上看到明天的公民、勤奋的劳动者和有责任的父母，就需要和孩子们说。在七八岁的孩子的脑海中，应该形成的道德的最初观念是：什么是应该做的和应该受到赞扬的。有意识地为善良而奋斗并自觉完成设定的目标，注重"由自己的思想设定"，按照自己的意识，会给这个年纪的孩子带来最高的、无与伦比的满足感和生活的充实感。我坚信，正是这种年纪，无论是对老师关于善的讨论和对善的号召，还是作为生活实践中的善；无论是年幼的孩童由于自己身旁发生了不合理的事情从而产生非同寻常的不安、惊慌和激动的情绪，还是由于情况好转所带来的真挚的快乐情感，都是十分必要的。

但是与孩子谈论这些抽象概念必须遵循一个条件。如果不遵循，所有的道德教育都将是建立在沙滩上。这个条件就是，在我们所教育的人的思想中，必须存在一根红线，这根红线可以将他个人的物质和精神利益与我们人民的普遍利益——社会主义制度、人与人之间的公平关系——联系在一起。这种联系不应该是单方面的：我们的社会主义国家已经赋予了我们获得幸福的权利。其中有复杂的联系：社会主义的福利是针对劳动者而言的。只有那些知道什么是困难、紧张、疲惫、汗水和老茧的人才会明白社会主义是最大的幸福。自由劳动的幸福，只有在那些自愿并乐于奉献自己精神力量的人面前才会体现出来。

道德教育会通过劳动烙入人们的心灵。一个人必须从小就知道劳动带来的幸福价值；如果是从这一点来认识周围的世界，那么孩子们迈出的人生第一步就会充满了积极的态度。只有和具有良知的人才能谈论善良与邪恶，才会让他体会到弘扬美德、谴责邪恶与自己有切身的利害关系。

引导孩子进入物质丰富的世界，需要教育者具备极大的耐心和成熟度。那么多的诱惑，吸引着孩子，不是去做正确的事，而是去做自己想做的事。如果一个孩子走上这条道路，那么丰富的物质生活将导致他精神上的贫瘠。只有通过劳动——只有在孩子必须克服困难的时候，他才会明白，各种愿望的真正本质，正在于获得生活的乐趣。享受幸福的火焰但又不知道幸福的火焰是如何燃烧的，这样他会对关于善的肺腑之言和做善事的最热情的号召视而不见、置之不理。幸福，根本不是现有的、唾手可得的，而是要战胜必经的艰难险阻后才能得到的；幸福，在于创造。

劳动、幸福和责任在青年人的心中有机地融合，这是他们走向善良的必不可少的条件，我们要赞美善，并且对恶持有毫不妥协的态度。

善良的思想是不喜欢高声宣扬自己的，善良是心灵的道德标准和道德状态，是非常谦虚和谨慎的。教育的真正智慧在于，树立善良的观念的时候，要学会少说善，少发誓。童年和青少年的道德是不断发展的，他们的观念、思想、信仰和与他人的关系都在不断重新建构，在这个时候，对于任何一个道德特征和人格特性，我们都不能说：一切都已经成形了。不要在年轻人的心中制造对胜利和成就的不切实际的幻想。列宁说过："世界不会满足人，人决心以自己的行动来改变世界。"这句话永远不会过时，年轻人对自己与外面世界的关系越不满足就越好，重要的是，这种不满足应该是一种对理想的追求，而不是一种蛊惑人心的哭泣。

要在年轻人的心灵里实现劳动、幸福和义务的和谐，要让积极追求善良的愿望充满个人和集体的精神生活，需要使人成为自身意志的主人。意志影响着人们的精神力量，是人们珍惜幸福、创造善良和抗击邪恶的能力的来源。我认为，集体中每个成员的意志都融入可以创造善良和美好的劳动中去是至关重要的。关于这份劳动不用多说什么——让劳动本身带来快乐吧，这才是最重要的。

我看到，教育的实质是，让每一个学生在发展自己的信念、锻炼自己的意志和精神力量的过程中，表现出自己对善良的积极追求，并决心不惜一切代价去实现善的理想。如果不去面对邪恶就无法发展自己的信念。邪恶不仅仅表现在故意做出某些不道德和应受谴责的行为，同样表现在一个人对正在发酵的情况漠不关心，对正在发展的关系视而不见，或者根本没有注意到、意识到甚至排斥去了解周遭的情况。懒散、被动、对"不关我的事"置之不理，是道德堕落的危险的开始。

教育学生善于观察邪恶的现象。如果一个孩子焦虑不安、眼睛睁得大大地跑向你，用颤抖的声音告诉你可能发生了某些坏事，请不要去安慰他、开导他让他释怀。你能安慰一次、两次、三次，那么等到第四次的时候，他便不会再来找你，因为他的眼睛将保持平静，他的心将保持冷漠。若是消除了他们心中崇高的怒火，就相当于消解了一个人的意志。如果一个老师觉得重要的是，在儿童、少年和青年感到宝贵和亲切的许多事物中，他一生在某种程度上都保持像一个孩子、少年和稚气的青年，那么，在这些事物中，首要的是：认识整个世界过程中的好奇心，在道德教育中对恶行的愤慨，以及在劳动中义无反顾的火焰般的热情。要记住：如果你不具备这种宝贵的品质，你最终可能获得另一种——用自身的表现给孩子上了冷酷无情的一堂课。

与孩子在一起的时候，要善于表达对恶的愤怒，并让这种愤怒之情持续不消退。

老师准备去剧院。他从家里出来，他的两个学生费佳和米佳正在街上等他，这两个五年级的学生等得有些着急。老师从他们的眼睛里看出来，肯定是发生了什么事情。是这样的：在经过离学校不远的一个村庄时，一只蜂箱从一台农用耕种机上掉了下来（它本来要被送到新的养蜂场）。蜂箱奇迹般地没有摔坏，但是蜜蜂受到了惊吓，全都跑出来绕着蜂箱嗡嗡地飞，该怎么做呢？

老师们，请注意！此时孩子们满怀着希望！他们目光注视着您，等待着您的回复！您应该快速做出反应，此时您就好比一位医生要告知重病患者结果一样。我一点也不夸张。这件事不仅仅只是蜂箱的事情，还影响到两个孩子的心灵。失去一个蜂巢——并不是一个很大的事情，但若是损害孩子们的心灵，则是最大的不幸。我们要教育孩子，不要损坏蜂箱，但这不是唯一的问题，如果在您的教育集体里有两个十几岁的青少年，您熄灭了他们心中的焦虑和愤懑，那么对于其他三十几个学生来说，您就已经不是权威的教育者了。我确认，教育者的权威取决于他是否有能力与惊讶的、睁大眼睛的孩子们一起审视这个世界，我们需要把他们心中的恶意带走。老师决定，要与费佳和米佳一起挽救蜂箱！如果把这个蜂箱留在原地，就意味着背叛，孩子们将会十分蔑视这种背叛！我们需要保护、发展、加深这种神圣的感觉，只要这种感觉被冷落一次、两次、三次，孩子们的内心就会被冷漠遮蔽：既然这不关我的事，那么世界上所有的蜂箱消失掉也无所谓……

信念与忠诚是相辅相成的，保持对他人的忠诚，是十分重要的，勇气可以把一个人的意识变成牢不可摧的城堡。要帮助学生们培养他们的忠诚，防止背叛。为什么我们的孩子最不能容忍他们朋友的"背叛行径"呢？因为他们在这之中看到了懦弱，因为他们需要在某个场合表现出自己的忠诚，而在另一个场合，我们与同事之间，或者成年人所说的"共同掩护"，他们还并不了解。不要教一个孩子在童年时期就抛弃他人，要向他展示忠实公民的广阔领域。

让孩子和青少年去寻找一种宽阔的觉悟，这是共产主义教育的黄金法则之一。通过精神、毅力和勇气的考验让学生迈出生活的第一步。这种考验（像是第一次公民考试一样）的感觉、经验和意识，是对邪恶保持零容忍态度的力量源泉。青少年在成长的过程中了解的民事案件越多，他的心灵对邪恶就越敏感，眼睛也更加锐利，他对世界的态度也越苛刻。在我们的学生周围有许多民事案件，我们要争取用严格的态度看待这个社会。在一个充满了公民各种利害关系的世界里，生活向年轻人展示了善与恶的真正含义。

4. 自从你迈出第一步以来，就会受到长辈、朋友以及完全陌生的人的某种待遇，"他人"评价你的行为，你的品质，你整个道德面貌的善或恶，看到你好的一面或坏的一面。好的东西会越来越成为我们生活的准则，经常被忽视。坏的东西则格外显眼。

和谐的关系的一个方面是：人们不赞同并且谴责恶。即便在电车上是什么样的人与你同坐这种小事，也不是与你毫无关系的。更何况对那些命运与我们一直联系在一起的人的行为如何，怎样展现自己等等，我们更加不能漠不关心。要善于观察和感受我们是怎样进入他们的精神世界的。不赞成和谴责在人类社会中有两个层面：道德评估和法律判决。应该从小时候就学会对这两个层面特别敏感。如果你不自愿学会遵循道德标准，不想成为善良的人，那么法律将会制裁你。在我们的社会中，有明智且具有教育意义的训诫——它是善良的、严谨的、严格的；也有暂时将那些对社会构成威胁的人隔离起来的监狱。如果你不能坚持自己的道德标准，那么将会受到法律的处置——这是为了善，为了保护人民的利益，也是为了你自己的善和幸福。

道德上的不满和谴责，是多种多样的——在长者凝望你的目光中，如果有，你应该察觉出惊讶、尴尬、困惑、懊恼、愤慨和蔑视等情绪。如果他人十分坚定地、毫不动摇地反对你的言行，这就是你的幸福，因为这是对你恶的谴责，对于你来说，是巨大的幸福。要学会从中得到启示，这会帮助你的道德更进一步发展。

你的老师们对恶的不妥协和零容忍，具体表现为惩罚。惩罚既可以作为道德规范，也可以作为法律手段。像任何判决一样，惩罚是对社会有益的，惩罚是希望你变得善良。但是由于惩罚是严厉的，所以不可能是让人愉快的。学校里毫无恶意的惩罚约束和限制了你的欲望和自由——不这样是不可能的。对欲望的约束是一种方法，对你的生活和未来负责的长辈通过这样的方法帮助你思考："我对人们做了什么错事？如何生活，才能让我的举止都是善良的？"所有人都去电影院，而长辈却告诉你："待在家里。"这意味着，你要审视自己。从本质上看，惩罚的存在就是为了让人看清自己，审视自己。

一个人如何对待不同的意见和所受到的谴责，体现出他的道德和文化教养。要学会理解和感受，谴责你应受谴责的行为，这是正义的体现，如果没有这种正义，就不可能有幸福。谴责会使你不开心，但你必须为此心存感激，因为它可以挽救你，防止你堕落——如果人们在学生时代就已经能够理解这一点，那么在他成年后的不幸将大大地减少。

要懂得感谢。听到夸奖——一方面要感谢别人，一方面要为自己朝走向完美的人的道路上前进了一步而感到喜悦。听到了责备和指责——要感谢那些教导你如何更好生活的人。父母、教师的那些痛苦而严厉的话语中，包含有巨大的心血，传递着他们精神的力量和心灵的能量。和你说这些痛苦和严厉的话是十分困难的，如果你不喜欢听，那么说这些话就更加困难了。

这是最复杂、最微妙的道德教育之一。只有相互信任，互相敞开心扉，这种道德教育才会融入年轻人的心里。我们在这里面对的是一个责任感、感激和对正义的深刻理解三者和谐统一的问题。人们从小就应该知道，道德关系中善良的真正含义，要在自己的经验里思考：善良并不总是让人愉快的，它常常会是严格和尖刻的，就好比一月的寒风一样。我坚信：用正确而有尊严的方式来领悟长辈痛苦而严厉的教诲不是那么简单的，这需要长期的学习。最重要的是要传授经验，让每个人自己得出结论：不是所有对我来说是愉快和期待的事情，对他人也是愉快和期待的。

能够说出严厉而公允的教诲，也是不容易的。这需要将教学的艺术和技巧结合。可惜的是多数老师都无法做到让人正确地接纳那些令人不愉快的教海。一个巨大的无法忍受的不幸的现象是，师生间的对话，总是被愤怒所占据。所以，学生总是会觉得，他是一个让人不愉快的人。除去行为本身，还有其他的一些因素，使学生感受到老师的言语冒犯了他，从而对老师感受到了不信任。而怨恨与不信任发生冲突时就会产生敌意，老师尝试克服恶意却产生了新的恶意。我们的教育工作必须在每时每刻用几十种不同的语气来表达对恶的反对，并且让学生能够在你面前打开心扉，而不是把自己关起来生闷气，或者把令人受伤的教诲当作是一种偏见或者怨恨。如果我被问到，我们这个最复杂的职业所隐藏的秘密（掌握着驾驭思想和心灵的能力）是什么？我会回答：懂得教育学生正确接纳批评和反对的声音。要培养这种态度：在听完我的痛苦的带着刺的话语之后，学生对自己没有做到该做到的事和没有看到该看到的事情而后悔，然后带着深深的感激和悔恨与我道别。对什么应该给予批评和反对是一个非常细腻且尖锐的教育工具，你在运用这个工具的时候越是缺乏冷静的态度，越是缺乏精神力量，结果就越难以想象：柔弱的身体一旦被缺少信心和不信任的外表所覆盖，那么这件细腻的工具就会像玻璃一样，只要和这个外壳相碰，就会变成碎片。当你陷入绝望时，你就会选择拿起锤子敲碎他们身上的密封的外壳，于是你自身也从一个强大有力且细腻的心灵培育者变成了一个炼工师傅。

通过谴责和否定，你必须唤醒学生们对自己恶的零容忍（如果第一次没有成功，那么至少要让学生对自己所做事情的正确性、行为举止、待人的方式保有审视的态度）。对恶绝不容忍，这种感觉只有在产生于思想时才具有崇高的道德意义。如果我准备与学生进行痛苦而艰难的谈话——这种谈话最好是在私下进行——我首先要考虑怎么谈。我绝对不能带着愤怒去找他，不能带着那种会让双手颤抖、话语中断的情绪，而应该保持思维清晰、思想坚定且明智。这一切，既会让人钦佩，又会使人精神振奋，敞开心扉。我应该通过自己的谈话引导学生们共同思考。我不期盼他马上会和我成为志同道合的人，因为要达到这个效果还有很长的路要走。但我必须要用自己的想法打动他，用自己的信念征服他。我会坚定地、毫不妥协地对待恶行，但我绝对不会将任性的、有脾气的孩子当作对手，我的对手只是他身上那些错误的思想、观点和行为。

那应该谴责什么呢？要对什么绝不妥协呢？能否找到这个问题的答案，很大程度上决定道德教育是否能成功。当然，不可能在每一步都使用这种敏感且冒险的教育技巧。对于老师来说，看到什么应该受到谴责和管教是十分重要的。许多老师花费大量的精力与孩子们的顽皮作斗争，与那些儿童和少年时期常常会发生的、需要我们用智慧去宽容、一笑而过的现象作斗争。其实，那些包含了自私自利和冷漠对待他人精神世界的行为更应该受到谴责。

你从孩子们的行为和他们与别人的相互关系中所能看到的恶的趋势越小，批评就越要讲究方式方法——要精细入微。你们的任务是，让学生了解道德规范不是一条枷锁，而是要成为其个性的积极表现。一个人只要良心有愧，他就一定会被信念和热情的风暴吸引。但愿闭门反思时产生的后悔心情不至于变成黑暗的深渊，而成为一种明亮的、意在将功补过的蓬勃朝气的活动。非常遗憾的是，不知道为什么在理论教育中人们总是在回避"将功补过"这个词，关于这一现象的本质，许多老师的认识不够清晰。而只有在学生有赎过的意愿时，对学生恶习的批评才会成为一种自我教育。如果学生没有赎过的意愿，那么根本就谈不上自觉看待个人的过错。只有在人有了赎过的体会后，他才可能成为被教育者，才会受到教育的熏陶——自我教育的本质就在这里。

缺乏赎过的意愿会让年幼的孩童在道德上误入歧途，同时还会令他相信：只要做出"承诺"，写个"保证"，就可以从错误中摆脱出来。如果有人想要催促少年儿童："说出来，你一定能够改掉自己的错误。"这是一种无法忍受的无知，也是教育工作中可怕的愚昧。孩子们许下"承诺"就认为可以大功告成。但是，教育的任务是要学生用积极的行为、用劳动洗去身上的过错。

道德上的邪恶，依旧存在于我们的生活中，这是对正义、伟大、高尚的社会主义社会中人与人之间关系的侮辱。一些人只要求或者习惯"只顾自己吃光用光，没有崇高理想的生活"①，就是这个世界上十分丑陋的形象。利己主义是对心灵、性格和人性整个体系可怕的扭曲。利己主义目光短浅，不会为生活的创伤而担心。

毁坏生活、削弱幸福的恶有多种表现形式：虚伪、欺骗、奴役、投机取巧、卑鄙龌龊。懒惰散漫、妄自尊大、好逸恶劳，这些是贬低人的尊严的恶行。

酗酒好比是我们社会的溃疡，它可以让人变得屈辱、卑鄙，沉溺其中的人等同于处在死亡的边缘。

你对恶行的积极态度，首先是对它的憎恨。对青少年们来说，为美丽的世界而奋斗，意味着孩子们需要勇敢地树立起自己的道德价值观；要勇敢地对待邪恶，要对邪恶坚定地做出行动。如果你看到了恶行，如果你坚信在你的身边正发生着不公正的事情，要勇敢、坦率地说出来。你对我们社会的道德原则的态度，不仅表达了已经建立的信念，同时也巩固和产生了相关的道德信念。

请思考一下这些话：最难得的勇敢就是日常生活中所表现出的勇敢，日常生活中的勇敢，是发生在你眼前的小事（例如，在国营企业中的一个偏僻角落放着一台生锈的机器，或者村边住着一位将买卖葡萄当作生命全部意义的人），是在那些看似不会对其他人造成威胁，也不会直接触犯我们社会主义国家的利益和社会制度的生活中表现出来的勇敢精神。日常生活中邪恶的危险性就在于我们已经习惯了它，对它视而不见，好像这是十分正常的。你要是在道德关系的道路上独立迈出稳稳的第一步，你就要善于审视发生在你身边的丑恶，要用你的心灵去反对这些丑恶，这就是应该有的态度。

真诚灵魂的第一次触动是最珍贵的。当看到恶的时候，不要反复犹豫，反思考虑：是斗争还是视而不见。忠于自己的内心和良知吧！高尚的情感是忠于良心的。但是如果没有思想、没有意识、没有信念，心灵就永远不会说话了。对邪恶的勇敢态度和坚定信念只会产生于生活智慧之中，这种智慧为

---

① 作者引用了陀思妥耶夫斯基 1872 年 2 月写给 H. M. 奥兹米多夫的一封信中的话。（参见《陀思妥耶夫斯基全集》1959 年俄文版，第 4 卷，第 5 页。）

社会中人与人之间联系的美与公正奠定了基础，它的旗号是："一切为了人，一切为了人的福利。"古人说，思想会通过情感的大门进入我们的灵魂。这个真理是一种规律，在教育中起着十分重要的作用。如果一个人没有丰富的精神生活，无论我们的灵魂如何敞开大门，也不会有任何事物进入其中。比如说，情感必须要有丰富的粮食，思想和信念就是这种粮食，没有思想和信念，情感就变得微不足道了。在培养对恶行的态度这方面，思想和感情的相互作用十分重要。我们谈到真诚灵魂的首次触动，只有当某种想法困扰着你的时候，当生活中的一件小事让你产生更大的想法的时候，这种触动才会变成一种意志的力量。

这样的教育涉及道德关系中最复杂的一个方面，即个人对恶的评估和对成为冷漠的见证人、观察者和解释者的现象保持零容忍的态度。教育一个真正的公民的智慧，在于教会一个人看到、感受到身边的邪恶并毫无保留地进行勇敢的斗争。这件事并不像看上去那么简单。让我们的学生们想想雷列耶夫[①]的话："奇怪的是，我们不怕死在战场上；但有时我们却害怕为正义声援。"这是因为人们总会觉得一些恶行是无害的。我认为教育的非常重要的任务是，在年轻公民的头脑中消除这种幻想。更确切地说，只有当一个细微的恶行都能让我的学生思想汹涌时，他才是一个公民。

当我的学生接近少年时期的时候。我们和他们一起思考高尔基的话："我不应该宽恕任何有害的东西，哪怕它并没有伤害我。我不是孤身一人生活在世界上！如果我今天受了委屈而并不抗争，或许因为这种委屈并没有伤害我就用自嘲来化解——那么明天，欺负我的人就会用他在我身上试过的力量，从别人身上剥下一层皮。"[②]

---

　　① 雷列耶夫（Рылеев Кондратий Фёдорович，1795—1826）俄国诗人，出版商，十二月党人领袖，在1825年的十二月党人起义中曾试图推翻沙俄政权。——编者注
　　② 作者引用了高尔基《母亲》中的英雄霍霍尔与尼洛夫娜的对话。（参见《高尔基全集》三十卷本，1950年俄文版，第7卷，第279页。）

非常重要的是，要让孩子感觉自己是一个公民，看到邪恶就要站起来抗争。当我们坐在森林里的空地上，从高尔基的话中领悟了深刻而有启发性的真理时，我们突然发现了以前没有人注意到的东西。在广阔的田野上，我们看到了隐隐约约的小水沟。它刚形成不久：田地有一个小斜坡，雨水顺着流下来，"勾画"出未来沟壑的第一个线条。请注意，孩子们！你们现在11岁了，正处于青春期的第一阶段。仔细看看这片田野。我们需要深思，这片田野对我们来说意味着什么？这是人民的宝贵财富，肥沃的土地是我们的生命之源。但这个源泉也有自己的局限。你们要知道，祖国肥沃的土地如果变得荒芜，人们将没有食物可吃。这不是任何人的财富，而是人民的财富。你、我、我们每个人都要对它负责。在这个被春天的雨水勾画出的、十分明显的小水沟的地方，十年后就会有一个一米深的大水沟，三十年后就会有一个三米深的沟壑，侵蚀掉将近二十公顷的肥沃土壤。不仅此处，其他地方也有小水沟的存在。快看，邻近地区已经不是一条不显眼的小水沟，而是稀软的泥土地：自然的破坏力正在起作用。

这是一个可怕的恶行。我年轻的朋友们，请仔细想一想：如果在我们的床下放置一枚定时炸弹，设定爆炸时间为十年、三十年后，我们每个人会有什么感觉呢？我们能睡得好吗？这片田野上就有这样的一枚炸弹——我们怎么能安然入睡呢？

我看到了学生们眼中的焦虑与不安。这非常好，这是我想要的。他们的目光转向了我。在孩子们的眼中我看到了一个问题："我们该怎么办？"这是我曾谈论到的第一个伟大的思想火花，它会将孩子变成一位少年，使他的生活充满公民的使命感。是的，青少年应该产生焦虑的思想，考虑那些并没有直接关系到个人利益的事情。更确切地说，只有当对社会的忧虑成为一位少年的个人兴趣时，才证明他在少年时期已经成为一位公民。

"怎么办？"我听到一个学生说，这个问题迫使我的心跳加速。是的，反对邪恶不应该用言辞，而应该采取行动——这在似乎没有直接的肇事者的情况下尤其重要。但是，对邪恶的道德态度的全部秘密在于：看到身旁的恶行，发现没有人同恶行作斗争，我的学生们会感觉自己就像是恶行的元凶。

为了让自己生活在宁静之中，从罪恶感中摆脱出来。我们环顾田野，仔细观察会在未来形成沟壑的地方，探索水是从哪里流出的，又是如何跟其他的溪流汇聚到一起的。于是终于清楚地知道，我们必须将水流引入森林，来阻断它的破坏力——在那里，一部分水会渗入土壤里，而另一部分将顺着小溪流入池塘。

我们着手处理这个问题。它不像看起来那样轻松。但是我们对此感到鼓舞：我们是反对恶的斗士，我们创造了善。生活多次使我相信：如果你把学生的思想转变为信念，那就要让思想通过劳动来表现和巩固，就是说，让思想在劳动中取得胜利。统一力量的方法，是用铲、犁、铁镐和水桶，从而使信念伴随着疲劳、汗水和茧建立起来。如果没有这一点，就无法理解劳动带来的喜悦，懂得赞成与反对某事的公民的自豪感也将无法想象。一般来说，没有信念，没有创造，就没有积极的创造性劳动，就不可能与邪恶斗争。如果一个人只是反对某件事而不实践与劳动，他会变成蛊惑人心的、多嘴多舌的人。公民意识和信念只有在人们对邪恶的不容忍态度和对邪恶的斗争的崇高思想是以人们的切实劳动为基础的情况下才会产生。

记住，教育者：如果在十一二岁到十三四岁这段时期，创造性的劳动——同邪恶作斗争——是青少年生活的意义所在，如果这种与邪恶作斗争的想法成为集体一致思想的基础——那么，无论是在何处，无论是多坏的影响，邪恶都不会渗透到青少年的心里，因为他的整个精神世界的所有愿望，都是为了创造美好的事物而存在的。

5. 死亡是人类最大的痛苦。它与人生命的本质背道而驰。当人们意识到时间和空间是无限的，就会越发感到自己生命的短暂，这是令人痛苦的。人会像其他动物一样变老、死去，但人却无法冷静地看待和思考人类的死亡。

人的死亡可以解释，可以理解，但总是让人无法接受，因为人类的独特精神会随着死亡消失，这意味着人的一小部分就这样消亡了。如果不能够了解死亡，就无法正确理解生命存在的乐趣和人们在这个世界上的责任。

人以自己的精神、生命和斗争来否定死亡。对死亡的理解，不在于无可避免的恐惧，而在于对永恒的赞美！一个人终将死去，而人类是不朽的。应该把死亡当作是人类最崇高的痛苦来理解，这样我们才能更加热爱生命、珍惜生命，了解生命具有无与伦比的价值。否认死亡——意味着使生活充满创造性劳动的快乐。

如果一个人不能正确认识死亡，那么完整的道德教育是无法想象的。为了充分阐明我的思想、教育立场和理想，我再次重申，从道德方面理解死亡，是人们正确乐观地热爱生活、珍爱生命、珍惜生活的最重要的条件。多年的工作经验使我相信：如果孩子们能和成年人一起了解死亡将是不可避免的一个痛苦，他们将从成年人那里获得乐观生活的信念。

我永远记得我的一个学生，7岁的奥莉娅。她当时要向她的祖母道别。她的祖母玛丽娅已经103岁了，一生过得十分充实，去过很多地方。她是一位辛勤的劳动者，从黎明到午夜，没有人看到她休息过，每个人都知道玛丽娅奶奶在劳作着。她育有5个儿子5个女儿，照顾了35个孙子和10个曾孙。

在一个春光明媚的早上，玛丽娅奶奶平生第一次没有起床，她说道："我的时间到了，我该走了。"

她临死的时候，她的儿子、女儿、孙子、曾孙都来到她的病床旁。也有一些同乡来告别，一直以来，玛丽娅奶奶在他们心中都是一位善良的人、一位贤惠的母亲、一位能干的长者、一个大家庭的主心骨。"谁最聪明，谁就是最年长的长者。"我记起了玛丽娅奶奶告别时所说的话。

玛丽娅奶奶躺在窗边的床上，鸟儿在窗外歌唱、蝴蝶在飞舞、蜜蜂嗡嗡作响。一只老鹰在高高的蓝天上飞翔，奶奶注视着它，沉沉地叹了口气。我好像明白了奶奶此时此刻的想法，这让我心情愈发沉重。我站在奥莉娅身旁，这个女孩紧握着我的双手，好像害怕我会离开一样。一只燕子在窗户旁筑巢，它已经有了雏鸟。奥莉娅看着燕子不断地给小燕子喂食，不停地问道：

"小燕子很快就会从巢里出来吗？"

"很快，再过几天。"

奥莉娅向奶奶道别，知道她的奶奶将被送往墓地，这位她深爱的人将再也不存在了。"是什么样的力量创造了一个人，而为什么生命又会离去呢？"这让这个女孩无法理解，她哭了。

"永别了，奶奶。"奥莉娅说出了母亲教给她的话，并亲吻了奶奶那干瘪的、满是皱纹的手。

小女孩说话的那一刻，一只黄脸颊的小鸟从鸟巢里探出头，望着窗户，好奇地打量着人们，清脆地鸣叫起来。奥莉娅抬起头笑了，泪水似乎变得不合时宜了。

妈妈笑了，爸爸笑了，奶奶也笑了。

"永别了，奥莉娅。"奶奶带着微笑轻声说道，然后安详地走了。

奥莉娅哭了，大人们也失声痛哭，随后，一阵沉默……

一天之后，我和奥莉娅从玛丽娅奶奶的公墓回来，这是温暖、晴朗的一天，大自然似乎都在微笑着。有一件事震惊了我，我发现奥莉娅贪婪地睁大眼睛，凝视着这个世界，注视着在草丛上爬行着的瓢虫。她停下脚步，仔细地看着这个小生命，把它放在自己的手掌上，眼睛闪烁着快乐的光……她抬起头，挥挥手，瓢虫张开翅膀，飞过一片绿色的草地……奥莉娅看到一只云雀在蓝天中鸣唱，女孩的所有注意力都集中在这只美丽小鸟的歌声上。女孩停下来，将手放在胸前，那一刻她充满了对生命的热爱，好像我们第一次见到绿色的草地、飞舞的蝴蝶和云雀一样。我们走近一个池塘，听到我们脚步声的青蛙惊吓地跳入水中，奥莉娅站在岸边，久久地看着水中游戏的小鱼。我突然看到了她眼睛中的一丝忧伤。

"我们快些回家吧，"她小声地说，"不知道托利亚怎么样了？"

托利亚是她的小弟弟，还不到两岁。奥莉娅想早些看到弟弟："我们赶紧回家吧。"但弟弟在托儿所。

"我们去找托利亚。"奥莉娅对妈妈说。

"为什么这么早就去接？"妈妈很惊讶。

奥莉娅什么也没回答。我好不容易才跟上她的步伐。女孩看到她的弟弟在其他孩子中间，跑到弟弟跟前，拥抱他，亲吻他。托利亚紧紧地抱着姐姐，向她讲述自己的玩具。第二天，让母亲非常惊讶的是，奥莉娅想要带弟弟去草地上玩耍。妈妈没有反对，她觉得有什么东西打开了女儿关心弟弟的心泉。我无数次深信，亲爱的人的死去会深深触动孩子的内心，这段失去亲人的经历不仅会唤醒孩子对生活的兴趣和渴望，而且会帮助他们用新的视角来观察世界。他们会惊奇地发现自己生活的真正价值，体验和享受生命中的快乐。理解死亡之后，人不应向它妥协，而是要反抗它、否定它，积极体验生活中的热爱，给自己带来快乐。最主要的是，将死亡理解为最大的悲伤，这将教导孩子尊重他人、爱护他人的生命、珍惜他人的灵魂。

上一代人与下一代人之间的精神联系，充满了爱、忠诚和心灵的记忆，这是爱国主义最深的根源之一，也是人性高尚的道德基础。

在孩子必须面对死亡的情况下，具有较高教育水平的老师应当将孩子的思想和情感引向对我们伟大生活的认知上。

6. 要知道怀念和铭记逝者。一个人的心灵中若是没有过去，那他就没有未来。每个人都是一个独特的世界，"每一个墓碑下，都是一部世界史"①。要善于认识这个独特的历史。珍惜人的天性，尊重人的个性，在自己的记忆

---

① 作者摘录了海因里希·海涅（Heinrich Heine，1797—1856，德国诗人）的《道路上的图画》中的句子。全部内容如下："每个人的生命难道不像整个世代的生命一样有价值？毕竟，每个人都是整个世界，与他一起生与死，在每一个墓碑下，都是一部世界史。"（参见《海涅作品全集》1956年俄文版，第2卷，第188页。）

中保存人的美丽。这种美创造了你，提升了你的思想，使你的感情达到了人类智慧的顶点。墓地是人类的圣地，要学会保护这块圣地。已逝之人的坟墓是你灵魂的镜子，被遗忘的坟墓映照出你的冷漠与无情。

我给每一代学生都要讲述《为什么成为一个人》的故事。

一个人来到父亲的墓地前。他将露出地面的杂草清除，并且浇了水。随后，他种下了玫瑰花。

一只蜻蜓停在草茎上，仔细看着这个人所做的一切，想着："他在做什么呢？这里既不是花园也不是菜园。"

过了些日子，这个男人再次来到墓地，接着除杂草，给玫瑰花浇水。看到玫瑰花丛中第一朵花开的时候，他笑了。

"人啊，"蜻蜓没有忍住，"你在做什么？为什么要做这个土墩？为什么要在这上面种花、除草和浇水？"

"我的父亲葬在这里。"男人回答道，"这是他的墓地。"

"那什么是父亲呢？"蜻蜓再次问道，"什么是墓地呢？"

那人向它解释，但是蜻蜓什么也听不明白。

蜻蜓问："请告诉我，我需要怎么做才能理解你说的话？"

"为此你要成为人。"男人回答道。

我努力让孩子理解崇高的道德价值：人在世界上不仅仅被定义为是具有思想和情感的生物，还被看作是世代永恒的生命纽带；这个纽带将我们这一代与未来联系在一起；一个人越珍视自己父亲、祖父和曾祖父的记忆，对未来的责任感就越强。正是因为他在自己的父亲、祖父和曾祖父身上看到他的生命、荣誉和尊严的根基。我们英雄的时代离不开我们父辈的光荣，正是如此我们才有伟大的祖国，我们守护她，保卫她，为实现共产主义理想而努力奋斗。

……父亲、母亲、奥列格和娜塔莎每周六都要去祖父的墓前，给墓地上的花草浇水。

在祖父的墓旁，是一处被遗忘的墓地，那里杂草丛生。守墓人说："这里

埋葬着一位孤独的老奶奶,她既没有后人,也没有亲戚。"父亲说:

"我们清除掉这座坟墓上的杂草吧。"

杂草清除了,到了下周六,母亲带来了一小盆玫瑰花苗。他们种下了这盆玫瑰,每次来到爷爷墓前,都要为旁边的坟墓浇花。

"我们为什么要在别人的墓地上浇花呀?"奥列格问道。

"这里没有别人的坟墓。"父亲回答,"所有的坟墓,都是人的坟墓。"

教育者、母亲和父亲对孩子的道德敏感性的关心,对孩子接纳长辈每一句教诲的关心,对待此种情况——我们称之为心的记忆——应当特别明智。孩子需要加深和发展人的这种微妙的品格。我们对孩子们所说的一切,都让他们在自己的记忆中保留了那些不应被遗忘的人的名字和形象。

7. 如果你的祖父祖母去世了,要知道,这是你自己的一部分去世了。要保持对他们的哀悼。

母亲、父亲、兄弟、姐妹的死亡是无法代替的不幸。这种悲伤,不仅仅需要你内心永远珍惜死者,更需要你变得勇敢。

我不得不申明:这不是一种禁欲主义的说教。这是对生活中的人在精神生活中的完整性和美的关怀,是对思想和高尚情感的关怀,是对精神纯洁性的关怀,是对忠于我们共产主义道德理想的关怀。其中也体现了我们对祖国的热爱,为祖国的神圣事业献出生命的意愿,关心共产主义的世界观,乐观的态度、信念和人对人真正的爱。

我认为,言语在一个年轻的灵魂中引起的触动和树立的信念,我想说,是最精细微妙的:人的死亡不仅仅是生命过程的消逝和终止,这是一个世代相传延续、无与伦比的一个过程。真正了解这个过程本质的人,在他做的每一件事中都能看到人类心灵的触动。人对已故父母不会说掩埋,而是说安葬。在这个厚重的俄语词汇中,有一种深刻的道德意义。安葬,就是保护、珍惜。一个真正的人是能够懂得这种崇高的悲痛中的伟大智慧的。

培养高尚的道德品格和情操准则

我们必须教导每一个人,让他们知道自己不是生活在荒漠中而是生活在人与人之间。你的每一步都会影响你周围的每一个人;你的每一句话都会在他人心里产生回响。但是响应如何,这就取决于你自己。你周围的世界既有善也有恶:一切都取决于你看到了什么以及如何看待它们。

1. 要做一个在精神上坚韧、坚定、勇敢的人。人类的精神具有无限的力量。没有经历过难以克服的艰难困苦,就不可能去默默地忍受苦难、卧薪尝胆。只要战胜了它,你就赢得了胜利,成为一个更加强大的人。当你觉得困难对你来说难以战胜,有了退却的打算,想走一条轻松的道路的时候,千万不要对自己感到怜悯。怜悯自己是意志薄弱的情感体现,它能够让一个坚强的人变得软弱。软弱的人就会陷入痛苦的处境,无法拥有真正的快乐,因为理想对他而言是无法理解和实现的,软弱会让人变得自私、怯懦。对你来说,越是感到困难,越是应该努力,意志越是要坚定,你的自尊所在之处越是要发出响亮的声音。如果你让怜悯自己的情绪任意发展,那么你心中自尊的一隅将永远沉默。永远不要向抱怨、灰心、软弱的态度妥协。请记住,人们有时会有这种状况:自己不再拥有生理上的力量,但是精神的力量会生发出新的身体上的力量,让他继续像一名战士那样生活。

如何让教育成为个人行为的原则和规范呢？首先最重要的是，要让每一位学生从小建立起（无论是在意识还是在情感领域）对待精神力量的态度：厌恶和蔑视懦弱，追求精神意志的不屈不挠。

在小时候，如何证明是否拥有对意志薄弱、虚荣、自卑的蔑视之情非常关键。在孩童时期，精神上的自我教育起着极其重要的作用，要自信自强，具有自我要求和自我控制的能力。精神的力量表现在能够集中力量，将体力上的吃苦耐劳和情感上的细腻温柔结合在一起。让我感到惊讶的是，在体力方面培养儿童，无论在理论上还是在实践上都脱离了从思想精神上培养人的任务——这种脱节现象是绝对不允许的。人身体上的力量必须融入精神层面，要唤醒个人的精神力量。只有在这种情况下，一个人才能获得自我教育的能力。

我再次强调，人要在很小的时候就懂得增强精神力量的特殊重要性。错过幼年的岁月，意味着错过了一切。大人绝对不能向一年级的学生灌输以下思想：我们还小，这件事对我们来说是不可能完成的。孩子们是不愿意认为自己弱小、无力和无助的。可你会想：他还小，需要我们的保护，因此需要不断保护他，让他免受麻烦和危险的困扰。而在孩子们的心灵中，在你的心灵中，你要建立的是：我（孩子）必须勇敢坚强，要成为保护者而不是被保护者，这个世界上还有很多比我（孩子）弱小的事物，我（孩子）必须保护他们。教育的一个非常重要原则是：在童年时期，让孩子因为自己完成了那些原本以为无法实现的事情而无数次惊讶于自己的精神力量。只有这样的惊讶才是鄙视虚荣和意志薄弱的源泉。只有对自己的力量感到惊讶才能为自己的弱点感到羞愧，才会避免表现出自己的弱点。生活中人们称为厚颜无耻的东西就是"孩子还小"这种观念被灌输给孩子之后所带来的苦果。

劳动、冬征和军训对培养坚强的精神和坚韧的品格特别重要。

一个10岁的孩子可以在寒冷的天气里，冒着寒风行走至少三十甚至四十公里，这很大程度上取决于之前的锻炼。在这远征的过程中，孩子们兴高采烈地建造了雪地城堡，并用冰块加固，所有这些都需要很大的精力和耐力。这之中能取得一个真正的神奇的效果：孩子们在集体中表现出独特的精神力量。集体是个人自我教育最有力的助推器。集体鄙视软弱、意志不坚定的人，它能唤醒每个人心灵的健康力量。但是，只有在集体战胜困难的时候，才能完成集体精神力量的评估。

培养精神力量和鄙视虚荣，与培养善良、敏感、温柔、细腻的内心是密不可分的。真正的精神力量体现在善良、敏感和慷慨的能力上。只有善良和慷慨的人才能拥有坚强。

2. 做你应该做的，不是为了表象，不是为了他人会看到你的善举而赞美你，而是要按照自己的良心行事。面对自己的良心成为一个真正的人，远比在那些评价你的行为、认可你的善举、谴责你的错误的人面前做一个真正的人要困难得多。对自己良心负责要比对他人负责更加困难。如果你一个人做了坏事，认为没有人知道，那么你就大错特错了。欺骗他人是卑鄙的行为，欺骗自己更是卑鄙的行为。做一个对自己诚实的人吧。

如何使良心成为人类行为中最有力、最公正的评判者？这里重要的是：必须要保护孩子们的良心免遭虚伪和卑鄙的影响，要培养他们拥有纯洁的良心。我努力在孩子们儿童时期就建立这样的集体中的相互关系：使每一个都能感受到崇高思想和理想的威力，这种威力远在良心之上，我们在这些思想和理想的应召下实践善行，并体验到真正的满足和喜悦。重要的是，不要让受到称赞的快乐大过做好事的快乐。如果做好事只是希望受到夸奖，这意味着纯洁的良心已经染上了污点。

必须从一点一滴做起。重要的是，让孩子面对自己，看到自己的精神力量的物质体现，并为此感到自豪。在劳动中看到自己的愿望，这本身就是个人的一种乐趣。

作为宝贵的精神财富，必须要保护这些情感，而不是让冷漠亵渎它们。

仔细观察孩子们的劳动，你会看到许多枯萎的树。一个男孩在学校领到一颗橡树子，答应种在父母家的后院里，但是他忘记了橡树子，将它遗忘在了窗户边好几个星期，直到母亲将其扔掉。

良心——是一种极其微妙且变化无常的东西。如果你纵容它的任性，它就会变得残忍。应该教导孩子们，尤其是青少年，成为良心的主人。这样，良心就能成为睿智和高尚行为的守护者。扎博洛茨基[①]有一首诗这样写道：

> 不要让你的灵魂懒惰！
> 为了不碌碌无为，
> 必须努力劳作
> 白昼到深夜，深夜到白昼！
> ……不要贪睡在床上
> 在晨星的光里，
> 不要让懒惰在心灵里肆虐
> 不要卸下约束的绳索！
> 如果你放它一马，
> 免除劳作，
> 你身上最后一件衬衣
> 它将毫不留情地撕成碎片。

对自己严格要求，不向懒惰妥协，绝不容忍"或许这样也行""随便什么"的松懈态度，这些自我教育的基本真理，孩子们也应该敏锐地感悟到。

"别忘了，我们是人。"我教导孩子，"做事要讲良心，要严格地进行自我教育。"

[①] 参阅 Н. А. 扎博洛茨基（Н. А. Стихотворения，1903—1958，俄罗斯诗人），《扎博洛茨基诗集》1965 年俄文版，第 177 页。

我们在椴树的树荫下休息，这里我们举行了一个宴会：吃甜西瓜。草地上，西瓜皮整整齐齐地堆成小山。有孩子在灌木丛中寻找：可以把西瓜皮丢在这里。冷静下来，好好想想你在做什么。没有人会看到我们，但你的良心呢！你不觉得惭愧吗？难道我们将西瓜皮留在鲜花盛开的灌木丛中腐烂会感到快乐吗？我们把西瓜皮收集起来，带到田野，埋在土中：西瓜皮的腐烂对田野的土地是有益的，我们的灵魂也不会因这种腐烂而发臭。

在孩子、少年和青年面前，每一步都可能有石头挡路，你可以绕过石头，也可以把石头拿走，为其他人扫清障碍，也为自己的良心铺筑了道路。教育的艺术和技巧就在于将这些路障统统清除。如果心里活动着温和的、看似无害的（且叫作懒惰吧）东西，那么良心是不会安宁的。

3. 要善于感受你身边的人，了解他的内心，在他眼里看到复杂的精神世界——快乐、悲伤、痛苦和不幸。想一想，自己的行为会对他人的精神状态产生什么样的影响。不要让自己的举止和行为给他人带去侮辱、不安甚至艰难的经历。要能够给予他人支持、帮助，使悲伤的人可以振作起来。请记住，同样的悲伤也可能降临于你。不要对此漠不关心，冷漠是精神上的怠慢。伦理道德中有一个概念就是鲁莽，这是道德上无知的人的恶习之一。蛮横无理的人无法了解，也无法感受他人的精神状态，他们只会在别人心灵的伤口上撒盐，在需要安静的时候将靴子踏得咚咚响，在需要踮起脚尖悄悄离开门口的时候将门猛地推开，在大家都难过的时候只顾着自己大笑。要学会教育自己：不仅要让自己别成为愚昧无知的人，而且还要厌恶无知和无礼的行为。

在本书中，我们多次讨论到人们的伤痛，这是因为感受和理解亲人的悲伤会培养敏锐的道德和高尚的人格。如果我们每个人都懂得如何看待悲伤，就像人行走、呼吸和看待世界一样，那么生活中的悲伤将会减少很多。带着愉快的感觉，我回忆起了与我一起度过十年的一个班级——是的，我和他们相处不仅仅是工作，我和他们分享了所有的快乐和悲伤。当孩子们七八岁的时候，我们一起去了田野、草地和牧场——不仅是去劳作，也是去仔细观察人们——我们试图读懂人们的内心，读懂他们的悲伤和痛苦，从而有助于我们今后帮助到他们。那里站着几个女人在聊天。孩子们留意到了其中一个叫叶莲娜的女人，双手叉在胸前，看着远方……"她有些心不在焉，好像看着别人看不到的东西。"蓝眼睛的女孩奥莉娅悄悄说道，"她心里可能有不高兴的事。"后来，我们了解到这个女人经历了许多痛苦。她的丈夫、儿子和兄长都在前线牺牲了，小女儿重病卧床几个月了。我们和叶莲娜阿姨交了朋友，她开始变得依赖孩子们，期待着孩子们的到来。我当时的主要工作是确保我们热心的同情和关爱中没有一丝一毫的不礼貌。孩子们越是贴切地感受到他人的喜悦和痛苦，他们的眼光就会变得越敏锐，甚至是第一次相遇，也能感受到"陌生人"的心情……

感受一个人，首先，要了解到其行为的动机。孩子们有许多在我们成年人看来似乎是应该受到批评的幼稚举动，而这通常是他们心中高尚的热情引发的，如果您不了解或没有注意到这些热情，您将会扑灭那弱小得几乎看不到的高尚思想的火花。

学校的温室是花的王国。屋外正值霜冻，但是在这里，玻璃下开着蓝色、粉色和大红色的菊花。一大早，一年级的缇娜来到温室。温室一个人也没有。花朵面向很快就会从地平线升起的太阳。缇娜打开门的时候，花儿们的脑袋晃了一下。它们喜欢安静，而开门声却吓了它们一跳。平静下来之后，花儿们开始等待冬季朦胧的阳光，但是每一朵花儿都看着这个女孩，思考着："她为什么来？"

缇娜来到温室里，采了一朵愉快的花——一朵少见的蓝色菊花。这朵花只有在学校温室里才有。缇娜的奶奶病重了。半夜奶奶感觉十分不好，缇娜想给奶奶带来快乐，减轻她的痛苦。

缇娜刚刚摘下这朵快乐之花，门打开了。花儿们又颤抖了一下，但是当它们看到进来的是老师时，花儿们笑了。老师是它们忠实的朋友，每天都来看它们。黎明和黄昏时分，老师会过来，或将菊花从甜蜜的梦中唤醒，或者祝它们晚安，给它们浇水、松土。

缇娜认识老师，尽管他没有教过她。他是一个善良、严谨的人，他喜爱花，也喜爱那些爱花的人。老师讨厌那些懒惰、玩忽职守、无所事事的人。冬天，没有人会在温室里摘花，大家都在创造和保护美，只是来这里欣赏花儿。

老师看到缇娜手中蓝色的菊花，惊讶地站住了。缇娜看着老师的眼睛，想起了自己的奶奶。她眼前出现了躺在床上承受病痛的奶奶，嘴里轻声说着："快乐之花可以舒缓痛苦。"缇娜用恳求的目光望着老师。老师感受到了这种请求。他意识到这不是恶作剧。女孩摘花不是为了扔掉，她手上握着生命之花，缇娜是为了照顾别人。孩子心灵中微妙的冲动震撼了老师。他走到缇娜身边，拥抱着她说道：

"再摘三朵吧，缇娜。一朵给你，你有一颗善良的心。还有两朵给你的爸爸妈妈，因为他们培养了一个善良的孩子。"

春天，缇娜和祖母一起来到学校。祖母为了感谢老师送给她的"快乐之花"，回赠了学校一盆紫色的菊花。

从那之后，一盆不同寻常的紫色菊花一直生长在温室里。

父母和教师要花费很多年去学习如何敏锐地观察孩子的情绪和心灵。了解孩子的感觉，就意味着要亲近孩子，给他带去平和，消除他的慌乱，教他成为善良和乐于助人的人。一个孩子感受到成年人理解了他的精神状态，他会变得温柔、善解人意。我所称的教养就是孩子对您理解他情况的回应。如果家长不了解孩子内心的活动，对其内心思想无动于衷，孩子将会变得易怒和无情，甚至会故意制造恶行。存心为恶是由于冷漠，许多悲惨的事实让我坚信这一点。打个比方，教育孩子就像管弦乐队演奏最柔和的旋律。教师的目光和话语应该是最微妙最迷人的音乐。别误会我，认为这种音乐除了甜蜜的糖浆外什么都没有，不，一个真正的音乐大师感受和经历的范围是非常广泛的——包含了责备、谴责、怨恨和不解，但这所有的感情都充满了真诚和谅解。道德上没有堕落的孩子可以敏锐地感受到这种真诚和相互理解。

老师特别需要了解和关心孩子们心里的痛苦。我们特意教导父母和祖父母如何判定儿童们各种各样的痛苦。比如说，要了解到孩子们经常试图掩盖和伪装自己的痛苦。父母发展起来的敏锐的教育意识是我们教育真理的基石之一。

请让您的孩子开心，以防止他的内心由于痛苦而受伤，关于这一点，我不仅会提出建议，还会告诉您一些在特定的情况下的处理方法。我们的父母应该明白，如果不安慰孩子们内心的痛苦，他们的心灵将会变得粗糙，特别是当他发现，别人的心中的痛苦也无人安慰和帮助时，更会变得冷漠。通常，童年时期内心深处的痛苦会使他们与成年人长期疏远，导致了孩子孤独和多疑的性格。

但是，训练敏感，培养孩子的同情心和热忱——不是意味着总是用安慰和安抚的方式。当孩子看到恶意却保持冷静且毫不惊奇时，恶意就会在孩子的心中生根。如果一个人在遇到恶的时候，只是感到惊讶而没有以任何形式表达对邪恶的态度，那么随着时间的流逝，惊讶也会消失。

如果成年人可以用睿智、敏感和严厉的态度对孩子内心的每一次波动做出回应，那么孩子就会变得更加聪明、敏锐和严格。当他知道身边有悲伤和邪恶的事情发生时，会无法安然入睡。

4. 自从你踏入世界第一步，开始认识这个世界的时候起，你就接受着来自长辈——亲戚或者"陌生人"的某种待遇。它常常会改变，但有时也不会改变。家人和"陌生人"看到你身上的优点和缺点，以某种方式评估和看待你的这些特点。你焦虑的生活，你进入人类世界的方式，开始于他人的认可、赞美或者评判。你好像成了一个善与恶的容器。当你进入社会的、公民的、劳动的、创造的精神生活时，评估你的优点和缺点，他人对你的态度，就会变得更加重要、严肃和苛刻,这种评估不再是来自个人,而是来自社会、集体。要善于了解和理解公众对你的评价和态度。不仅仅只是说有人喜欢你或不喜欢你;对你的态度反映了我们共同利益的本质。在我们的社会中,存在着认可、赞扬,也存在着谴责、批评、惩罚,这些都是为了使你懂得服从和有意识地遵守他人的意愿,也是为了你自己的利益。要懂得控制自己的行为,限制自己的欲望。

当你在六七岁的时候,就进入了劳动和精神的生活;在童年时代,拥有能够正确对待赞扬和谴责的能力,对你来说是具有重要意义的。你幼小时期的认知、见识、习惯和长辈对你的态度而产生的社会意义之间,不应该有不和谐的地方。在学校中的许多反常现象正是由于这种不和谐产生的:一方面——你是一个不敏感的孩子;而另一方面——你已经不再是小孩了,你有义务,要按照祖国的需求学习。会有这种情况:在家里,父母会不断称赞你、照顾你,而在学校,你突然间变得不受欢迎,你不仅会受到责备,还会遭受谴责和惩罚。你要设法让自己理解这种不和谐的原因。要了解,无休止地赞美不仅仅会削弱人的精神力量,还会产生非常危险的特质——对自己怜悯。当人们过于敏感地发展这一个性时,就永远不会产生勇敢的气质。首先,要善于在对待自己这方面成为精神上的强者和勇敢者。真正珍惜你内在价值的人会吝啬对你的赞美。要经常感受到愧疚。"善良的人即便在狗的面前也会感到羞愧。"[①] 契科夫如此说道。如果你受到长辈和同伴的指责,请明白,这些责备是为了你好。人类对邪恶的态度有很多种体现方式——从母亲紧皱的双眉和沉重的叹息到多年的监禁——这一切都是为了拯救人。愿母亲那些尚未流下的眼泪,能够唤醒你的良知,这样就无须让法官和监狱作出严格的判决。培养自己良心的敏感吧。

教育的最终目的就是让孩子学会正确对待自己,以便让良心成为自己行

[①] 作者参考了 А. П. 契科夫 1891—1904 年在其笔记中的话。(参见《契科夫全集》全二十卷,1949 年俄文版,第 12 卷,第 218 页。)

为的守护者。我认为有一样看似简单又十分重要且相当困难的事情是：一个人想起自己在童年时期遭受责备的行为，要永远感到后悔和痛苦。让人进入这种境界并不容易。最重要的是要如何保留自己的良心，让自己的灵魂充满善良思想的光芒。如果我专门上一堂有关耻于做坏事的课，这种思想就会更加清晰。

一次，我和孩子们一起去地里挖土豆。

"你们8岁了。"我对孩子们说，"要真正开始劳动了，地上别落下一个土豆。"

费佳和我一起，我负责四行，他负责一行。

费佳不想劳动。他只挖出长到地上面的土豆，而不想刨埋在泥土下面的土豆。这里挖一挖，那里挖一挖，留了很多土豆。我看到了他敷衍的行为，刨出费佳剩下的土豆，对他说：

"难道你不觉得惭愧吗？有人正看着你所做的一切。"我做出好像旁边有个人似的。

费佳惊讶地环顾四周，说道："那个人在哪里？他看到了什么？"

"在你的身体里。他看到了一切，注意到了一切，但你听不到他在说些什么？试着听一听，你就会听到这个人的声音，他会告诉你该怎么工作。"

"这人在我身体中的哪里呢？"费佳更惊讶了。

"在你的脑海里、思想里和感觉里。"

费佳开始挖新的土豆，他挖出最上面的土豆后，想离开去挖别处的，突然好像有人在责备他："费佳，你在做什么？地下还有土豆啊！"费佳感到惊讶，望望四周，谁也没有，但就是好像有人在看着他，让他感到十分惭愧。

"有个人在看着我劳动。"费佳想，于是他扒开泥土，挖出了一些大土豆。费佳开心起来，轻松地舒了口气，甚至唱起了歌。

这个男孩劳动了一个小时、两个小时，他的思想变得越来越奇怪。他想："为什么要挖这么深？这里可能没有土豆。"但是这个念头在他的脑海里很快荡然无存，因为在他看来，有人看到了他在想什么。他感到了惭愧，同时又感到了愉快，为什么会愉快呢，他自己也说不清楚，而什么会感到惭愧，自己却十分明白："不想成为坏人。"

二十二年后，费佳向我讲述了他对这段经历的感受，这时他已经 30 岁了，并且是两个孩子的父亲……他说道："每当我记起当时不想刨深一点，挖出所有土豆时，现在还会感到惭愧。"

觉得自己是一个真正的人，这是每个学生所必须具备的意识。这里十分重要的是，孩子由于自己不体面的行为而遭受责备，这份谴责与其说应该是来自大人，不如说是来自孩子自身。大人只是点亮善意的思想光芒。

9 岁的科利亚拿了一块面包，来到了花园，朝梨子扔去。他想把成熟的果实从树上撞下来。

老师走了过来，问：

"你在做什么，科利亚？"

男孩低下头，感到惭愧。他知道自己犯了什么错误，但希望没人看到他扔面包。

"捡起面包。"老师说道。

科利亚捡起地上的面包。

"你有干净的手帕吗？"

男孩没有干净的手帕。老师掏出手帕对科利亚说：

"把面包放在手帕里。"

科利亚用手帕包住面包。

"把这个面包带回家……放到壁橱里……放到存放着最有价值的东西的地方，比如父亲所获得的荣誉证书，你的出生证，父母的结婚证书等等。每个家庭都有一个珍藏这些东西的地方。让你妈妈把这个手帕包放在那里。我要和你妈妈谈谈。让面包一直保存着，直到你长大，有了孩子。当你老了，嘱咐你的子孙：'面包是劳动、荣誉和人的生命，嘲弄它就是最大的邪恶。'"

"谢谢您的教导。"男孩小声地说。（学校里有这种教育习俗：如果你听到赞美——要说谢谢；听到责备——更要说谢谢。你们的感激不仅仅只体现在言语上……真正的感谢应该体现在行为中。）

科利亚保留了这块面包许多年，当他的两个儿子开始明白什么是劳动和光荣的时候，他向他们展示早已变硬的面包，回忆起多年前的往事，科利亚说道：

"如果你在童年时期犯了一个小错误并且始终将它铭记在心，那么当你长大成人，你就不会为自己所犯的大错而后悔，不会伤心于：为什么父母不教导我？为什么他们不对我提出要求？父母教育你，严格要求你，在学校里老师也会严格要求你，但你们必须要严格要求自己——做不到这一点，就没有诚实正直的生活。"通常来说，让孩子严格要求自己，让他严格对待自己——这是乐队中最微妙的旋律之一，我们称之为道德教育。**我们必须教导每一个人，让他们知道自己不是生活在荒漠中而是生活在人与人之间。你的每一步都会影响你周围的每一个人；你的每一句话都会在他人心里产生回响。但是响应如何，这就取决于你自己。你周围的世界既有善也有恶：一切都取决于你看到了什么，以及如何看待它们**——我们要如此教育自己的学生。

只有当教育者正确地看待善与恶，正确地评价心灵中最显著和最微妙的思想、意图和愿望的时候，他才是理智、善良、永恒的传播者。正确的善恶观是正义的基础，当孩子感受到自己受到了不公正的待遇时，教育已经不再是教育了。不公平会滋生屈辱和怨恨，让人变得卑鄙和虚伪。

二年级曾发生过这样一件事。课间休息时，一个学生用墨水弄脏了门旁边的墙壁，他将手掌印在了墙上。上课铃响了，老师走进教室。看到墙上的手掌印，问道：

"是谁弄脏了墙壁？"

所有人都沉默了。

在第一排坐着的是米沙，他的手指沾上了墨水。老师仔细看了看：手指上好像有粉笔的痕迹。米沙可是一个调皮的孩子……

"是你吗?"老师问道。

"不,不是我。"米沙回答道。

"你不觉得羞愧吗?"老师非常生气,"你总是弄些恶作剧又不承认。"

米沙站在那里,低着头。他等待着身旁的彼得站起来说:"是我干的……"而彼得却保持沉默,他将手藏在桌子下面。

不善于看到和看待恶会导致更加严重的后果。墙壁很容易刷白,而那不公正的玷污则会让孩子的心灵终生痛苦,除非心灵变得粗糙低劣,并习惯了卑鄙虚伪。老师没有注意到,由于他看不到善与恶,从而撒下了伪善和背叛的种子。那些从小就学会藏脏手指的人,成年时就会为了自保,而把同志推到深渊里。一种小恶的罪魁祸首,如果逃避批评,不去承担悔恨和谴责,也从不想要减轻心灵的负担、对人坦诚,一旦表现出对自己的严格态度,又会感到心情愉快:这样的人有成为一个恶棍的风险。我们要留心这句准确而痛苦的俄罗斯谚语的初衷:你恶意行事,事先指望别人不会知道你的罪过,甚至还会指责别人,心安理得地嘲笑他人。未来的罪魁祸首总是从一点点小恶开始的——就像这样!也就是说,做坏事的人,开始并不怎么严重,然后没有受到惩罚,获得了第一次没有忧虑的体验,接着就变得无拘无束起来,认为别人的善意可以宽恕一切。在这些复杂的现象中起着重要作用的是,我们没有把最重要的事情放在第一位——教育孩子成为对自己严格的人,使他们具有自我审视的能力。可以这么说,要让一个理想的人住进孩子心里,这个具有理想的人好像是一个可以看到一切的旁观者,因此不会让孩子堕落。

当一个人感到羞愧时,他就会对自己严厉。我为自己的不良行为感到羞愧,想到了别人在那一刻对自己的看法——这样,我又一次感觉到那个理想的人的存在。羞耻感是最严厉的惩罚,这是因为良心对自己的惩罚。让人感到羞愧是每个老师都应拥有的魔杖。我确信这个魔杖也掌握在父母手中,是他们主导和控制孩子们意志的强大力量。

5. 我们生活在社会中，要懂得如何控制自己的行为、举止和意图！只有当良心、羞愧感、责任和义务进入到你灵魂的时候，你才能成为有道德的人。这是增强你道德能力和文化水平的四个重要来源。他们相互联系、紧密交织。良知与我们对他人、对社会、对自己的义务感和谐地结合在一起。从小我们就开始学习如何生活，当你为他人做好事的时候，你会感到愉快，当你做应该受到谴责的坏事的时候，会感到难过。良心存在于人的心灵中，它滋养着诚信与羞愧感。良知，是一种学问，是人们从多次的经历中体验到的一种感受，让人们体会到惭愧、责任和义务。

有些人懂得良心是什么，但自己却是没有良心的人。只有当良心深入到你的内心之中，它才能成为你情操的守护者。就是说，你要时常进行自我教育，形象地说，要经常进行"理解加体验"的训练，也就是所谓感受的练习。这是头脑和内心深处最细腻的工作。它表现在行为举止和对自身品德的思考之中。你越是独自面对自己，经常想他人对我的行为会说些什么，如果他们"了解"我的话，如果我的内在的任何一个特点都没有对他人隐瞒的情况下，那么这样的工作就越会显得紧张而意义巨大。如果躲避人们，把自己隔离起来，自我认为是一个崇高的人，这是无法想象的。你应当面对自己，从最真诚、最严格要求的人们的立场出发，对自己的行为从内心中给予评论。这样的心灵深处的工作做得越是详细、越是主动，你的屈辱感、良心感就越可以得到提升。

要为内心空虚而惭愧。更要为自己没有最神圣的东西、没有不容争辩、不容怀疑的真理、准则和原则感到羞耻。

要为自己意识淡薄、缺乏原则性和"立场不坚定"羞耻。假如你感到有一种"事不关己"的想法在心里生起波澜，你就要感到非常羞愧。

要为自己对人民的生活、公民的义务和责任的漠不关心而感到羞愧。

人不仅要因为显而易见的卑鄙行为感到羞愧，还要为他人可能会认为你是卑鄙的人而感到羞愧。请记住，儿童时期、少年时期的卑鄙的行为往往是从很小的地方开始的。例如：想要逃避责任、躲避风险，遇到灾祸的时候只顾着自己保全性命，不管他人的生死，想要把由于无知、疏忽、莽撞和误会而发生的事故的责任推卸给他人。卑鄙的行为包括在自己的洞穴中于暗处静静窥视，包括好奇地等待处于危险中的同伴会出些什么事情。洞穴、巢穴和保护壳，都是乍看起来对人们无害的利己主义温床。

要对不负责任的、轻浮的思想感到羞愧。你必须要感觉到自己是足够真诚的。

要以无知为耻。以无知为荣是最愚蠢的事情。头脑和情感上的无知会使人的情感变得匮乏，让人变得愚昧。愿你正派的品行永远对愚昧的无知感到羞耻。

良心、羞耻心、诚信和责任感的教育，是精神上、道德上提高和自我完善最细致的领域之一。这项工作的困难在于必须完全是自觉的：一个一年级的新生应该意识到乌克兰谚语——"衣冠不整是可耻的"——这句话的含义。这是一个教育领域，在这个领域里人要更多地反思自己。是的，为了不成为愚蠢的自我主义者，你必须要严格地、谨慎地反思自己。

良心的作用在于，人应该可以用自己的名义去评价自己的行为和品德。如果我们仔细、认真地研究良心的起源，就会得到这个结论：一个人只有当他从小就习惯感受他是生活在大庭广众之下的，内在的声音才可以在人的身上起到作用。良心和羞耻心的培养恰恰在于让孩子们深刻体会他人的思想和情感。要培养孩子们具有这种感受：当他觉得旁边没有其他人的时候，没有人注意到他的时候，其实，他的所作所为还是会被人发觉。不要总是纠缠不清，也不要总是机敏地观察每一个动作。过度的监督会让良心麻木不仁，还会变得脆弱无助。教育的艺术就是要擅长引导孩子自己处理各种问题。只有这样，才会发展内心的洞察力。

和孩子谈论良心、羞耻心、诚信、责任感这些思想时，要巧妙地、聪明地、真诚地向孩子说明其中的真理，重点在于，唤起他们的良知，鼓励他们去参与到某项活动中。良知意味着信任。如果我想考验自己是什么样的老师，我会这样做：记下我的学生在家里和学校所做的一切事情。每一个我看到的行为，我都记录下来，而且要标明，他们这样做的动机——是出于良心；是出于别人对他的信任，他也不想辜负这种信任；又或者仅仅是因为他人的要求和监督。往往会有这种情况：由于别人的信任而激发的行为不如动机是别人要求和监督的行为。在这里，我看到了一种对所有教育的威胁。我试图让来自他人的信赖和信任作为孩子们一切行为的主要动因。迫使孩子完成需要消耗他们相当大的体力的某项工作，并不困难，而迫使他们自我要求却困难得多。在良心的教育中，极其重要的一点，是要让精神的力量激发身体上的奋斗，要让精神力量成为评估自身的源头依据，要让精神上的努力彰显在别人眼前。孩子们如果意识到自己在精神上是强大的、勇敢的，就会感到喜悦。这种欢乐的体验，在微妙的自我教育事业中是极其必要的道德经验。由于良心和羞耻属于主观情感、体验和思考的领域，因此，对每一个儿童采取的不同的方法就至关重要。有时，为了让孩子用别人的眼光审视自己，不仅要运用，而且要创造必要的环境。每个人都是独一无二的，最有利于良心教育的条件也是如此。

有时候，需要创造出一些情景，让人感到羞愧，让他学会站在别处看待自己，审视自己不妥的行为。

少先队员获得了少先队夏令营的入场券。委员会将入场券交给了最好的团队：五年级的学生。在团队会议上少先队员们决定派尤拉前往夏令营，尤拉是一位活泼、勤奋、努力的男孩。同学们在送他的路上拜托他买一些花的种子。他们给了他钱，并交给他用来装种子的信封。尤拉一一承诺：他也希望他们队的美丽一角（这个美丽一角每一个小队都有）是最棒的。

然而，当他到达之后，却忘记了自己的承诺。老师原本可以写一封严厉的信给尤拉，提醒他不要忘记少先队员的荣誉……这一切原本可以成为集体的财富……但是老师用了另外的方式，他在给尤拉的信中写道："你到达营地后寄出的种子我们收到了。你看，信封粘得多么漂亮，没有一粒种子丢失。我们将它种在寒冷的土地里，春天就会长出新芽。非常感谢你，尤拉，因为你遵守了承诺。"这些话比责备和警告更加有效，尤拉为自己的轻率感到羞愧，他马上寄出了种子。孩子们想："尤拉真是好样的，他没有忘记承诺。"问题不在于这件事本身。对羞愧的深刻体验，给人的内心留下了烙印。尤拉从夏令营返回后，我们注意到了他的变化：这个男孩变得更加谦虚、内敛，更加关心他人的利益和愿望。

要懂得如何批评人让人觉得羞愧难当——这是一个伟大艺术。本质上讲，就是擅长通过内心里最隐匿且最敏感的角落提高认知。只有认知提高了，人才会感到羞耻。形象地说，羞耻就是可以让人良心感到惊奇的能力。当人体会到羞耻，他才可以在发展自己的道德意识的道路上迈出一步。激发羞耻感，要求教育者要十分注意分寸。伴随着羞耻而产生的内心焦虑相当于对惩罚的体会。这种情况下，触碰孩子心灵的艺术就在于把握良心的痛苦，即用羞耻替代惩罚——有些地方完全可以这样做。因此，应该意识到，羞耻和屈辱、嘲讽、损坏人的自尊丝毫没有共同之处。体会到这样的羞耻便会让人成为精神上坚定的人，而绝不会成为一个懦弱的人，一个逆来顺受的人。羞耻的巨大教育力量在于，它不会令人失去个性，而会让个性的优点更为突出：我十分相信，体会过羞耻的人会表现得更加纯洁、美丽。你会觉得他仿佛像是变了个人似的，在他身上没有任何伪饰、刻意的东西。有羞耻感的人会敞开心灵求助于你，因为他非常迫切地感到需要人的支持。

嘲讽他人是不道德的。公开评论他人的羞耻，这意味着刺激他人的心灵。如果你打算让人具有羞耻心，你需要懂得该如何宽恕和怜悯他人。因为一个有羞耻心的人一定会向你求助，除非你侮辱了他。培养羞耻感是教学策略的一个重要方面。使人感到羞愧，意味着给他一个机会让他自己去探讨、思考、辨析自己的行为。

羞耻是被要求保密的。因此，教育者要十分小心地将那些可能会引起羞耻感的行为总结出来，并作出评论。

6. 小时候，父母牵你的手，你会感到十分愉快。在他们的呵护下你觉得非常幸福。随着年龄的增长，你会认为父母、老师的庇护让你感到拘束。你想成为独立、自力更生、具有创造力的人。道德上的自由是人类巨大的财富，这些不是大自然赋予的，而是真正的社会主义社会赋予的。如果一个人意识到自己是集体、社会、人民的一分子，理解所有人的共同利益和需求，遵守自己的责任感，并根据个人的判断力和意愿，按照集体、社会和人们认为的那样去做，那么，这种财富将会成为幸福。

你的道德文化取决于你对所有人共同需求的了解程度，取决于你的个人行为受到大家的共同需求的影响程度有多少。人们认为好的，应该是你个人的道德倾向，成为你的需求、目标和期望。在这种情况下，你才能获得真正的自由，从而成为一个快乐的人。

这是一种最复杂，也是最全面的教育。乍看上去很抽象的真理，其实应该是可以让每个孩子都理解的。应当巧妙地在生动的现实生活中阐释真理在日常生活实践中的具体含义。让一个成长中的人学会如何表达自己人格中人的真实本质并非是件易事。其中的复杂性就是我们要弄清楚孩子的愿望，要重视和关心他的愿望，敏锐地对待它，发展它。道德的自由教育和这种愿望的培养是密不可分的，高尚的道德需求是以这种愿望为基础的。孩子想要的并不是他真正需要的，这是众所周知的。老师引导学生意志的智慧、艺术和技巧在于让道德上理由充足的、受到社会赞扬的需求变成希望，变成人的内心愿望。

教育者需要深刻了解孩子们的愿望和其中的逻辑，了解愿望与他真正的需求以及人全面发展的需求的相互关系。不要忽略孩子想做那些被禁止的事情。

这是怎么回事？为什么孩子，特别是青少年，容易被禁止的事情所吸引？在我的教学生涯初期，曾遇到过一个真正的麻烦：夏令营的孩子们涌入了集体农庄的花果园。他们偷偷摘下好吃的苹果，将吃剩下的一半苹果放在枕头下（"为了闻苹果的香味"）。看起来，这似乎无可救药了。但是，终于有了救赎的方法：大人们在苹果园里建造了两个小棚屋，允许孩子们随意采摘和品尝苹果。这时候，苹果的味道好像立马变酸了，孩子们对苹果的兴趣也消失了。然而孩子们发现了新的"禁果"——两公里处，西红柿正在成熟……于是，孩子们的兴趣又转向那些还是绿色的，但"非常美味"的西红柿了。

很显然，问题在于，孩子们总想以某种方式彰显自己的个性，总想检验、考验、证实自己个性的力量。被允许的事情，孩子们毫无兴趣；被禁止的事情，对他们更具有吸引力。（我从不禁止在高年级的课堂上使用教科书回答文学问题。我说：拿着教科书读吧，阅读那些你认为需要的内容。但问题是，通过这种方式来回答问题是完全不够的，你必须深入理解阅读的内容，体会那些书中没有直接提到的东西。）

如何解决这个微妙的问题呢？如何培养人在道德活动中真正表现出自己作为人的本质，展示自身独立性的同时，又可以揭示和证实个性的力量呢？秘密在于人的意志。意志积极创造的不仅仅是事物和环境，还是人自身。为此需要我们用孩子感到困难的东西来代替被禁止的东西，甚至让一些被禁止的事变成被允许的，但是，应该讲明白其中的困难性，困难克服得越多，被禁止的东西就会变少。

每一代的孩子，当他们完成一年级学业升入二年级时，我会给他们讲述一个关于真金的故事。

一位父亲有两个儿子，当他们长到可以拿铁锹的时候，父亲对他们说："拿起铁锹，咱们去挖土。"父子一起劳动，对儿子们来说，这是一项难以理解且枯燥乏味的工作。

"为什么我们要挖土呢？"他们问道，"我们活着是为了什么呢？"

"看到这座高山了吗?"父亲指向一座大山,云雾环绕着山顶。

"看到了。"儿子们回答。

"就在这座山里,有一块真正的金子。也许在高山深处的某一个地方,也可能就在它的表面,这谁也说不清楚。人们常说,只要找到这块金子,就会明白人为什么活在这个世界上,为什么要劳动,为什么要挖土、做面包、盖房子,为什么要探索漫天繁星。孩子们,去吧,去寻找这块真正的金子吧。"兄弟两人上了山,这座山又高又大,一天之内不可能走完,三天之内也不能登顶。要怎样才能找到那块金子呢?兄弟们在山脚安顿下来,哥哥在山这边,弟弟在山那边,两个人分别从不同的方向开始挖山,却还是一无所获。弟弟找到哥哥说:"我不干了,我不想成为这座山的奴隶……"哥哥回答道:"即便要花费我的一生,我也会坚持寻找那块真正的金子,因为我不是奴隶,而是自由的人。而你会是奴隶,因为你不想知道我们为什么会生活在这个世界上,我们为什么会种地、种粮食、盖房子、思考星星……"弟弟走了,定居在河边,他盖了小屋,抓了鱼来做汤。而哥哥却开掘着他手下的每一寸土地,寻找真金。哥哥用十年的时间挖了一座山,一天都没有休息。终于在第十一年,当整座山被挖完并转移到其他地方的时候,哥哥在山的深处发现了真正的金子。它很小,就像罂粟的种子一样。哥哥将种子放在手上,"金种子"的光芒照亮了全世界。哥哥知道了人为什么会生活,为什么会种地、种粮食、盖房子、想星星。哥哥动身启程,足迹遍布大地,为所有人带去了幸福,因为他变成了强大的、不可战胜的人。因为他是一个自由的人。而弟弟却仍然住在那个破烂的小屋里,衣衫褴褛,用来煮鱼的桶破了,他只能吃生鱼,喝沼泽里的水。因为他是一个软弱的奴隶,是一个懒惰、无知的奴隶。真正的自由就是能够忍受夜以继日的工作,让一座山从一个地方移到另一个地方,为他人创造幸福。

我再次强调,一定要让这个传说的意义激励孩子。当男孩已经开始长出胡须的时候,再和他谈论道德自由的教育就为时已晚,要当真理的思想可以唤起惊讶和喜悦，可以让人审视自己的时候谈论这些。如果每个人的力量都用在解决困难上，那么道德精神自由就会成为学校的主要氛围。我努力让人们理解：自由不应该被理解为是在无所事事和不懈劳动之间的选择，而是要理解为是在忘我精神的高尚性格和单纯服从长辈意愿之间的选择。是的，通向道德自由的路一定是通过勇于奉献的精神，即值得称道的典范榜样的工作中的忘我精神来实现的。如果说，忘我精神这个美好的词汇已经从学校的教育实践中消失了，我对这种看法实在不敢认同。只有如此理解才可以让崇高品格的意义体现出来，这样的品格具有坚定的目标性，精力极度集中以及为获得巨大成功所必要的个人创造力的高度紧张。一个真正的教育者应该号召并且引导学生达到忘我精神的境界——这才是可以防止缺乏毅力、对事物漠不关心、满足现状等问题出现的方法（"只要有这一点我就觉得心满意足了"）。在学校里，道德自由的精神王国就是让每一个受教育者不断提高自我要求的水平——今天他期望的东西总是比昨天要多，他"决定去实现"比之前更有可能、更为重大的目标。每个学生作为真正的人的本质应该体现在个人的某个特殊的方面。老师们开辟的、苦心帮助的那些东西应当在人身上燃烧、并且熠熠生辉。也就是说，如果你期望学校里充满劳动的高尚精神，每个学生都希望自己拥有高尚的品格——那么，你要认认真真地帮助每个学生成为某项事业里起到重要作用的人。个人特征的塑造是整个教育领域的问题，这个领域目前可以被视为是教育学上的处女地。

如果学生有值得他自己骄傲的地方，有其他人不如的地方，我认为这样的学生才是道德上自由的人，因此也是精神上坚强、目标明确、勇敢、独立的人。这就是我们教育的理想，我们为此而努力。人不为自己的高尚品质和勇敢精神感到骄傲，就不会有 A. B. 卢那察尔斯基[①]当作共产主义制度的本

[①] 参见 A. B. 卢那察尔斯基（А. В. Луначарский, 1875—1933, 苏联文学家、教育家、美学家、哲学家和政治活动家），《什么是教育》（Что такое образование）1958 年俄文版，第 61 页。

质来设想展现的那种鲜明的个性，要使我们教育的学生都有特点、有特性、有独树一帜的突出之处，也就是说，把自己的学生领到一条大河的岸上，赋予崇高的理想，此理想用一句话表达为：勇往直前！社会和个人完美的和谐只有在社会的高尚道德和个人的道德倾向结合时才能实现，而这种倾向之所以成为现实，是因为他作为一个幸福的人，对自己的英勇和个人的成就感到自豪。人很难在各个学科都表现得很擅长，但在某些方面要会闪烁自己独特的光芒。我认识一个14岁的男孩，他对小学的课程仅仅掌握了一些，但是在园艺方面他已经是劳动和思想的主人，是真正的大师和创造者；他非常熟练地知道如何塑造树苗的树冠，以至于年长的工匠都钦佩他，看到树苗时大家都说："漂亮的树苗！"工匠总会说："真是个天才！"我们神圣的职责就是要让每一个人都拥有喜好某事的能力，如果你竭尽全力还未发现这样的能力，就是说，十分可惜，本来人身上具有这样能力的机会已经错过了，现在没有，将来也不会有，只能注定一辈子做一个毫无能力的平凡之人。

我们对人的最大使命在于不让他错过幸运时刻和机会，当一个人喜欢某事的才干、不同凡响的创造能力、独立工作的能力——展现在您面前的时候，您要擅长察觉它。

在道德自由、意志自由的范围，在个人行为中、在集体成员之间的关系方面体现人的真正本质的范围，所有这一切都需要教育者有很高的教育修养和技巧。许多情况下，青少年甚至儿童如果感觉老师放弃了他并觉得他是无能的，这种现象是绝对不允许发生的，甚至是卑鄙的。在学校——一个必须充满关爱和温暖的圣地，必须将这种态度视为可怕的。在学校里，一个人应该感到自豪和高兴，而不是感到痛苦和屈辱，然后心力交瘁地生活。不要把一个心智正常的人时而看作是有能力的，时而看作是没能力的。因为在一些事情上他也许能够胜任，但在另一些事情上他也许就无能为力。天才也可能无法从事某些活动。学校的任务是在每个人身上发掘创造能力的源泉，要在儿童时代为他们开启生活、劳动和创造的唯一幸福之源。

在个人道德自由的形成和发展这方面，高尚的道德表现占据了特殊的位置。这是内在心灵的伟大工程，意义在于，让孩子们将自己的力量，自己的一部分贡献给他人。这项工作生动地体现了一个人的个性——人的真实本质——关心他人的快乐和幸福，对曾经是陌生的但现在已成为我密不可分且不可或缺的人的幸福的关怀。只有通过高尚的道德，人才能够提高到这样的发展阶段：当别人需要他时，如果他没有贡献自己的精神力量，没有献出自己的关心，那么他就会变得空虚而忧郁。当为人行善的需要和为社会的服务成为一个人的道德倾向时，他就能享受到帮助他人的快乐。满足他人的需求，是确保个人的利益和社会的利益密不可分的唯一途径。共产主义的社会关系不是从书本里产生的，而是来自由心灵深处迸发出的冲动和行为。

这些行为和冲动属于不可侵犯的个人领域。如果将这些冲动的行为比喻成花朵，我们的任务就是照顾土壤，给花浇水，而不是把它们摘下。应该给高尚的道德足够的空间，但不要将之视为一种特殊的功绩或壮举。

要成为慷慨无私的人。吝啬会让人贫乏，使人变成利己主义者和不劳而获的人。事物的存在是为了服务他人，而不是奴役他人。物质和幸福是劳动的化身。因此，从对物质的态度可以判断出你对他人的态度。吝啬，是唯恐将自己心灵的一部分奉献给别人的利己思想。吝啬会逐渐演变成摧毁一个人的需求、爱好和精神世界的贪婪。而贪婪滋生了非人道的和仇视人类的情绪。预防吝啬和贪婪的良药是让人在童年和少年时期就拥有一颗慷慨的心灵。让努力为他人奉献成为心灵的一部分，但当你向他人奉献出你心灵的创造时，你不应该感到好像是从心上割掉了什么一样痛苦。心灵的慷慨是同情心的产物，没有同情心，人类的高尚是无法想象的。只有善于爱人、怜惜别人的人才能成为真正慷慨的人，真正的包容是要懂得关爱和怜悯他人。但如果没有最初的慷慨的火花，对人的爱也是不可能实现的。

要善于正确地分辨你周围的慷慨和贪婪，分辨心灵中真正的财富和丑陋庸俗以及赤裸裸的空虚。吝啬和贪婪——让这些恶习永远激起你的愤怒、谴责和蔑视。老师告诉你关于吝啬和贪婪的故事，不是为了让你当作笑谈和感到吃惊的，而是为了让你思考人类最黑暗的恶习，从而审视自己，将内心深处这种即便是最细小的垃圾扔掉。吝啬和贪婪来自那个曾经人压迫人、人的价值取决于他财富的多少、爱与美可以当作商品来买卖的世界。那个世界在我们这里已经成为过去不复存在了，但它却奇怪地在人的内心的很多方面反映出来。由于各种各样的风俗、劣习、传统，由于资本主义世界对我们的侵害，幸福就是拥有财富的同义词。以上诸多影响会一代代地流传下去。要正确地认识周围的慷慨和贪婪、大公无私和利欲熏心，这就意味着从童年、少年时期就应该领会这个真理：我们国家最重要的、无法比拟的财富就是精神财富——理性、知识、本能、天分、创造、人与人之间真挚的友情、爱情与幸福，这些会在人的身上持续下去，并反复出现。学会拥有这种财富，真正慷慨的秘诀就在于此。

就像节俭和贪婪是不相容的，慷慨无私与铺张浪费、毫无节制地追求奢侈的生活也是互不相容的。要学会以这种方式生活：你的内心要像谴责铺张浪费和过度奢华一样谴责吝啬和贪婪。正如圣－艾克吕佩里①所说，人类生活的最大奢侈，是人交往中的奢侈。人们用自己的汗水塑造、探索并且拥有一个人——这就是拥有奢华的最崇高的劳动。人值得拥有豪华的生活，我们绝不用禁欲主义来限制自己。如果我们不是在某个意义上的"自私者"，生活对我们将没有任何意义。但是，只有当这种"自私"成为我们获得精神财富的力量，使自己变得更美好并最终变得更加慷慨时，我们的自私在道德上才是正当的。

我担心的是，要让我们的学生成为心灵上美好、勇敢、真诚和公正的

---

① 作者可能指的是安托万·德·圣-艾修伯里（Antoine de Saint-Exupery，1900—1944，法国作家）《人类星球》（*Планета людей*）中的一句话："每项工作的伟大之处，也许首先在于它使人们团结在一起这个事实；世界上没有什么比将人与人联系起来更珍贵的了。"（参见《圣-艾修伯小说集》，1964年俄文版，第190页。）

人——对无论什么形式的恶都毫不妥协。培养学生们的慷慨和无私，是最精细的教育过程。我努力确保让慷慨给儿童和青少年们带来快乐，并在内心中留下难忘的回忆。

我毫不夸张地向我最亲爱的读者——年轻的教师们——保证，慷慨带来的喜悦是最崇高的精神力量，它在年轻人的心灵中唤起了对人的高尚品德的赞美，并以自己参与到这种高尚品德的创造中而感到自豪。

一位叫米特罗凡的爷爷住在我们村里。他满80岁了，成了一个虚弱无力的老人，孩子每天回家都要经过坐在篱笆旁长凳上的他，感受到他忍受着无助和虚弱的痛苦。有一天，孩子们从学校回来，抱着很多橡树苗。

"给我一棵橡树苗吧，孩子们。"米特罗凡爷爷请求道。

孩子给了他一棵小的橡树苗，接着纷纷议论：爷爷为什么要橡树苗？他的身体很虚弱呀……

米特罗凡爷爷用他最后的力气将橡树苗种在了一片树林里。孩子们观察着，接下来会发生什么呢？但是，他们不仅仅只是观察，晚上趁着没人注意的时候，他们就偷偷地去给橡树浇水。米特罗凡爷爷的惊讶让他们感到非常高兴：爷爷每天早上去给橡树浇水时，发现树苗已经浇满水了。偷偷地观察爷爷惊讶的表情，对孩子们来说也是一种快乐。我们不能忘记我们谈到的是在物质上的慷慨无私。慷慨——作为一种积极的活动，像付出体力和精力一样——需要接受到回报。如果没有这个奖励，孩子们将无法生活。他需要感受到人们对他的热情而不是冷漠相待。他们应该感受到，人们对于崇高的热情不会漠然置之。

即使没有人向他们公开表示感谢，他们也能感受和理解——我给人带来了幸福——这才是最重要的。

多年的教育经验使我深信，无论以何种形式表现出的慷慨和无私，都不应该被当作是某种特殊的东西来体验和理解。将更多的慷慨奉献给陌生的人们吧。让人们因为人的无私而感到喜悦——他们甚至不一定要知道是谁给他们带去了这份快乐。

教育对吝啬的蔑视是一项非常微妙和复杂的任务。这不仅仅是因为要让孩子们嘲笑恶习。世界观是以思想的蓬勃生命为基础的，要勤于思考邪恶产生的原因，思考人的幸福，思考自己的未来。世界观与个人内心的灵魂是密不可分的。

我认为最重要的是，要让我讲述的故事对孩子们的影响尽可能的长些，让他们把想法从学校带回家，独自去体会和思考。这里有一个关于贪婪的邪恶的故事。它描绘了一个人的真实遭遇，我们现在一年级学生的祖父和曾祖父们都知道这个人。

从前，村边住着一个吝啬鬼。他在自己的院子里种了葡萄。很少有人种葡萄，因此人们都过来围观。两年后，长出了第一批葡萄。葡萄长得又大又亮，甜甜的果汁好像都要流出来了。

一位母亲带着三个男孩走过葡萄园。孩子们看到大大的葡萄问道：

"妈妈，这是什么？"

"葡萄。"

"葡萄是什么？它有什么用？是什么味道？"

"葡萄是甜的……没有什么果子比葡萄更甜了。"

孩子们想吃葡萄。母亲请求吝啬鬼道：

"能不能给我的孩子们一点葡萄，一小串也好，让他们尝尝味道。"

吝啬鬼没有给孩子们一串葡萄，只给了一颗，同时他的眼神黯淡下来，因为他连这一颗都舍不得……

妈妈带着孩子们走了。吝啬鬼在葡萄园周围搭起了高高的围栏，甚至将小屋也围了起来。吝啬鬼高兴地想着：现在没有人会看到葡萄了，也就没有人会询问他了。但是他没有注意到，一根葡萄藤缠绕在篱笆上，爬到顶部，开满了花。篱笆上挂满了葡萄，果实充满了甜汁。

母亲和孩子再次经过这条路。男孩看到了高高的篱笆上的一串串葡萄，非常开心：

"看，妈妈，葡萄！为什么它长得那么高？"

"它不想因为篱笆而和人们隔开。"

"多么漂亮的果实啊。"孩子赞叹。

站在篱笆后面的吝啬鬼听到了这番对话，十分生气，孩子发现了葡萄让他感到懊恼。愤怒使吝啬鬼的心脏破裂，他就这样死了，但世上没有人知道他的死去，因为高高的围栏将他与外界隔离开了。

一年过去，春天的阳光唤醒了大地，葡萄藤变成了绿色。藤蔓是如此渴望阳光，它讨厌那高高的围栏，以至于藤蔓自己将围栏推倒了。果实在灿烂的阳光下闪闪发亮，每一颗果实都映衬着天空、阳光和美丽的大地。人们来到葡萄园，并成为这里的主人。而那位吝啬鬼却被永远的遗忘了。

这个故事要让孩子终生铭记，让他们思考生活中的美、目的和意义。吝啬的想法总是与孤独交织在一起。让我感到非常高兴的是，孩子们的心里产生了一种幸福的思想：真正的幸福不在于拥有财富，将其隐蔽起来，而是为了丰富他人。对教育者来说，帮助孩子们逐步树立起这种想法是十分重要的：一个人离他人越远，他就越不会感到幸福。高围栏的形象永久地刻入孩子们的心灵，它象征着吝啬和贪婪，它唤醒了那种对一切破坏人的美好事物的行为不妥协、不容忍的态度。

我努力要让孩子成为慷慨无私的人，让他们成为将自己的所有献给他人而觉得幸福的人。为此，慷慨变成令人喜欢的美妙的东西。

我认为非常重要的是，要为那些渴望成为慷慨大方的人的孩子们找到一个可以发挥自己力量的场所。在成年初期，自私自利是非常危险的。这种感觉开始于：孩子总是把所有的想法都集中在自己身上，把所有的精神力量都集中在满足自己的欲望上。在这种精神生活的指导下，孩子会怜悯自己，会变得爱哭。当自我怜悯成为自然，内心的慷慨和无私也将紧闭，那么，他的心灵将会变得十分冷漠，对他人的需求和求助充耳不闻。您要知道，如果您同情别人的呼吁无法打动孩子的心灵，那么，您关于精神高尚的生动故事也就不会吸引他了，您面前只是一个生活在自怜之中的人。如果您能够唤起孩子对慷慨精神的钦佩，那就请继续引导孩子们沿着这条充满快乐和艰辛的道路，向着幸福继续前进。

7. 要做一个谦虚的人。谦虚是有关人们之间的关系、行为、愿望、思想、情感、意志、品格的一门学科。做一个谦虚的人，意味着一刻都不要忘记这点，这是首要的。与你接触的每一个人都有自己的尊严，所以，你真正自由幸福的生活就在于维护每一个人的尊严，只有尊重别人才能树立起这种尊严。人要懂得谦虚，就是说在社会纪律面前是人人平等的，不要认为自己具有一些独特的优点和品质，从而就享受优惠、宽容等特殊权利。对他的要求也应是对自己的要求。

要善于正确看待自己的优点和缺点。无论有多少人夸奖你，你都要知道知道自己并非是完美的。请明白，童年和少年时期人们的夸奖通常是对教育本身的呼唤：如果你受到称赞，请考虑如何变得更好。停止自我发展和自我教育是傲慢的表现。

学习是学生时代品格体现的最重要的领域。学生的谦逊源于他对自己的智力能力和所付出的努力的认识。谦虚是你人生理想形成过程中非常重要的一个组成部分。在青少年时代，你必须正确看待自己，清醒地评估自己的能力。在你对未来的要求和计划中，越是谦虚，就越是会产生更多的能量去克服困难，实现一些似乎不可能的事情。

越是能够谦虚地评估自己能力的人，越会在掌握知识方面取得更大的成就。

谦虚，是勤奋执着的好姐妹。爱说大话的人从来不会是勤奋努力的人。脑力劳动尤为需要保持头脑的清醒和准确，而所有这一切都构成谦虚的品格——谦虚好像是一把尺子，可以用来检测、衡量自己。傲慢对青少年具有极大的威胁——这是在我们这个时代十分常见的恶习，它往往表现为把对复杂事物的含糊不清的、肤浅的认识当作知识。

做一个谦虚的人，就是做一个可以包容他人微小缺点的人，如果这些缺点不构成对社会的危险的话。如果每个人对其他人的要求都按照这一条明智的规则，如果每个人都知道如何要求他人，如何去注意并宽容、原谅他人身上的缺点，那么大家的生活就会轻松很多——每个人和整个社会都是如此。许多不幸之所以发生，是因为很多人对他人要求和对自己的要求全然不同，于是发生了很多争执、冲突、家庭悲剧、"性格的不合"，也因此让一些孩子陷于不幸。

谦虚被称为所有美德的皇冠；它和谐地融合了自觉的纪律、义务和自由意识。谦虚的人如果把自身所有值得称赞的东西都看作是必须的、理所当然的，那么他就会把纪律看作是真正的自由，并且为之而努力。

把美好的品德看作是自身应该具备的东西是教育道德中最明智的准则之一。称赞和关爱是生活中非常必要的东西，但我们必须要运用得当。在我的《伦理学文选》中，讲述了一个在学校的走廊上长出了带刺牛蒡花的故事。这是一种普通的杂草，但是怎么敢生长在这个地方？它那样不同寻常，那样让人惊讶，没有人摧毁它，它兀自生长开花。粉红色的牛蒡花并不好看，而且还有一种难闻的气味。但路过的人都微笑着说："多么漂亮的花呀！"牛蒡花认为自己是真的很漂亮。节日里，孩子们带了许多漂亮的花来到学校，将它们并排放在窗户前。牛蒡花开始嘲笑它们：你们的模样真难看，我才是漂亮的那个……

这个故事告诉我们，在谦虚的教育中，这样一种思想扮演着重要的角色：在需要履行自己义务的地方，不要虚荣心膨胀或是陶醉在自我吹嘘中。不恰当的称赞可能会导致人们衡量自身标准的扭曲。谦虚表现在内心的情感表达和需求之中，在这个过程中，人就可以体验到做好事所带来的全部幸福。若是有人经常将做好事当作不同凡响的事情加以吹嘘和宣扬，我们应该对此感到厌恶。教育最忌讳这种观念的曲解。

在学校实践中，通常会出现这样的情况：孩子们在试验田里播下了种子，他们没有做出任何特别的努力进行打理，可正好遇上好年景，所以收成非常好。这是大自然的恩赐，可是大家都在谈论这是劳动收获的果实。对实际上并不存在的劳动加以赞扬，会腐化年少劳动者们的心灵。从本质上讲，他们不会再努力劳动了。让精神的高尚来给人们心灵的欢乐，这对于正确的道德教育来说是十分重要的。

如果没有这种精神还去赞美，这是完全不能被接受的。

学校教育按照性质本身来说，就是对每天的工作成果进行比较和评估，因为创造了一种环境。比如我的成绩很差，而我的同学的成绩很好，那么到处都能听到一些赞美和责备的声音。有时候，学生为获得赞美而投入的精神力量，是没有被发现和考虑到的。经常有这样的情况：受到表扬的不是劳动，而是来自大自然的恩赐，可批评的对象则是能力有限的个别学生。没有把疏忽与能力不足、不善于工作、不全神贯注加以区别，是整个教育工作中一个非常大的问题。要使每个学生都成为劳动者，在劳动中充分发挥自己的精神力量和潜能，这对于培养谦虚和勤奋的品质来说是必不可少的。

8. 你的生活是由各种行为组成的。一个人的道德精髓就表现在行为中。您对他人的态度，绝非出于偶然。行为是由道德意识所决定的。你来到了商店，排队轮到了你，突然你看到旁边站着一位老妇人，你邀请她排在你前面，让出了自己的位置，并且帮她购买东西——这就是你行为中的道德自觉。人们按照内心的声音做事。那种袖手旁观的行为应该受到共产主义道德规范的谴责，而且某些时候需要受到法规的严厉惩罚。

如果我们生活在荒岛上，当然不会有什么行为，行为只有在有人的地方人才体现出来。当你在荒岛上砍倒一棵树，算不上是一种行为，也谈不上犯了什么错误。但如果你去邻居家，砍倒了他们家的苹果树，他们不仅会说你是入侵者，还会把你视为犯罪的人。你的行为表现出了你的道德文化修养。行为的性质——是做还是不做——决定着你的幸福、健康、情绪和与他人交往的精神状态。

人的行为反映在行为和语言的表达中，甚至反映在眼神中。语言，是人内心最细腻的触动，它可以成为温柔而芬芳的花朵，可以唤起对善的信任，它可以是一把锋利的刀，一块炙热的铁，也可以是一团污泥。在沉默的情况下，语言就变成了最意外的行为。有时候，当需要尖刻的、直接的、诚实的话语时，却总会陷入可耻的沉默。这是最卑鄙的行为——背叛。有时情况正好相反：一定要保密的话，说出来也是背叛。睿智和善意的话语可以给人带来快乐，愚蠢、邪恶和不知深浅的话语会招来不幸。语言可以使人消沉，也是可以使人振奋；可以伤害人，也可以治愈人；可以制造混乱和绝望，也可以消除疑虑，也可以让人沮丧；可以让人笑，也可以让人哭；可以激发对人的信赖，也可以让人失去信任；可以鼓舞士气，也可以让人精神麻木。凶恶的、不得当的、缺乏轻重的、随意的、愚蠢的话语能够让人受到屈辱，让人心痛和惊讶。当你遇到的人希望你说话的时候，抑或迫切地需要你沉默之时，你要擅长揣摩和觉察出来。有时候，你说的一句话，他人就可以把你当作一个蛮不讲理、碌碌无为、夸大其词、只说大话的人。

要保护和爱惜人的易受到感动和易受到挫折的特点。请不要用自己的行为去羞辱他人，让他痛苦、焦躁、惊恐不安。请不要让自己的愚蠢撒下对人善良品质不信任的种子。生活中的恶行越多，道德基础不深、缺少经验的人就越会怀疑善良和正义的胜利。当人们不再重视恶行的时候，犯错误的人就会不断增多，这就是创造了不利于培养人的环境：在这种环境中，像培养生物的培养基（形象地讲，培养崇高行为的主要根源）那样培养道德觉悟，是绝不可能的。你由此可以总结出一条十分重要的生活标准：例如你对邪恶视而不见，甚至用世俗哲学"与我无关"安慰自己，那么你就会在邪恶面前毫无防备能力；你越是想逃避邪恶、不与邪恶争斗，你就越会感到邪恶的侵犯。

因此，你应该做一个在道德上总是保持进取的人，要做一个对邪恶永不妥协的人，做一个百折不挠的人。

　　这种教诲的力量取决于一个非常重要的真理。更确切地说，取决于真理在学校生活里的表现方式。我们谈论的是道德意识的活动。被人们视为善的体现的道德真理，表现在人际关系中——只有在这个条件下，教师上述的教育语言才会产生积极的影响。如果对良好行为的教育只停留在口头，而没有实际的行为的话，那么，教师们的精神力量就会花费在与不当行为作斗争上。教师的智慧和意志只能用来审判，谁做了什么，谁是犯错者。在没有高尚道德体现的行为之处，往往会出现许多受害人，而且很难找到谁是罪魁祸首。我们一定不能忘记，我们在学校里是在和孩子们打交道，他们的道德意识正在形成的过程中，也只有在他们成长的过程中才能培养道德意识。学校里应该充满阳光向上的、强有力的道德行为的氛围，让人相信正义、高尚的道德真理和规范一定会获得胜利。道德意识的形成过程，对恶的毫不妥协和对善的渴望包含在这种必胜的信念中。在许多突出的道德行为中，善是击溃邪恶的力量。在年轻人的心灵被崇高的行为所激励的地方，绝对不能容忍错误行为的存在。

　　我们鼓励并引导学生做高尚的事，并且让他们相信：我做了好事之后，我将体现出我对美好的精神、高尚的品德、纯正的操守的忠诚。

　　下课了。暮色降临，刮起了暴风雪，这是村里人最担心惊慌的时刻：许多孩子需要穿过草原和沟壑，走很远才能到家。他们很可能会迷路。父母们来接孩子回家。但是有十三个孩子不能回家，因为没有人来接他们。老师将这些孩子的命运托付给了高年级学生，唤醒他们内心的良知和勇气。高年级的学生知道他们背负的责任：他们要对孩子们的生命负责。每一个孩子都有两到三个强壮的学生陪伴，以防意外事故发生。当力量和不安全相遇之时，就会产生高尚的勇气。每一个对孩子负责的人都不觉得轻松。有时困难似乎难以承受——他们不得不抱起小孩，迎着大雪前行。但是困难越大，心灵就会越高尚，给年轻人带来的自尊就越强烈。这种感情应该是心灵的财富，我们无须谈论它也无须赞扬它。

"我只是尽自己的职责，这没有什么特别的。"对这种思想的认识越深刻，眼光就会越敏锐，对邪恶和不正派行为的反应就会越尖锐和敏感。行为中的道德意识是指高尚行为与错误行为做斗争。

在许多男孩第一次感到自己的男子气概的那困难而又快乐的一天之后的一个星期，学校发生了一件不愉快的事情：八年级学生亚历山大从学校回家。在积雪覆盖的街道上，他超过了小女孩妮娜，而为他让路的女孩陷进雪堆里，靴子也掉了。亚历山大看到了这些，但他并没有帮忙，而是嘲笑妮娜，妮娜哭了。亚历山大没有想到他的行为会引起同学的愤怒。这种"嘲笑他人"的行为刻在了那些在暴风雪中护送孩子回家的同学们心中，他们对亚历山大说：

"卑鄙的事，既不需要智慧，也不需要勇气。卑鄙的人就是卑鄙地存在着。"

"嘲笑流泪的孩子就是背叛。"

"你应该把她抱起来，将她带离雪堆，而且不要告诉任何人这件事。"

亚历山大的错误行为给集体带来了精神上的震惊。对此，我们感到非常欣慰。对于正处于道德形成时期中的年轻人，他们的愤怒让他们的道德意识得以深刻体现。我们相信，只有在错误的行为和善意的行为发生冲突时，道德才能成为一种积极的力量，青年人才会对卑鄙的行为感到愤慨和毫不妥协。谴责错误本身就是一种崇高的行为。对于教育集体、对于道德信念形成，都起到不可估量的作用。同学对亚历山大的不当行为感到愤怒，他们不会把亚历山大视作他们的朋友，为了赢得尊重，亚历山大需要仔细考虑如何表现自己。

在高尚与卑鄙的冲突中，当鲜明的道德、崇高的行为战胜了精神上的贫乏、道德上的无知和思想上的空虚时——我便把这种冲突，这场善与恶的冲突看成是个人的主动精神。关于主动精神已经谈论了很多，而且这种主动精神在许多情况下仍然只是一种理想。让这种理想成为现实，是教师真正的幸福。这是道德理想的顶峰之一。那么要怎么做呢？如何确保道德信念能够在生活中得以体现，并变得更强大、更成熟呢？如何确保道德信念的存在、表现、加强和行动？集体的生活应该是思想的生命。教育者的任务是使集体始终充满对高尚品德的向往；为了使集体意识始终准备与不道德的行为做斗争，以便每个年轻人心中的善良都能立即与邪恶抗争，让邪恶无处遁形。教师应该是道德财富的创造者，而不应该是一个总被迫与那些应受谴责的人不断战斗的角色。集体的精神状态始终在迅速地向前发展，以至于有损理想的不当行为总会引起普遍的愤怒和愤慨。假设我们是一个合唱团。我们正一起唱着一首美妙的歌，我们的心灵正陶醉其中——突然有一个无赖出现在我们面前，他想用他的矫揉造作和滑稽的行为毁掉我们创造的美。我们的内心十分愤怒，大家只有将这个无赖赶出门口，才能继续唱歌。但这件让人愤慨的事情会像令人懊恼的争执一样留在记忆中。

什么是充满崇高思想的生活？就是共同创造崇高、美好、高尚的东西的过程，是每个人对创造美的认知、体会和共同欣赏的过程。

集体生活——就是高尚思想的生命力，我就是这样理解的：对于我来说，绝对不允许懒惰的人损坏我们创造的美。他的做法是让人无法容忍的，他不让我们生活。在邪恶没有被制止之前，我是无法放心的。我与同志们心怀同样的情感，就是对邪恶无法容忍、永不妥协。我们共同组建了一股力量，在这种力量的影响下，犯错之人便会感到难过。这是道德意识的积极性，是道德意识准备做出行动的表现。没有积极性和行动上的准备，集体便会在邪恶面前消除防备，它不再是一股严厉责备邪恶的力量，而只有被迫自卫。被动的防御会让这个集体崩溃，我们不能视而不见。不能让你和集体共同陷入恶人们所攻击的包围中。

为什么学生会经常表现不好，应受惩罚的行为一个接一个发生？而好的、严守纪律的同学却不敢发声来反对他们熟悉的肇事者，这是为什么呢？因为邪恶已经到了赤裸裸的猖狂的地步，而善良却躲藏起来，保护着自己。这种情况下，由于缺乏真正的主动精神——道德意识的活动，集体不复存在，道德的行为也不复存在了。"不允许"这个概念具有主动精神的重要因素，他从集体的思想生活范畴变成了教师使用的一种普通的教学工具，就像教棍一样，用来对付那些犯错误的人。"不允许"应当永远出现在集体的思想生活领域，成为我们每一个学生良知的坚定声音。如果你可以让年轻人内心所具有的崇高思想越深邃，那么他们越能成为"不允许"的严格捍卫者。只有经历过对崇高事物的追求，感受到这种追求过程中个人所获得的幸福之后，人们才会明白：没有被称为"不允许"的道德约束，你我都无法生存。对这一真理的理解越透彻，对"不允许"的必要性的认识就越深入，对邪恶的谴责与斗争就越坚决。

如果您希望工作更加顺利，希望孩子们的精神生活成为教育孩子的力量，那么就需要用建立在高尚思想上的行为去统一孩子们的活动。每一个人对这些行为投入的力量越大，就越能理解和感受到那些不当行为的可憎，体会到想越过"不允许"的约束界限自由行事这种想法本身的可耻。

让我们的学生细腻地感受语言在道德上、感情上细致的区别，是我们的教育部门应该十分专注的问题。要让他们从言语里领会和感受将会发生的一些行为，但这些行为自身带有某些不道德的东西，应该对它给予批判。

多年前，我们的老师考虑过这样一个事实，个别学生在经历童年、少年和青少年早期的时候，没有独立地迈出需要付出精神力量的一步。他们从不违反纪律，不给老师添麻烦。但是毕业后一两年，对于这样一个勤奋的学生，大家却已经完全记不起来了，因为他给大家的印象很模糊。而且，在生活中，他们通常过得并不容易，因为他在困难面前会不知道该怎么办，在需要表现出主动精神的地方，显得无能为力。深入观察这种懒散被动、缺乏主动性的学生，我们得出结论：他们没有受到教育的影响。如果一个人没有什么自我表现，没有做出任何需要付出精神力量的事情，他在生活中就可能是一个精神的弱者，容易走上错误的道路。于是，我们看到了一项非常重要的教育任务，就是让大家不要懦弱，要让每个人都能以某种具体的方式表现出自己的精神力量，要教育孩子学会抵制对邪恶漠不关心、事不关己的态度。我们害怕我们培养的学生成为在温室里躲避风暴和恶劣天气的花朵；这种教育从本质上可以归纳为：教育者的精力——思想和意志——是为了保护人，防止人们与邪恶发生冲突。一个人在与邪恶的斗争中表现得越不积极，在需要表现意志力和毅力的地方就会变得越来越软弱。

老师们开始思考，如何让每一个不起眼的、"未曾受到伤害"学生在学生时代都能做一些激发精神力量的事情。有时候，一次勇敢的行为足以培养出一个真正的人，但是，没有这种行为，学生就无法合格地从学校毕业。

鼓励学生的勇敢行为是教师的智慧和意志的体现：它需要教师能够看到可以激发学生精神力量的广阔天地。

五年级的格里沙是一个柔弱的、意志力薄弱的被宠坏的孩子。在低年级时，老师们因为这种情况感到焦头烂额，不得不花很大的力气来保护他不受欺负。当格里沙升入五年级时，他不再向别人寻求帮助。但是随后，人们发现了一种奇怪又令人不安的情况：原来这个男孩性格中，一部分已经习惯了忍受欺负，一部分避免与同学们发生冲突。格里沙不再受到老师们的关注了。因为老师们的精力都被那些表现出激烈矛盾的、鲜明而富有表现力的性格吸引过去了。但是，班上因为一次意外的发现骚动了起来：格里沙每天都把自己的作业给同班同学瓦洛佳抄，瓦洛佳在学习上很懒惰，生活中又任性、机灵、有很多小聪明，毫无个性可言，消极懈怠的情况十分严重。我们必须要挽救这个男孩，这是一个漫长而艰苦的工作。

格里沙就住在学校附近，从他家的窗户可以清晰地看到学校的窗户。窗台上放着一个小鱼缸。冬天，白天和晚上都有一盏灯给缸里的水加热。格里沙告诉老师："晚上我会看到水缸亮着灯，有次还看到鱼儿游来游去。"老师琢磨着这些话，想到一个有趣的想法。明天开始就放寒假了，外面已经是天寒地冻。

"格里沙，"老师说，"在假期的夜晚，你要保护鱼儿，不要让鱼儿死去。"

"我要怎么做呢？"男孩惊讶道。

"办公室里没有人，如果水缸的灯泡烧坏了，到早上鱼儿就会冻死。你注意看水缸的灯光是否亮着，如果熄灭了，就意味着你必须要到学校换上新的灯泡。这里有十几个备用灯泡。你知道怎么换灯泡的。"

老师的嘱咐让格里沙既高兴又担心。男孩害怕他自己晚上不敢出门。但是他羞于表现出自己的恐惧，因此答应了。老师把办公室钥匙交给了格里沙。

寒假开始了。格里沙在家里，看着窗外，观察着学校窗户里那颗遥远的星星。午夜很快来临，突然灯光熄灭了。格里沙穿好衣服向学校跑去。路上他感到十分害怕，一切都沉睡在梦里。但是如果不去学校，就意味着会给自己丢脸。格里沙到学校的时候，他已经冻坏了。打开办公室的门，水缸里的水已经变得冰冷。格里沙安上了一个新的灯泡，轻声说："暖和暖和吧，鱼儿们！"然后回家了。

第二天，天黑之后，灯泡又烧坏了，他不得不再次晚上跑去学校。走过墓地和旧教堂的时候，他感到十分恐怖！但是，晚上回来的时候又是那么满足！假期里，格里沙五次往返于学校和家之间，而且总是在深夜出门。

这个孩子克服了自身的恐惧。现在，他不仅不害怕严寒和暴风雨，也不会害怕他的同学瓦洛佳。当瓦洛佳说"把练习本给我抄抄作业"的时候，格里沙回答："你要自己做！"瓦洛佳从课桌下面伸出拳头。课间休息后，瓦洛佳衣冠不整，满脸通红，像只好斗的公鸡，格里沙也是满脸通红，但是非常镇定。他们之间发生了什么，谁也不知道。瓦洛佳，"班上最后的寄生者"——老师如此称呼他，也开始自己写作业了。

对于每一个需要激发精神力量的人来说，我们总是可以做到在战胜困难的过程中展示自己的才能。我们不允许任何一个人在前进的路上掉队，这条道路就叫作"勇敢的行为"。

9. 最大的胜利，就是战胜自己。从小就要学会控制自己。掌握自我学习的技巧，强迫自己去做一些必须要做的事情，这样你就会得到你想要的。和谐是建立在自律基础之上的。履行职责是意志的主要来源。

如果你只懂得服从他人的意愿，你就会变成一个苍白的人。真正的人善于命令自己，并且知道在何时需要命令自己，这就是善于生活。

只有当你明白什么是困难的时候，你才会成为真正的人。如果在童年、少年和青年的早期，你的一切都很容易，那么你很可能会成长为一个懦夫。只有那些不强迫自己做应该做的事的人才会觉得一切很容易。把"应该"和"困难"融合在一起，这是自我教育的智慧和成为一个真正的人的必经之路。你要自己确定，什么事是应该做的，什么事是必须强迫自己去做的。

不要想着走捷径。要走最难的路！克服困难可以提高人的精神境界。经过无法忍受的困难，并且克服了这些困难的人，能够以完全另一种方式来观察世界、了解人们。了解人——这是一种独特的人类智慧，在课表上没有安排这种课程。这种智慧只有在你的内心将"应该"和"困难"融合在一起时才能理解。了解人的本质！它会警告你很多危险和意外。了解一个人，最重要的是要严格要求、尊重和考虑个性的各种可能性。不严格要求，就既不能正确评价他人，也不能尊重和珍惜他人。

如果你自己不能强迫自己，也不能要求自己，即便派一百位老师来帮助你，他们也是无能为力。如果一个人靠别人逼迫他学习、劳动，逼迫他成为自己父母的好孩子，成为孩子的好长辈——那么，这种人就会成社会的异类，因为社会的精神和本质就是劳动和创造。

这种教育涉及自我教育——是集体和个人精神生活中最复杂且困难的领域之一。教育工作的一个严重问题是，许多老师强迫学生去做，而不是让学生强迫自己去做。事实上，具有讽刺意味的是，别人迫使他们成为好人（本来成为好人应该被看作是一件好事），但他却害怕、回避、畏惧，像在面对一个沉重的麻烦一样，害怕做个好人。这就使得教育变得困难，对个别人来说，甚至成为不可能的事。学生根本无法理解老师让其变好的本质，这将教育者和受教育者的意志分开了。学生们认为他们的兴趣和老师所关心的不一样。因此，部分学生对老师常常感到怀疑和不信任。这种情况下，老师让他们做很多好事，做需要的事是不可能的，老师也无法成为一名成熟的教育者。没有自我教育的地方，老师的工作将会非常困难，得不到解决的事情将一年比一年多，而且似乎完全不可能实现。如果学校以"强迫"为主，那么，教师可能会对教育学赖以建立的许多思想和理论立场失去信心，遗憾的是，事实往往是这样。这在学校无疑是一件可悲的事情；而没有人将之视作是一件危险又悲伤的事，使这种危险更加严重。我们的教育集体总抱有这样一个想法：这仅仅是在理论上发生的，在现实中是不可行的。

老师的任务是要教育孩子和青少年追求美好的事物，迫使他们好好思考，教会他们去做好事，让他们对自己消极和懒惰的思想感到不满。我们需要鼓励学生，让他们在精神上希望变得更好，使这种愿望成为他们自觉的行为。如果能够做到这一点，教师就将学生培养成了艰巨的教育任务中的一个重要的助手。他会与您分担工作中的艰辛和困难，会同情和怜悯您，并且给予您帮助。

那么怎么能切实地做到这一点呢？从哪里开始，如何为培育这种教育的种子做准备呢？

我认为最主要的是，不能在孩子的意识中，把美好和快乐，尤其是和容易混为一谈。要让孩子从小知道美好的事物是劳动的成果，是用双手和智慧创造出来的。美好的东西是需要付出艰难的努力的，如果不劳动，就无法享受大自然的美。

我们集体农庄的农艺师有一个5岁的孩子。夏天，黎明一到，父亲就把孩子叫醒。

"谢廖沙，起床了！我们去寻找大自然的美丽！"

儿子很快就起床穿好衣服，他们走在田野中。东方的天空，由苍白变成蓝色，再变成粉红，星星逐渐消失了。远处的某个地方，升起一团灰色的小球。突然，灰色的小球在蔚蓝的天空中像火光一样耀眼，这时父子听到了令人惊叹的音乐。好像有人在空中拉起银色的琴弦，让一只火鸟用翅膀一根根拨动，将奇妙的音乐洒向田野。儿子屏住呼吸。他想到：如果我们睡着了，这只百灵鸟还会唱歌吗？

"爸爸，"这个男孩轻声问，"现在那些睡觉的人能听到这音乐吗？"

"听不到。"爸爸小声回答。

"他们是多么不幸啊……"

现在，这位农艺师的儿子14岁了。从暑假的第一天开始一直到秋天，他都在田地里工作。他比父亲要早半小时起床，来到村郊，专门去听百灵鸟唱歌，看太阳升起。然后，儿子和父亲一起去田野，他们一整天都在那里工作，到了晚上一起回家，看着天空的繁星，聆听大地的寂静。我坚信一个人的精神力量源自对美的认知：一个善于思考、创造、知道如何指挥自己和控制自己的人，会与对"困难是美丽的"这一点的认知和经历同时诞生。让"必要"和"困难"融合在一起，如果没有这种融合，一个坚强的人是无法想象的。坚强的人必须要能够克服自己的弱点，体验战胜自己的喜悦。这种融合始于孩子们克服了巨大的苦难、创造了美好的精神生活的经历。这些是让人变得更好的力量的源泉。

在成长的过程中，极为重要的是，注重学生的精神力量的培养，让他能够想象未来，思考自己必须要为之努力。我们的学生要将荒芜的土地变成肥沃的土壤，可以用这样一种思想启发他：这片荒原一定会变得繁华，同时在创造美的过程中，他将会认清自己。只有受到崇高的理想启发的人才能强迫自己去做必要的事情。这种理想是孩子们的劳动、美丽、毅力、自由教育和自律的行为的成果。我坚信，学生对劳动和学习（这是压力非常大的劳动）消极抵抗、漠不关心，根源在于，教师不知道如何为自己的学生展示未来的美好。

对每一代进入少年时期的学生，当他们开始认真思考自己存在的意义时，我总会跟他们讲述《黄牛与农夫》的故事：黄牛和农夫来到田地，套上犁开始耕地。它慢慢挪动着双腿。田犁起来并不容易，但是黄牛习惯了服从，它知道如果它停下来，主人就会用鞭子抽打它，甚至给它喂更少的干草。农夫正用铁锹在葡萄园里挖石头。早晨，黄牛听到了主人与农夫之间的对话，主人提议让农夫带着黄牛耕一下葡萄园的田地。农夫回答说：这种石质的土壤，即使是黄牛也没有办法，只有人才能胜任。这番谈话引起了黄牛的好奇。晚上，它想："是什么让农夫如此努力地劳动呢？"它不相信没有它的帮助，农夫能够顺利完成这项工作。但是随后他们同时来到地里，黄牛看到：农夫挖了许多含有岩石的土壤，一边挖还一边唱歌。因为惊讶，黄牛几乎停在了犁沟中，但又想起了鞭子……农夫流淌着汗水，唱着歌，神情开朗而愉快。

"农夫，你不累吗？"黄牛追上农夫问道。

"哎，好辛苦啊……"农夫回答。

"但你为什么要唱歌，并且看上去这么开心呢？"

"因为我看到这块石头多的土地被我挖掘出来，看到在上面丰收的葡萄园，看到了我自己的喜悦！"

"你怎么看到这一切的？"黄牛惊讶地问，"这根本都不存在呀。"

"如果一个人只看到已经存在的东西，他就不配称为人。"

"农夫，教教我怎么看到那些东西吧。"

"好吧。"农夫回答，"现在我将你从牛轭中解放出来。"

"但没有牛轭和鞭子我将不能耕地了。"牛哀声说道。

农夫两手一摊，思考到，被轭和鞭子逼迫的人是看不到未来的。但是，他没有再说话，因为牛仍然什么也听不懂……

这些寓言小孩子都可以理解，因为寓言的含义传达了一个与他们关系密切的、劳动和精神生活的世界。当11～12岁的孩子思考着劳动和美，思考着生活目的和人生的价值时，我会感到非常高兴。但是，一个童话远远不能帮助他们确立道德信念和愿望。如果要让未来的崇高思想鼓舞我们，就一定要拥有过去。已经超过入学年龄小孩都有自己的过去——具有道德价值的过去。意志、毅力和强迫自己的能力，这些都要通过你过去的个人劳动和所创造的财富与美来衡量。只有那些为自己的过去感到自豪的人，只有那些看到自己工作的实质性结果体现出自己的精神、意志和毅力的人，才能从未来自己的美的思考中受到鼓舞。

学生年龄越大，他拥有的记忆越多。克服困难，完成那些无法处理的事情，让他们感到喜悦。心灵的力量就是从这种喜悦中形成的。这些喜悦是创造勇气的基石。让他们体验苦难就像经历快乐一样，并使之形成一种自觉，形成内心的道德财富，形成人格的精神核心，这种核心可以称为多年劳动坚持的勇气。如果一个人做了几十年相同的工作，一直保持着原来的道德发展水平，那么真正的幸福生活是难以想象的。多年劳动的幸福是个人道德精神的不断丰富——只有在这种情况下，我们才能谈论劳动生活的勇气。

我们的老师努力确保青少年做到不能达到的事情，这是对孩子们精神力量的考验。达到那些无法实现的事情，人就要学会掌控自己。让我们特别担心的是，每个十几岁的孩子，会沉醉于自我欣赏中，自己的精神让他感到惊讶和高兴，他们好像从旁观者的角度看到自己：我做到了，这意味着，我身上拥有我自己都未知的力量。在零下二十度霜冻的田野中驾驶拖拉机，花几个小时，将干草放到拖拉机上，然后把草料带到农场——如果你是为了考验自己的力量，这一切都将会是不堪重负的。经过了艰苦努力，他们不仅受到了考验，并且成长了。如果人没有完成这种劳动，教育将是不完整的——一定要在少年时期进行这种训练，因为只有当少年时代的生活具有丰富的道德内容时，青年时期的精神生活才会变得富裕。

我认为教育一个非常重要的规律是，青年早期的要求比在少年时期高。青年时期的勇敢精神必须在孩童时期特别是少年时期练就。教育的技巧应做到，在少年时期有很多活动来提高对孩子要求的水平：让每个少年都将目光投向似乎无法实现的目标，让勇敢和无畏同时展现出来——这比一个人什么都不说，只会服从要强太多。少年时期充满了取之不尽的力量，这些力量真的是在向外不断涌现——但不要让他们的力量通过那些让成人吃惊的行为爆发出来。在青年时期，一个人可以自信地骑马，只要在少年时期没被禁止摸烈马的脖子。让少年大胆地坐在马背上吧，摔倒也没关系：重新站起来会让他更有自信。让一个10岁的男孩在春夜醒来，前往果园，观察霜冻是否对树木的开花造成威胁。让一个13~14岁的男孩开着拖拉机耕田——我们作为教育工作者，只需要考虑如何组织这项工作并防止意外的发生。为10岁的孩子量身定制工具，教孩子使用它切面包。让儿童使用为他们设计的真实的工具在实验田上劳动，让他们收获农作物，进行脱粒和脱壳的工作。冬天，让他们负责在校园的温室里种上几吨果岭草，为集体农场喂养牛犊和羔羊。让他们知道：除了他们之外，谁也做不了这项工作，如果他们不认真劳动，小牛和羔羊就没饭吃了。

让人对自己的精神力量感到惊奇，让他们沿着这条道路走过童年和少年时代，这就是我们教育的智慧。这个过程中有热情和快乐的地方，当然也会有不满意的情况。一个人的志向是无限的，他的志向越高，对实现的成就越不满意。这种感觉包含一个微小的刺激，这种刺激可以让人从道德基础上了解什么是"困难"，什么是"应该"，什么是"好"。

10. **容忍人的弱点，对邪恶毫不妥协。**宽容和不妥协是非常重要的精神文明元素，必须掌握它们，以便弄清复杂世界中的人的各种情感和个性。宽容和精神上的温柔应与坚定的不可协调及毫不妥协结合在一起。容忍对方的弱点，对对方的不足采取宽容的态度，但对于邪恶必须要是无情的。

有时，需要假装自己没有注意到旁人、特别是老年人的弱点——这体现出你的道德教养。人自身就是一个复杂的世界：它不仅包含善恶，包含对他人有益或有害的东西，包含具有魅力或令人厌恶的东西，奇怪的或者难以理解的东西。弱点经常会转变成邪恶——这种转变取决于表现出弱点的人的道德发展水平。如何在教育自己时，不要让弱点变成邪恶是很关键的。要知道如何预防这种转变。当与他人交往时，要能够注意到他们身上弱点退化为邪恶的时刻。如果你发现可以巧妙地帮助他人生活的自己的精神力量和正确方法，就要尽量去防止这种情况发生。失败对你而言，将是一门人生的功课，你将在自我教育方面变得更加睿智。记住，善良和无比忍让可以变成无底线的宽容。绝不宽容——会形成蛮横骄傲；不知道该如何看待自己的弱点——会变得自私自利和自欺欺人；游手好闲——会变得懒惰和疏忽；对孩子的溺爱——会产生对邪恶的放纵；过于谨慎——会变成恐惧与胆怯；犹豫不决——会发展为精神空虚，缺乏对自己的信念；节俭——可能发展为贪婪和吝啬；慷慨大方——会造成浪费；对某事和某人持续不满——会导致对神圣的不尊重；过分关注自己——就是利己主义；不信任——会变成令人痛苦焦虑；对坏事过度警惕，对好事视而不见——会让空谈和哀怨混为一谈；无动于衷——会让人冷漠无情；健谈——会导致信口雌黄，夸夸其谈，不谦虚；好奇心过强——会变得缺乏理智，不懂界线；容易坠入爱河和容易抛弃——会导致自负和对他人的不尊重；过分体贴别人——会发展为敏感，造成不幸的罪魁祸首，并喜欢在某个人的过失中追究其他的替罪羊。

对待老年人的弱点，要表现出宽容、敏感，并注意分寸。对病人的弱点要有耐心，并不是你对同龄人说的每句话都可以在老年人和病人面前说。对于那些有身体上残疾的人——必须特别宽容照顾。

有一些人，以诚实和无私的方式工作，取得了普通意义上的成功。认为这样的人不完整，甚至在他们面前炫耀自己的巨大成就——是不得体、不谦逊、不恰当的。

对于某些人来说，个人生活并不顺利。能够感觉到并理解这种人的痛苦，并且不要在他们面前炫耀你的幸福和如意。在快乐和幸福中注重谦虚与分寸

是一个非常重要的品质，可以证明你的正直与高贵。

我们要特别注意，让少年儿童们学会宽容，特别是要体谅老人的弱点，这是聪明的做法。与年轻人谈论老人——我认为，这些都是关于智慧和人格尊严极其重要的课程。依据你如何与老人相处，如何对待虚弱和需要帮助的人，如何对待苍老这种人类的不幸，我作为教育工作者，可以总结出你大致是个什么样的人，以及对你的教育在你的成长中能达到的目标。如果年轻人不知道怎么和老人相处，不知道敏感而明智地与他们交往——这是一种巨大的不幸，我们社会需要对此引起重视。只有老人——凭借自己的智慧，丰富的生活经验以及对人生独到的见解——可以帮助年轻人建立自尊、端正行为。我再次强调，晚年不仅意味着智慧，还意味着不幸，要弥补这种不幸，就需要人们特别的关怀。

我们教导并建议儿童：与爷爷奶奶分享快乐，在假期里和他们在一起。在老年人的生活中，某些事情对你来说似乎很奇怪和不寻常，不要为此而不安——当你老了，你也会做同样的奇怪的事。多年的经验表明，孩子善于与老人相处，会发展心灵中的高贵品质。善良的孩子，尊重老人的智慧和弱点，这成为孩子心灵中的巨大能量。特别是要让这种善良变成力量，变成坚强不屈的毅力。

要像警惕邪恶一样，警惕小孩对老年人、体弱的人、孤独的人和生病的人的不宽容。这种不宽容是从自私的花朵中长出来的有毒浆果。

父母和老师若是懂得如何巧妙地惩罚那些挑剔他人且不宽容他人的弱点的人，说明他们拥有大智慧。

按当今的标准，妮娜拥有一个大家庭：母亲，父亲，两个兄弟，两个姐妹和一位祖母。妮娜最小，她才9岁。祖母年龄最大，她82岁了。一家人吃饭时，奶奶的手在晃动。大家都习惯了，不去注意。如果有人看着祖母的手，想着为什么她会发抖，她的手会抖得更厉害。要是奶奶拿着汤匙，汤匙也会颤抖，汤会滴在桌子上。

妮娜的生日快到了。妈妈说将要开个生日宴会。她和祖母烤了一个大大的甜蛋糕,让妮娜邀请自己的朋友们。

客人们来了。妈妈在桌上铺了白色的桌布。妮娜想:祖母会坐在桌旁,但她的手发抖,朋友们看到会笑话的,他们会告诉学校的每个人。

妮娜对妈妈轻声说:

"妈妈,今天别让祖母坐在桌旁……"

"为什么?"妈妈很惊讶。

"她的手在颤抖,汤会滴在桌子上。"

妈妈脸色苍白,一言不发,她将白色的桌布收起来,放进壁橱里。

妈妈沉默了半天,然后说:

"祖母今天病了,生日宴会取消了。恭喜你,妮娜,生日快乐。我对你的愿望是:成为一个真正的人。"

母亲从自私的种子中找到了对年轻灵魂中"孵化"的邪恶的唯一正确的评价。

教育者的工作需要付出巨大的精神力量,让孩子不仅要懂得同情那些身体上有残疾的人,还要保护自己、珍惜自身的敏感的感觉——温和待人。我将这种感觉称为良心和尊重的产物:如果孩子们对那些有天然缺陷或者因事故导致残疾的人感到好奇,孩子应该为这种好奇感到羞愧。几年来,我的学生和一位老年朋友在一起,这位老人的脸在矿难中被毁容。对不幸的同情使孩子变得柔弱而克制,使他们明白,生活中会有无法挽回的悲痛和不幸。我有时会被这种想法困扰:如果生活意外地让我的学生和一个需要怜悯同情的陌生人来往,这种思想情感究竟会变得多强烈?这件事在三年级发生了。

孩子们正在做习题,紧张地思考着,教室里十分安静,有人敲教室的门。

"开门吧,看看谁在敲门。"我对坐在第一张桌子上的黑眼睛男孩尤拉说,尤拉开了门。一位不知名的女士走了进来,轻声对我说:

"我给您带了一个新的女学生。"

"让她进来吧，为什么要等到下课呢。"我请求道。

那位妈妈走到走廊，一分钟后，她带着孩子过来了。三十双眼睛盯着这位新同学。这个女孩有点驼背。

我的心开始剧烈跳动起来。屏住呼吸，开始上课。我看着那些顽皮的男孩们的眼睛，我觉得他们已经读懂我的祈祷："亲爱的孩子们，不要让女孩在你的眼中看到惊讶和嘲笑她的神情。"

我在孩子们的眼中看到了喜悦：来了一个新同学，这在村里是罕见的事。他们只看着她的眼睛——我的内心深处每一处都感受到了——深情地微笑着。

我感觉好多了。

"她叫奥莉娅。"我说着，一眼便看到了妈妈给我的文件封面，"她从远方来我们这上学。谁让给她第一排的位置？你们看到，她很小……"

六个坐在第一排的男孩女孩们举起手，说道："把我的座位给奥莉娅吧……"

奥莉娅坐到了第一排的位子上，全班通过了测试。

11. 有这样一种细腻、温和、坚韧、勇敢的、不可触摸和不屈不挠的东西——人的尊严。在生活中，一个人会接触到美丽和卑鄙、欢乐与悲伤；在他的精神生活中，会出现胜利，也会出现痛苦；无尽的爱与可憎的情感都会震撼他的灵魂；当有必要放弃快乐并做出牺牲时，常常会出现某种转机和巧合。为了亲人的幸福，特别是妻子和孩子的幸福，应当让自己的思想、信仰的力量高于情感和冲动。

所有这一切都需要尊严，必须有尊严地生活、工作，享受你有权享有的物质和精神利益。有尊严地喜悦和悲伤，有尊严地生病和面对生命的最后一刻。在最困难的情况下，即使生活似乎不可能继续下去了，我们也不能越过界限，让行为超越理性的约束。不能让利己主义的动机和本能这些消极的因素蔓延滋长。要保重、维护、发展、提升人的尊严。尊严根植于高尚的信念和思想中。一个人之所以被称为 homo sapiens①，是因为他以自己的思想来控制自己的一生，控制生活中可能存在的任何冲动、志向和欲望。

尊严是控制自己的明智力量。高尚的人格表现为，你能够十分明智和巧妙地确定哪些是体面的，而哪些是不体面的。体面的事物应该成为你的精神文明的精髓，对不体面的事物你应该怀着鄙视和厌恶。

正确理解卑鄙事物的下流、丑陋和粗俗，应该成为你性格的特征。

我认为在每个人身上发展特殊的世界观是一种极其重要的教育任务（需要强调，尊严是一个非常深刻的私人的领域），这种世界观体现出体面和不体面的评判。由于人的尊严是控制自己的能力，因此从小就要在孩子们心中确立对卑鄙者的憎恶。这种信念是最宝贵的道德免疫力，它不允许一个人侮辱自己，不允许一个人失去高尚的良心、荣誉和道德勇气。

多年来，在我们学校的教育工作的实践中，已经制定了关于"九种可耻"的道德行为准则。我们可以在孩子们的思想中确立"什么是可憎的"和"什么是不能做的"。只有以思想和信念为基础，才能使对不体面的事物的鄙视态度更加牢固。思想和情感的融合，确立了宝贵的道德人格特质——厌恶自己不体面的行为；积极争取使人振奋的体面东西；无论如何，愿意根据自己对体面和不体面的信念行事。

以下为几种可耻的事情，一个道德高尚、心灵美好的人的信念和情感世界的基础，就是建立在对这些事情的蔑视上。

（1）通过欺压别人，给别人带来烦恼、痛苦、不安来获得自己的幸福、快乐、安康是可耻的。保护自己不被欺负，但也不要欺负别人。为了培养这种信念，我们有一些颇有启发性的故事和童话。让孩子们思考如何促进人与人之间关系的和谐。我会告诉每一届小学生一个《盲目的爱》的故事。

一位年轻的母亲坐在开着的窗户旁边，脸上洋溢着幸福的微笑。她5岁

---

① 拉丁语，意思是"人类"。——编者注

的儿子维佳走出屋子,来到院子里,站在绿色的草坪上。他多么漂亮,多么聪明啊!两个男孩走到维佳身边,一个叫鲍利亚,一个叫科里亚,他们和维佳一样,都是5岁。但维佳的母亲认为,他们远远比不上自己的儿子:维佳更聪明、更机智,他性格开朗,有很高的天赋,而维佳的这两个伙伴则资质平平……年轻妈妈看着孩子们,微笑着。突然他们争吵起来,像公鸡一样挥舞着双手。突然,维佳握紧拳头朝科里亚打去,科里亚后退一步,惊讶地看着维佳。

妈妈闭上眼睛……"没什么可怕的,"她认为,"这不是打架,只是闹着玩。是的,如维佳打了科里亚,就是说,儿子是对的,他永远不会错。"

妈妈睁开眼睛,看到鲍利亚握紧了拳头,打了维佳。与此同时,维佳放声大哭。维佳的母亲惊恐地睁大双眼,跑到院子里,大声喊道:

"为什么要欺负一个没有防卫能力的孩子?你不以此为耻吗?你看到他只是一个老实的孩子吗?"

她跑向孩子们,牵着儿子的手。维佳一边哭,一边紧紧抓住妈妈。妈妈也流着眼泪。

白发苍苍的爷爷坐在长凳上,看着这一切,冷静地说:

"盲目的爱与恨相同,闭着眼睛撒谎比仇恨更糟糕。"

但是,那位年轻的母亲没有听到这些睿智的话。

如果母亲听不到这些话,那么我们的孩子应该了解这些民间谚语的深层含义。我们确保儿童在集体中感到幸福、快乐,让他们和谐共处。但是,一个孩子的幸福不应以损害另一个孩子的幸福为前提。小孩不应该将自己束缚在个人幸福的囹圄里。我们认为,一个幸福的人要能够为自己的同伴被剥夺了幸福而感到愧疚。这种经历是孩子心灵的一个非常敏感的角落,其中潜藏着一种微妙的尊严感。真正的尊严不可能是对别人内心所发生的事沾沾自喜、无动于衷、漠不关心。

(2) 让朋友陷入麻烦、危险之中,无视别人的痛苦和悲伤是可耻的。在道德上失聪、失明、麻木、冷漠——最卑鄙的恶习之一。明知别人正在麻烦之中却逃避无视，这种行为是令人厌恶的——这是所有教育工作的一根红线。我有几个生动的故事，可以很容易地让儿童的意识和情感理解，这些故事表现出对他人不幸的冷漠行为和卑劣的鄙视。学生通过集体的一系列高尚的经历，可以树立正确的世界观和对人际关系的看法，提升思想境界，让他们具有高尚的情感。体面的事物给人带来欢乐，不体面的事物则会引起集体的强烈谴责和愤慨。

多年的经验使我坚信，几乎没有什么能像对自私主义者的鄙视那样，以如此强大的精神力量将大家团结在一起，因为当大家在帮助自己的同伴朋友摆脱困境时，这种人却选择袖手旁观，那么大家就会鄙视他的自私行为。

学习中最大的不幸是未能掌握知识，所以教育学生在学校生活中以高尚的品德对待此事起着非常重要的作用。重点是，要让孩子们关心落后同学的不幸，帮助支持他们，不要对他们漠不关心。如果班级中存在一个大家认为是"无可救药的人"，而他对自己的状况并没有感受到麻烦，那么，任何一种道德教育和劝导对他来说都是行不通的。如果情况变成这样（不幸的是，在学校这种情况并不罕见），许多学生的内心会变得非常冷漠，在学习、掌握知识中，应发扬同情、关心和互帮互助的精神。对于落后学生的无知，像对待不幸一样，态度越细致、越温柔，精神上越关心，落后的人对提升自我的渴望就越是真切，对自己的懒散的谴责就越强烈。应该让每一个成绩吃力的学生都与他的同学们建立丰富、多方面的精神关系——这是培养人的尊严的重要教育法则之一。我们努力确保这些关系充满了帮助朋友的真诚愿望和对帮助的感谢之情。对成绩不好的同学的不幸的同情，会在集体中建立起高尚的关系，这点非常重要，它将有能力学生的精神能量引导到一个高尚的层面。智力发展高的学生与智力发展低的学生之间的精神关系——至今这仍然是一个尚未开发的教学领域。

（3）躲在他人的身后，窃取别人的劳动成果是可耻的。这是与教学以及集体和个人整个生活各个方面相关的非常微妙的精神关系领域。做一个勤奋的人是一种荣誉,被称为寄居者是一种耻辱。我们认为这种观点是培养真正公民的信念的焦点。"我通过自己的努力做到了,我运用自己的智慧实现了自己的想法。"要使这种思想成为一个学习独立的人的启示。帮助软弱、无能为力和能力不足的人必须具备出色的教育技能。无论这种帮助如何必须,都可能会损害被帮助者的自尊心。孩子需要开发摆脱被帮助的意愿。弱者是可耻的——教育者要努力在学生的思想中建立这样的观点。积极思考,认真寻求答案,独立解决问题——是一种可以培养精神上的强者的方法。如果把课堂上的脑力劳动比作湍急的河流,那么,学生的意志活动就是最强大、最不可阻挡的水流。教师成为真正的大师级别的教育者的一个条件是:在学生意志活动的水流中发现他们个性的尊严,并在此前提下不断保护和鼓励每个年轻的灵魂那种强烈地想要通过自己的努力去理解所有知识的愿望,体验作为战胜知识的游泳者的骄傲感。我们通常所说的思想王国,就是这种自豪的精神。只有这种精神在青少年的思想中隐约可见,作弊和抄袭才会被看作真正的人所不齿的行为。从小就教育孩子成为具有这种控制自己能力的人吧!

鄙视懒惰、玩忽职守和无所事事,厌恶永远依靠他人的人——这些高贵的道德特征是在高尚思想意识行为中,在体力劳动精神化的过程中提炼出来的。本质上讲,正在成长中的人的这种品格,是奠定其劳动的基础。如果没有一件劳动需要克服困难,让孩子的自尊提高到至少是一个小小的骄傲的高峰,高尚的品格是无法想象的,因为只有在这种工作中,才有自我的力量,自我的智慧,自我的创造。

(4) 恐惧和软弱无力是可耻的;在危险面前表现出优柔寡断、回避退缩和满腹牢骚是不应该的。恐惧和优柔寡断会催生出怯懦、卑鄙和背叛。无畏是勇敢精神的源泉。在危险的时候我们要一马当先——我们老师要努力使这种道德规范成为行为准则。这种道德规范的事实需要某些条件。在生活中要找到或创造这些条件是非常微妙的事情,因为教育者要对儿童的生命和健康负责。我认为这是一种娇生惯养——如果我每个学生在儿童时期，都不敢爬到树顶，游泳过河，从屋顶上救走一只过早爬出巢穴并卡在瓷砖屋顶中的小鸟，在暴风雪中送一个弱小孩子回家——只有通过这些锻炼，才能培养他的勇气。勇敢总是伴随着风险，但是如果没有明智的父母方面的风险考验，就不可能真正抚养一个孩子。影响年轻人心灵的技巧在于，要在生活中寻找一种难得的机会，让瓦尼亚或科利亚受到勇敢的行为的启发，展现出内心的精神力量，让他们感受自己似乎面对着人生中的关键时刻。生活是如此的丰富和复杂，以至于这样的机会其实有很多，您需要时刻注意，而不是回避这种对意志的考验。

在危险面前要表现出勇敢、决心和毅力——这是一种无与伦比的心态，会对一个人的精神面貌产生深刻的影响，使他成为真正的高尚的人。我十分确定，人只有通过勇气才能真正表现自己。只有勇敢和无畏的行为才会让他对他人的不幸和痛苦（这是需要保护和同情的）永远保留内心和思想上的敏感。勇敢、决心和勇气，这是最强大的解药，使年轻的灵魂免受卑鄙之害。勇气是点燃诚实和勇敢责任心的火花，高尚的动机使人具有勇敢的行为，它让人领悟到：表现出的薄弱意志和想选择最简单的方式的愿望受到朋友们的蔑视是应该的。高尚的勇敢精神，形象地说，是创造人类之美的最好的工具。我知道了解几十个人的命运，从这些命运得出的结论是：英勇、无畏、勇敢、果断可以磨炼出对劳动的态度——一个人认为，在完成困难的任务时，轻率和懦弱的体现有辱人格。劳动中的顽强意志——是从童年勇敢行为的花朵中成长出来的果实。

我一直努力在孩子们的集体中营造鄙视胆小、散漫、犹豫和抱怨的氛围。这是精神生活的一个极其重要的特征，它决定着人际关系的高尚，也是每个人自我教育所需力量的源泉。

（5）无节制地释放自己的需求和激情，仿佛摆脱了人类精神的控制是可耻的。你饿了还是渴了，想休息了还是想在火堆旁暖和身体？——这是你身体的需要，但不要忘记，你是人！满足需求的同时，你必须表现出高尚的克制和耐力。这不仅仅是谦虚的表现。这是更高尚、更重要的事情：通过控制你的欲望和需求，你提升了你的精神本质。

特别重要的是，要让学生从小就觉得表现出自己的虚弱、疲倦和无能为力是可耻的。"你可能没有体力了，不能再迈开腿或拿起手里的铁锹，但你是人！只要你有毅力，谁也不会考虑自己正疲惫不堪。"我们认为精神生活的这一特征对于道德教育是非常重要的条件。

多年来，要教导孩子们这种思想：以疲惫为理由离开工作是可耻的，坚持工作到最后是光荣的。一个真正的人，他的精神力量可以控制他的劳动。

（6）当说话是诚实、高贵和勇敢，而沉默是懦弱和卑鄙的时候，保持沉默是可耻的。当你的沉默是诚实、高贵和勇敢，而说话是懦弱、卑鄙甚至背叛时，你就不应该说了。这体现了一个人的尊严，体现了一个人是否是拥有言谈智慧的大师，是否是掌握这种微妙的人类工具的大师！如果小孩不认为当着集体或老师的面——如果有理由的话——公开承认自己做了错事是一种尊严的体现的话，整个教育系统就会崩溃。我认为教育一个孩子在责任的驱使下能够蔑视自己的懦弱和软弱是非常重要的。不体面行为当然是错误的，但懦弱却比错误更危险。我努力在孩子的脑海中建立这样一种思想：对自己的胆怯行为毫不妥协。这是道德培养的最微妙的问题之一，我努力确保让做了不体面行为的人受到自己良知的惩罚，让退缩胆怯像石头一样压在心里，而一旦战胜这种退缩胆怯，就像石头落地一样，内心将会获得极大的解脱。

"如果你做出不体面的行为，"我教导孩子，"要勇于认错，并对自己提出惩罚。惩罚犯错的人，是为了他们好。因此，请考虑如何为自己带来切实的利益，让自己变得越来越好。"

我还教导孩子们："保守朋友或男女朋友对你说的秘密。有很多事情是不能公开谈论的。高贵的沉默也是一种勇气。把应放在内心的友谊拿到嘴巴上展示，意味着人尊严的堕落。多嘴多舌是背叛的行为。"

（7）对一个真正的人来说，撒谎、虚伪、谄媚逢迎、屈从某人的意愿是可耻的，没有自己的见解，不顾自己的颜面更是可耻的。挑拨离间是最令人厌恶的卑鄙行为。说同伴坏话，等于在背后开枪。这涉及非常微妙的人类关系的领域，高尚和真诚在很大程度上决定着人一生的品格。培养说话的勇气和沉默的勇气，教育者本人必须发挥带头作用。应当尊重孩子，尤其是少年自己的观点和信念——即使他们不是所有的行为举止在我们看来都是清楚的和合理的。抑制、打压观点和信念……原则上可以这样做，但结果会非常糟糕。

观点和信念受到破坏的人会变得可悲。他在精神上是空虚的。只要不打扰他的内心，也不损害他的健康，让他做什么都可以。这样的人习惯屈服于那些支配他的劳动和行为的人的意见。他试图取悦强者，欺凌弱者。他不能够进行人类灵魂的崇高活动——关心、同情和怜悯他人。打破个人的观点和信念意味着任由人变得冷漠无情。

（8）轻描淡写地去给出无法兑现的承诺是可耻的。老师磨炼的真正的人的特质的其中重要的方面，就是让学生信守承诺。所以，必须在年轻人的灵魂中培养高尚的意志。应该教导他们从小就以自我教育、自我完善为目标。虽然这个目标一开始看似微不足道，但一个人不应该盲目地生活，他必须努力奋斗。目标的实现常常可以给他带来喜悦和自豪。在艰辛的事业中最脆弱、最难掌握的事物之一，就是用志向去鼓舞他人。志向与欲望完全不同，欲望是在懒惰的灵魂中诞生的。如果大人在孩子没有付出自己精神力量的情况下，满足了他们的愿望，那么孩子的一生将志向淡薄。志向是一个人强迫自己，对自己作出承诺，与自己提出的要求有关。一个人认识到志向是自身的一种意志，便理解了一个非常重要的真理：没有灵魂的努力，实现承诺就无法想象，从这个意义上来看，说话算数总是很难的。

把这个真理带到孩子们的意识中，这是您的崇高使命。只有在这种情况下，他才会珍惜自己的话，意识到把它扔在风中意味着违反了对自己的诺言。

对集体学生进行教育，以便在精神生活中，在无数刻画人际关系丰富性的利益、愿望、真实需求的游戏中，不要出现空谈。当你了解学校的工作，看到在空谈中丢掉了生活的智慧和决心时，你的内心会感到痛苦。要像害怕一场可怕的灾难一样害怕空谈，因为它们基本上是些什么也不会表达的词，不会接触到人的灵魂，没有号召力，无法唤醒任何深刻的思想。在学校里所说的每个单词都应该是考虑周到的、明智的、目标明确的、成熟的，这对我们与之打交道的每一个具体的、活生生的良心而言特别重要。让学校中的所有事物都在深思熟虑下进行，让所说的话语不会贬值，而是价值不断上涨。不要不断给孩子喜欢的玩具起响亮的名字。这常常会引起孩子说话的轻浮态度和无谓的空谈。（例如，一个普通的儿童小组，不知道为什么要叫它"小型科学院"；费尽心思成立的家长讲堂，冠以"大学"之名。）不要强迫孩子大声说出实际上是不可能实现的诺言。学校应该是一个神圣的场所，真诚可信、坚定、勇敢的话语要占据主导地位——它是人类尊严教育的基石之一。

（9）过度的自怜，对别人漠不关心，是可耻的。不要夸大个人的悲痛、委屈、麻烦和痛苦。眼泪是不值得的。坚韧不拔让一个人变得美好。为了让亲人怜悯自己而挤出眼泪，这不仅有损个人的尊严，也会削弱一个人的毅力和高尚以及自我教育、欣赏的能力。

在一些学生中，爱哭的现象在童年时期或少年时期就会消失，因此老师需要看到这样一种危险：一些学生爱哭的习惯会从童年时期一直保留到少年时期。这种孩子生活会很痛苦，他们一遇到困难就会迷失方向，不知所措。

一个真正的人不应该为痛苦流泪。就算你感到很痛苦，也要坚韧不拔，坚持不懈，坚定自我——这些都是遇到困难时老师会说的话：在森林里游玩时，一个9岁的男孩从树上跳下来，摔伤了腿，包扎时，老师说："男孩因为痛而哭哭啼啼是不会感到愉快的。你必须勇敢坚强，坚不可摧。生活中一切都可能发生，在精神上你要做好准备：准备在战场上受伤，准备承受零下五十度的寒冬，准备迎接片刻都不能停歇的一百公里的急行军。"

打个比方，毅力、耐力和坚定的意志力就好像灯光，借助它，孩子可以看到自己行为的真正价值。

我希望从小能培养孩子树立这样一种信念：因痛苦流泪而感到羞耻，因坚韧勇敢而感到高尚。

（10）当你身旁有女性陷入困难的处境时，而你无动于衷是可耻的。

关于人们对待女性的态度在人类文化和道德价值观中起到什么作用的问题，我们之后还会多次谈到。这是一个非常重要的问题，可以毫不夸张地说：在教育一个真正的人的所有努力中，有一大半需要投入在培养男孩对女性的高尚态度这方面。也许现阶段许多事情还不能向一个小孩解释清楚。但也有必要从最基本的开始：让他们知道，对女性无情冷漠是可憎的。我努力传达给孩子们——首先是男孩子——这样一种观点：女性身上体现了人类的伟大。她们肩负着艰巨的崇高的使命。她们比男性更困难。她们不是"性别的弱者"，而是需要照顾和保护的人。女性有权获得特殊照顾和保护，因为她们坚强、勇敢，但是处境却很困难。男人应该和她分担这种困难。"如果您听到'女性'一词，你的意识和你的心灵都应该充满关怀之情，思考我可以帮助到她们什么？——我总是这样教育我的学生，当他们能够理解'是一位女性给予我生命'这一真理时。女性有特殊的权利，男性有责任为她们分忧解难，让她们生活得更轻松。如果不理解女性的处境更加困难，就不可能像骑士一样去保护她们。"

（11）酗酒和暴食是可耻的。酒精会使人昏昏沉沉，使人的本能变得迟钝，堕落到兽性的状态。我认为学校非常重要的任务就是，在年轻人的心灵中培养对这种耻辱的蔑视。教育工作中最重要的是培养丰富多彩的精神生活和勤于思考的自豪感。孩子最大的幸福、奢侈和愉悦，特别是对于青少年来说，就是阅读与思考。

12. 你不仅是未来的劳动者，而且还是一名战士。从小就有服兵役的准备，要有耐心和毅力，不怕困难。从童年开始，就要学会忠于自己的承诺。"忠实"是一种高尚的道德精神，必须发展自己的这种精神。

"宁愿牺牲自己，也要帮助别人。"在这句民间谚语里蕴含着深厚的道德意义。要做一个对待友谊高尚的人。让朋友陷入困境中是可耻的。如果你的朋友犯了错误，就抛弃你们的交情是不光彩的。

奉献出自己的一生来捍卫祖国，是年轻人的荣誉。当你遇到一个拄着拐棍、佩戴勋章的人，请向这些在伟大的卫国战争中受伤的士兵致敬！他用自己的胸膛保护了你——多亏了他，你才能在这个世界上幸福地生活。如果你遇见了苏联军队战士、军官，要向他们致敬——他们保护你的生命。是他们时刻守护着我们的和平与幸福——军队是祖国强大的盾和剑。盾要永远坚固，剑要永远锋利，但我们不会主动侵犯任何人。可一旦有人来犯，我们就必须消灭他们。

要珍惜卫国战争中留下来的传家宝——你祖父和曾祖父的信件、奖章和勋章、照片等等。这是你们家族的荣幸和骄傲。向你的孙子和曾孙们讲述祖辈们的英勇故事，让他们铭记祖先的伟大功绩。

履行军事义务的道德准备始于友谊、忠诚、正直、不挠不挠和愿意捍卫自己的信仰。

真正友谊的培养，是人类灵魂最微妙的活动领域，在这里，老师必须特别敏感、深思熟虑、考虑周到。必须记住，儿童和青少年有自己友善和忠诚的原则，如果老师想成为心灵智慧的领路人，就不要违反这些法规。以友情和同伴之名，孩子怀着强烈的愿望准备好面对任何事情，必须保护和发展这种崇高的意愿，使其免受自私自利思想的伤害。

忠诚地为祖国服务，履行军事义务，严格的纪律和责任感，所有这些，如果没有真诚忠贞的友谊，都是不可想象的。我想向老师们建议：要像保护最娇嫩易碎的花朵一样，照顾儿童和青年之间的友谊和互相帮助的渴望。友谊是一所教育高尚情感的学校。忠于友情，忠于朋友，能够鼓励孩子、青少年和年轻人无私地奉献自己。

培养每个学生拥有高贵、严格、忠诚、慷慨的友谊所必需的精神财富——这是对个性中最敏感部位最微妙的教育之一。我们努力让青少年们学习理解这份经由我们学校几代人制定的《友谊法则》。这些法则本身就是集体的一项重大的道德财富。我们向青少年解释这些法则，努力提高他们对朋友的忠诚奉献、严格要求和义务感。这些法则是：

（1）不要让朋友陷入困境。忠于友谊意味着与朋友分享快乐和悲伤。朋友可能有错误，有困难，有磨难。如果你发现朋友有麻烦，请帮助他们。在困难的时刻离开朋友，意味着道德上对朋友的背叛。

（2）关心你的朋友。友谊是人的精神财富。如果拥有一个可靠的朋友，你会感到自己有了更多的支持，在道德上变得更纯洁、更充实、更美好。要知道，当你有了一个忠诚的朋友，不仅能让你每时每刻看到自己，而且能让你的内心拥有可以完全释放的信任的对象。

（3）友谊首先是对人的信任、严格要求和义务。这三个要素的和谐统一，可以使你与精神契合的人在思想交流上获得无与伦比的快乐。你对朋友的信任越深，你对他们的要求就越高，你对他们的义务感就越重。

（4）友谊和自私是不相容的。友情教人贡献自己的精神力量和精神财富去关怀他人。当你拥有一个忠实可靠的朋友时，你将对世界上正在发生的事情、周围的人、朋友们最亲近的人、他们的住所和他们的喜怒哀乐产生浓厚的兴趣。

（5）友谊教会你对他人忠实，教会你坚定地爱和勇敢地面对仇恨。友谊就像一座山，在那里你可以看到勇敢、美丽、庸俗和丑陋的细枝末节。友谊使人明辨是非。交朋友——就是要在一所苛刻的学校做勤奋向上的学生。

（6）友谊要经受磨难的考验。战争是一种致命的灾难和危险。你必须在精神上做好迎接这种伟大考验的准备。友谊是勇气、毅力与坚韧的不竭源泉。在最困难的条件下，一个人仍然是不可战胜的原因，是因为他感觉到同伴的肩膀。要善于这样生活：在少年时代和青年时代早期就懂得志同道合的幸福，懂得和朋友同甘共苦、坚韧不屈的幸福。

（7）使你和朋友团结一致，为实现理想共同努力，要善于这样生活。人类精神活动的最生动的表现是对思想、理想和斗争的忠诚。共产主义教育和自我教育的智慧在于，在少年时代和青年时代早期，人们能够为了忠诚、不屈不挠的精神和胜利的意志而团结起来。当友谊是个理想的幼芽，并且可以成长为茂盛的树林时，才会显现出它的强大和高尚。没有关于未来的梦想，是不可能有真正的友谊的。要善于和朋友一起在祖国的这片田野上发现自己。让友谊成为照耀自己，照耀生活前进目标的火炬。

（8）没有忠实友谊的青春是悲惨而空虚的。不善于交朋友，你会感到十分孤独。被强烈的、精神丰富的友谊所鼓舞的青春时代，是你一生的精神能量。一生的幸福取决于你在青年时代创造了什么，在成年时承担了什么。人类友谊创造的最重要的东西，你应该和你志同道合的伙伴们一起创造的东西，是对崇高理想的承诺。青年时代缺少思想上丰富深邃的友谊之光的照耀，会使人认为自己是一颗灰色的、无名的尘埃，认为自己的首要任务是为了面包、为了舒适的巢应付日常生活。只求温饱、舒适和简单满足的庸俗梦想是青年时期没有理解什么是真正的思想丰富的友谊的产物。

（9）友谊培养了对崇高理想的执着追求，这是因为在友谊中，人们给予的比接受的多。友谊真正的价值，就在于人们的付出。对友谊最慷慨的人是最富有的人。他们愿意为了理想献出最宝贵的东西，愿意为人类的幸福而奉献自己。这只有那些把生活看得比一块面包和一个舒适的巢重要得多的人才能够做到。真正的友谊可以保护自己免受自私自利的侵蚀，让人学会鄙视贪婪。

（10）在友谊中，你接受了关于真正无私的教育。友谊给你带来了无与伦比的快乐，友谊从本质上向我们揭示了生活的真正意义。

（11）一个朋友会成为你自己的一部分，如果这样才算是真正的友谊的话。如果你在朋友身上发现了不妥的情形，与你的想法和理想的承诺不符，请坦白地告诉他。你应该是你朋友最严格、最公平、最勇敢、最铁面无私的裁判。你要承担起照亮自己友谊的责任——这是忠诚最重要来源。同时，彼此负责可以激励我们进行自我教育和自我完善。对自己感到羞愧这种感觉是在真正友谊中潜移默化发展起来的。只有不仅用自己的视角观察自己，而且会用朋友的视角观察自己，才会感到自我羞愧。如果一个人孤独地生活，像生活在沙漠中，他不会知道什么是耻辱和良知。自我教育和自我完善并不像小鸡在母鸡的温暖的翅膀下从鸡蛋破壳而出。这是一种复杂的人类意识，即我不是唯一一个看着自己的人。我忠实的朋友也在敏锐地关注我。最有能力的自我教育者是拥有忠实可靠的朋友的人，他们不仅会勇敢地帮助你，为你撑腰，还勇敢地鄙视邪恶，与邪恶永不妥协。朋友真正的忠诚在服兵役期间，在艰苦、困难、有时甚至是悲剧的情况下具有特别重大的价值。

（12）没有忠诚而严格的友谊，集体是无法想象的。通过坚持理想，明确人生目标，严格要求和对邪恶绝不妥协的态度使友谊大放光彩的地方，才有精神上最坚强、思想上最坚定的集体。友谊是河流的深处，它有自己的模式，如果没有这些潜流，表面上的东西也就无法存在。对集体的舆论最敏感的人，是那些通过真正友谊的纽带与他人联系在一起的人。

（13）对友情严格要求——意味着如果朋友背叛了友谊所代表的一切，那么就要勇于打破友谊。背信弃义是最卑鄙的恶习，对这种行为的鄙视和仇恨必须在学校生活的每一步、每一种人际关系的建立中培养起来。毫无原则地破坏友谊；如果你们没有统一的精神、理想、观点、信念，没有共同的爱与恨；如果你们只是因为无聊和孤独而相互吸引，那么你就失去了友谊，或者根本就没有友谊。

（14）我所说的集体的道德力量是由牢固的、思想丰富的友谊之砖建成的。对集体的责任感是与羞辱感紧密相关：只有那些希望自己值得拥有道德高尚、美好友谊的人，才会对人们所说的和所想的高度敏感。集体的创建是有条件的，在没有这些条件的情况下，无论我们做什么，集体都不可想象。

这些条件是：个人丰富的精神、道德、意识形态需要；人对人高度严格的要求；每个人最重要的需求——与他人进行精神交流的要求得到发展，贡献自己的精神力量并从中感受到幸福。如果每个人都具备这些特质，那么人与人之间会通过精神意识形态的强大纽带相互连接，这些纽带实质上就是集体形成的一个方面。

我们的教育工作者坚信，这种《友谊法则》是培养未来战士的要素之一。培养一个人准备去保卫祖国，不仅意味着进行必要的教育，使他能操作强大的现代武器，还意味着要树立面对敌人时不屈不挠的精神。在思想、战斗、军事方面培养兄弟情谊的精神准备是至关重要的。如果在信念和理想上没有兄弟情义，就不能实现战斗上的兄弟情谊。每一位老师都十分关心培养友谊的精神准备。最重要的是，要明智和巧妙地把小孩带入社会公共利益的领域。真正的朋友是那些对满足自己的个人需求并不关心的人。

从小就应该培养勇气——这是培养精神上准备捍卫祖国的最重要的方面之一。在童年时代，勇气是由许多看似觉察不到的特征组成的，这些特征出现在同龄人的行为中以及年幼的人与年长的人之间的关系中。父母和我们的教育者必须记住，家庭和学校的生活中都存在着陷阱，毫不夸张地说，这之中就有构成对我们学生灵魂致命威胁的暗礁。这些暗礁就是漠不关心、粗心大意，有时是庸俗的"这与我无关"的无事一身轻的态度，还有最常见的不善于教育等。

空谈、言行不一是对勇气培养教育的最大威胁。虚假夸张的行为使灵魂败坏，引起卑鄙、背叛和其他邪恶的特征。学校的神圣教诲应该是：不说一句空话，不做随意的承诺，不做有头无尾的事，评价孩子们所做的任何努力都不能言过其实。

只有自幼学会珍惜自己公民尊严的人，才是勇敢无畏的人，这是培养勇气的第一条法则。公民的尊严在于思想和行动的统一，言论和行动的统一。战场上，与残酷的、不可调和的敌人的斗争所表现出的勇气，是深深植根于，那些体现在对冷漠、欺骗、虚伪、惧怕"干涉别人的事"的不能容忍的思想上、精神上和表达上的勇气中的。

在我看来，最重要的是从集体生活的开始就教育我们的每一个孩子勇于思考。身边或者遥远的地方发生的一切都与你有关。年轻的公民，与你有关的一切，你都要用心思考、思考、再思考。勇于思考——意味着首先要全心全意地仇恨邪恶和不公正的现象，像不灭的火焰一样用自己的内心深深地对抗不公正与邪恶，要在精神上做好与敌人斗争的准备，以保护这圣火不被冷扑灭。勇于思考——意味着要感受到，只要世界上存在着邪恶，我就无法平静地生活，而我们这个时代最无法令人容忍的邪恶就是奴役、压迫和战争，以及人出生后就像一粒尘埃一样毫无痕迹地消失。孩子的童年是快乐无忧的，我们的社会每年提供给孩子的物质和精神福利都在增加。但是我们的孩子不应忘记这世界上充满了悲伤、贫穷和痛苦。有上亿人在挨饿；直到今天，人们还会被当作奴隶来贩卖；仓库中充满了致命的武器，足以三次摧毁地球上的所有生命。有必要进行这样的教育，以免"孩子们"产生无助感和厄运感，而是要为争取正义的胜利做好准备。思想的勇气是对未来的渴望。一个人如果不希望自己是一个无名的人，他就必须要在精神上准备好与残酷的、残忍的、带来压迫、饥饿、战争的不公正行为作斗争。我们需要有为这场正义斗争而献身的精神准备，但不代表你要英勇地死去，而是说你要蔑视危险，培养大无畏的精神，做好勇敢战斗对抗一切的准备，直到赢得最后的胜利。

当老师教孩子们勇敢地思考世界中发生的一切时，孩子们就会带着敏锐的公民心，怀着对邪恶毫不妥协的战士的意识不断成长。

要像保护生命的神圣之源一样保护这种敏锐和毫不妥协的态度。我想给你们讲述一个几个月前发生的事。它迫使我们这些教育工作者思考教育的本质，特别是在这个问题上：如何保护勇气的源泉，使之免于被冷漠的庸俗的沼泽吞没的危险。

小学生维佳在一份儿童报纸上读到这样一篇文章：在遥远的国家越南，

美国士兵来到一个村庄，驱赶所有的老人、妇女、儿童并开枪射击。他颤抖地看着报纸上的照片——哭泣的母亲抱着怀里的婴儿，她的眼睛在祈求：可怜可怜吧！但是，他们已经把枪口对准了妇女和儿童。沟渠里到处是残缺的尸体。那个婴儿倒在血泊里，睁着大大的眼睛，胸口被子弹打穿。当看到这一切的时候，维佳幼小的心灵因痛苦而颤抖。他问妈妈：

"妈妈，为什么没有人帮助孩子们？为什么没有人去惩罚那些财阀和资本家？"

妈妈沉默了，他不知道如何回答儿子的问题。

维佳去找爸爸，他跑到田里，跑到拖拉机大队。爸爸启动拖拉机，准备去耕田。

"爸爸，为什么没有人保护孩子？他们为什么被杀死？为什么没有人惩罚那些资本家？"

父亲默不作声。

"爸爸，你为什么不说话？"维佳哭着问，"妈妈不吭声，你也不作声……"

父亲从拖拉机上下来，走到维佳面前，摇了摇头，然后平静地说：

"你长大后就会明白了……"

"但是你已经长大了啊，爸爸！"儿子睁大眼睛看着父亲。

考虑一下这件事，你将知道在学校和家庭中营造这种氛围——让孩子勇于思考，又不会遇到"你长大了就会明白"这种令人困惑的回答——是多么困难。如果我们希望对社会罪恶的仇恨之火在年轻公民的灵魂中燃烧不灭，我们自己就必须用同样勇敢的火焰来照亮和温暖他心灵的每一个角落。孩子不应该生活在冷漠的环境里。

无论一个孩子多么虚弱无力，他都不应觉得自己是虚弱无力的人，这是培养勇气精神的第二条法则。要像担心巨大的危险一样担心这种情况：顽强的种子长出同情自己的嫩芽。每个教育者都应该铭记弗·埃·捷尔任斯基的话："如果你只爱自己，那么随着人生艰苦经历的到来，一个人将会诅咒自己的命运，并忍受可怕的折磨。只要有对他人的爱与关怀，就不会感到绝望。"① 让孩子觉得自己是坚强的、能够保护他人的人——这是教育的秘诀之一。

一天周末，爸爸妈妈带着五年级的托利亚和 4 岁的萨沙来到森林。森林里很漂亮也很有趣。父母指给孩子们看铃兰盛开的草地，旁边是野蔷薇丛，已经开了第一朵花，芳香馥郁。全家坐在灌木丛下休息，父亲在读一本有趣的书。突然传来隆隆的雷声，几滴雨点落了下来，然后下倾盆大雨。

父亲把自己的雨衣给妈妈了，妈妈就不怕淋雨了。

妈妈把自己的雨衣给了托利亚，托利亚就不怕淋雨了。

托利亚把自己的雨衣给了萨沙，萨沙就不怕淋雨了。

萨沙问：

"妈妈，这是为什么：爸爸把自己的雨衣给你，你把雨衣给了托利亚，托利亚把雨衣给了我。为什么每个人都不穿自己的雨衣？"

"每个人都应该保护更弱小的人。"妈妈回答。

"为什么我保护不了别人呢？"萨沙问，"所以我是最弱小的？"

"如果你保护不了任何人，那你真的是最弱小的人。"母亲微笑着回答。

"但我不想成为最弱小的人！"萨沙坚决地说。

他走到野蔷薇灌木丛前，掀开雨衣，盖在粉红色的蔷薇花上：大雨已经打掉了两片花瓣，花儿低下头，虚弱无力，它没有保护自己的能力。

"现在我不是最弱小的人了，妈妈？"萨沙问。

"是的，现在你很坚强，而且很有勇气！"妈妈回答。

培养勇敢精神是整个教学过程中最重要的方面之一。在培养勇气的过程中，我们看到了一个真正的人在成长，他坚强、无畏、勇敢、道德高尚、对

---

① 引自 Ф. Э. 捷尔任斯基（Ф. Э. Дзержппского，1877—1926，俄国革命家）1901 年 12 月 4 日在塞德列茨科监狱给他的妹妹阿尔多娜的信。（参见捷尔任斯基，《囚犯的日记》（书信集），1967 年俄文版，第 33 页）。

邪恶毫不宽容。勇气的培养是形成精神力量的一个非常复杂的过程。意志力是首要的，要能够控制自己，强迫自己。

学校生活的最初阶段，我们就要教孩子学会控制自己。这是教育和自我教育最好的时机之一。

你的力量可能很弱、很有限——我们这样教我们的学生——但是，如果你知道如何凭借自己的精神力量、意志和抱负来控制自己的行为，你将能立于不败之地。要做一个有意志力的人，要有克服困难险阻，有时甚至是戏剧性局势的毅力。从小就要培养明确的志向、坚定的毅力和耐力。不要屈服于绝望和沮丧。做自己内心冲动、激情、欲望、感觉、情绪和喜好的主人。意志把体力的火花变成强大的火焰，意志的软弱会使体力的火焰熄灭，让它变成灰烬。勇气是精神上和身体上的、信念上和行为上的真正的美。勇气使人变得强大而善良，坚强而温柔。

多年来，我们制定了一些培养勇气的准则。我们认为，教育一个真正的人的智慧和艺术，是让这些准则不仅成为影响年轻人心灵的方法，同时也成为儿童、青少年和青年精神生活的本质。在勇气形成的过程中，只有当教育与自我教育有机融合时才能发挥力量。我们要让孩子们觉得自己充满了精神力量，感受到自我控制和精神上的锻炼。与之相关的满足感、自豪感是一个人精神生活的美好体现，没有它，就谈不上勇气的培养和发展。这种感觉的根源在于，通过理解勇气法则作为生命的本质，让孩子有意识地控制自己的行为——强迫自己控制自己的意志，成为坚强而勇敢的心灵活动的主人。

以下就是我努力使之成为个人内在法则的东西，人们据此创造自己的生活，控制自己的命运：

(1) 要学会激起内心对自己的愤怒，如果你对什么都不感兴趣。什么都不想做——这是真正的人的生活中的危险敌人。如果"我不想做"这种思想战胜了"必须、需要、应该"的话，那么，思想中就会充满毫无意义、缺乏意志的想法。任何不努力与"我不想做"斗争的人，都会成为懒惰的人。看似自由，实际上却是精神的可怕奴隶。

我觉得，关于这些事情必须要给低年级的学生——一、二年级的学生谈一谈。因为他们的内心具有很大的可塑性，对充满理想和追求的崇高精神、对有毅力的行为十分敏锐且最容易被影响。

"你不想在七点钟起床，"我这样教9岁的孩子，"你要对自己生气，把闹钟设到六点，一听到闹铃就立即起床。做操，洗漱，用湿毛巾擦拭身体，去花园走走，给花浇水，看太阳升起，看大自然醒来，然后坐下来看书，阅读，然后画画……你会发现，掌控自己，做你自己生活的主人是多么令人高兴！只要'不想做'的思想离开你，你就会觉得自己是意志的主人。你将逐渐获得一项宝贵的技能——善于提出愿望，又善于支配欲望的能力。"

"你需要写一个题目复杂的作文。"我教育学生说，"这至少需要花十个小时的时间。只有这样，你才能写出一些东西。如果你想一下子把文章写完，这意味着'不想做'艰苦的工作。要敢于对自己毫不留情，要鄙视自己身上对真正的劳动恐惧懦弱的感觉。如果你受制于这种感觉，你将成为一个懦夫，成为一个无用的人。即使是有坚强意志的人与你一起生活和工作，要是你本人意志薄弱，意志再坚定的人也无法迫使你。坐下来工作吧，今天两个小时，明天三个小时，后天又三个小时，然后再三个小时……你克服自己薄弱意志的过程中所取得的一切胜利，都是你内心力量的胜利。是你已经获得、征服和理解的东西。要善于激发对于自己的愤怒，在这种情况下，你才会拥有无价的精神财富——勇敢所带来的喜悦。请记住，优柔寡断、软弱无能都是从小事，从你在'不想做'面前退缩时产生的。"

重要的是，要让受到崇高精神力量鼓舞的儿童、青少年和年轻人充满热情地劳动，拥有勇敢的精神。精神、意志、希望是最复杂、最棘手的活动，有必要经常理智地、有分寸地、亲切地推动它。让每个孩子，尤其是每个青少年的生活中都具有这种活动，我认为这是培养年轻人内心的意义所在。如果没有这种精神、意志、希望的活动，如果孩子们到你这里没有开心、兴奋、兴高采烈的情绪，如果不和你讨论他如何设法强迫自己，如何克服"不想做"的念头，如何感受到自己的坚强——如果你的教育中缺乏这些，那就没有也不可能有作为一个人产生对另一个人的有目的的影响。

（2）如果某些事情在你看来无法实现，你需要唤醒自己的警觉，为了让不可能变成可能，集中自己所有的精神力量。

我认为，这是培养勇气的最重要的法则。在童年，少年时代和青年时代早期，每个人都必须完成一项精神上壮举——将不可能变为可能。没有这些真正的关于勇敢的教育，教育者对年轻人思想和心灵的任何引导都将失去教育意义。而如果进行了这方面的教育，那么教师的话就会拥有强大的力量。

精神上的壮举是指将不可能转化为可能，这是精神控制身体力量的实质。

我认为教育的技巧和艺术就是要在日常生活中找到进行勇敢精神教育的时机。

（3）敢于鄙视丑恶的事物。在一切可能表现出懦弱、卑劣、蛮不讲理和对丑恶一味迁就的地方，你要善于在内心激发对这些事物的毫不留情、藐视和愤慨的情感。要积极鄙视丑恶的东西——这本身就是精神上的功勋。在你面前，时时刻刻都会发生各种各样的事情，人们在相互联系中总会表达自己，他们需要肯定什么，需要否定什么。但凡人们用友爱的方式互相对待的地方，就有道德思想的出现。如果可以听见，可以看见，那么，你就是这种思想生活的积极参与者。故意装作什么都看不见，什么也听不到的人，尽力表现对道德思想无动于衷的人，就是卑鄙、懦弱的人。

这是培养勇敢精神的一个非常微妙的方面。指的是在与他人的关系中表现出的勇气和无畏。

我们要教育孩子从很小的时候起就知道鄙视冷漠和背叛等恶行。我们认为，面对这种邪恶，在年幼的心中点燃蔑视、愤慨和愤怒之火是极其重要的教育任务。我们努力确保学生从小就可以毫不畏惧地直视同伴的眼睛说："你正站在背叛的深渊边上！如果你不克服恐惧、怯懦、意志薄弱、卑鄙龌龊，你将会自取灭亡！"

儿童和青少年对善与恶非常敏感。他们有着自发的社会热情，这就是为什么他们将周围发生的一切划分为善与恶。他们的正义感十分敏锐，除非生活使他们的思想受到冷漠的破坏，他们对邪恶、欺骗、卑鄙、虚伪的谴责总是态度鲜明，毫不妥协。老师不仅要尊重孩子抵制邪恶的坚定态度，而且要保护儿童不受侵害，保持他们的纯洁性。这是勇气的烈火，如果你不允许它在童年和青春期就燃烧起来，他们就会成长为意志软弱、对一切都漠不关心的人。儿童和青少年集体，如果能从本质上保持对美好的惊讶和对邪恶的蔑视，这将是一种强有力的，不可替代的道德情感上的联系。

我们非常坚定地教育儿童和青少年鄙视那些对弱者和无助者漠不关心的人。

如果你无动于衷地从软弱无助的人身旁走过，如果你视而不见，内心麻木不仁，那么，你将会变成一个残酷的人。而残酷就是虚弱和卑鄙。勇气与残酷毫无关系。勇敢的人能够细微地感受到弱者和无助的人沉默的呼救。勇气是慷慨的表现。有勇气的人会忠于自己的信念、思想和情感。勇敢的人不会冒犯或背叛他所爱的人，他知道如何忠实地爱，如何对那些将生命托付给他的人负责。

(4) 要善于支配精神来克服身体上的弱点。人的意志的力量是无限的。生活艰难时精神低迷沮丧会导致你遭受失败和灭亡。在战场上与敌人斗争时，可能会有这样的情况，你唯一的武器是你精神和意志的力量，如果你善于使用这些武器，你将会取得胜利。

善于凭借精神力量战神自身的弱点——这是思想教育最重要的方面之一。许多儿童和青少年面临着娇生惯养、松弛懈怠等邪恶思想的威胁。学校里总能看到这些情况：身体健康、面颊红润的孩子走出课堂去医院，因为他牙疼。他不能等到下课，痛苦的念头击溃了他的意志，他在课堂上什么也做不了，连坐都坐不住……手指上一个小划痕让一个10岁的男孩感到绝望，他号啕大哭，他希望每个人都认为他划痕是一个非常特殊伤口。在许多情况下，轻微的头痛也会成为不做任何事情的充分理由……所有这一切都必须及时的预防和制止。

男子汉的尊严是不宣扬自己的痛苦，我们向一年级的学生传授这种思想：你是个男子汉，所以你需要拥有足够的坚强和耐力，羸弱多病是不会得到他人尊重的。如果你牙痛或手指痛——请不要急于把它说出来——这应该是让你感到惭愧的事！在老师面前，在同学面前，尤其在女孩面前。保持安静，耐心地忍受痛苦，下课后再去医院，不要让任何人知道。

要善于忍受寒冷和其他困苦。要善于让自己精神振奋。

孩子是一定会生病的，有时病情会加重，小孩需要脱离集体。孤独是精神虚弱、意志缺乏造成的。教师要懂得照顾生病的孩子，不要让他们感到孤独。当然，集体对学生的关注是非常重要的，而这不是唯一的重点。在小孩卧床不起的几天或者几周的时间里（这对于成年人来说也是不容易的！）他的生活应该充满精神的朝气与乐观。疾病，会威胁到人类的精神力量，它充满了危险。如果一个人无法控制自己，他可能会不堪重负，他不会以坚强的意志力摆脱疾病的折磨。（我看到一个很大的威胁，那就是即使生病的时间不长，在疾病前面孩子也会表现出精神上的软弱和自怜。）这是一种不良的心理状态，患病后的孩子会因此变得烦躁且反复无常，对于生病的孩子（在卧床后的某个时期），必须进行特殊的教育工作。忘掉这个真理有时会产生不可挽回的后果：疾病会使人始终意志消沉。

如果你能克服痛苦、软弱和身体不适，控制自己的行为、欲望，你就可以强健身体，成为一个真正有价值的人。我们要让身体虚弱、因患病而痛苦的人了解，不论疼痛和不适有多强烈，都不应该压倒你的意志。意志的积极作用可以战胜软弱。让你的意志和坚强永远能够克服自身的懦弱。

为了做好让孩子从精神上准备好捍卫苏维埃祖国的教育，我们非常重视关于伟大卫国战争中英雄事迹的讲述。士兵和军官来到学生当中，向他们亲口讲述战斗中的英雄事迹——他们将体会到忠于祖国的思想和情感的强大电流。与纳粹战斗的士兵讲述了他们的兄弟——战友建立的丰功伟绩，这对青少年有着深远的影响。我们要高度重视这一事实，即从年轻时起就在年轻公民的心目中确立以下信念：爱国是人类最伟大的英勇表现；精神力量和厌恶敌人的思想是获胜意志的最重要来源；我们苏维埃祖国的年轻公民，不仅是我们祖父和曾祖父的光荣的继承人，还必须忠于职守、发扬无畏、英勇和与敌人不妥协的斗争精神。卫国战争的参与者讲述了在战争中感人的英雄事迹，这些事迹在年轻的灵魂中树立了良好道德品质，我们尤为重视这些品质，它们在统一爱国情怀和爱国意识方面起着积极的作用。战争时代的英雄是为了祖国美好的现在和光荣的未来。在对英雄的钦佩中，学生能够们体验到为苏维埃祖国的独立、强盛和繁荣所做的一切都和自己以及自己的家人密不可分地联系在一起。

我们认为非常重要的是让我们每一个学生在少年和青年早期就形成这样坚定的信念：每个公民，无论他在哪里工作，无论他的需要和爱好是怎样一致，他始终应当捍卫我们的祖国，时刻准备拿起武器与敌人进行斗争。具有勇往直前的意志和夺取胜利的无畏精神，这是我们爱国主义教育的核心。让英雄主义精神照亮学生们的童年、少年和青年时期。不仅仅是为了赞美过去；钦佩祖先所获得的荣耀并为之骄傲，从而鼓舞学生们面向未来——这才是最重要的。我所说的军人的勇敢思想是一种状态，一种思想目标，即在我们祖国的困难时刻，一个人必须做好用他所有力量与敌人战斗的准备。这种思想、感情和愿望的显著特征是一个人在思考祖国的命运时，不会把自己看作是尘埃，而是一股与邪恶战斗的巨大力量。任何关于英雄的故事都会激励年轻的公民，把自己视为士兵，在未来的战斗中观察自己，在思想上考验自己。

要知道该如何讲述爱国主义的壮举，在与我们祖国受教育者的交流中，让他们打开心中最隐秘的角落，我想可以把用心灵和智慧了解英雄的业绩比喻为一颗光滑的鹅卵石，我们给这块鹅卵石取名叫"尊严"。

在培养祖国保卫者的过程中，特别重要的是，要让年轻的公民从战士的角度看待自己的祖国。而军人、士兵十分关心祖国的过去和未来。爱国主义者的最高尚的英雄精神就体现在对试图侵犯苏维埃祖国的自由、独立、荣誉和尊严的敌人永不妥协。

祖辈们的英雄主义故事可以让年轻人树立这种思想：我和祖国是融为一体的，祖国的荣誉和尊严就是我个人的荣誉和尊严。个人的思想、信念、抱负、热情和希望都关系到祖国的命运，这应该成为一种独特的道德品质，成为心灵中最神圣的东西——我们认为这种教育原则是一个保证，即年轻公民将对自己祖国的忠诚视为他们最高的荣耀。

我认为，在年轻人的心灵中树立对敌人的仇恨感是一项重要的教育任务。侵犯过神圣祖国的侵略者就是我自己的敌人，就是我母亲和父亲的敌人，只有树立这种思想才能培养战士般的勇气。保卫祖国意味着保护母亲的荣誉和尊严，保护孩子们童年的幸福。意识到"我是祖国的力量和希望，掌握在我手中的是我子孙后代的命运"这一事实，会让年轻的公民们精神高尚。对敌人的仇恨越深、越自觉，教育者就越能生动地揭示人道主义的目标，为了维护这一目标，苏维埃公民必要时需要拿起武器，成为战士。

13. 在国外，在侵略成性的帝国主义集团中，仍然存在着仇恨我们祖国的思想。资本主义的拥护者试图把你们这个年龄的人培养成我们社会主义制度的敌人。

我们苏维埃的教育工作者并没有隐瞒自己的思想目标，我们教育孩子们仇恨祖国的敌人。如果忘记这一点，那就是背弃了我们的理想。我们需要仇恨，它能作为保护我们祖国心脏的盾牌。对祖国的敌人的仇恨滋养了对现在拥有的一切的爱和忠诚，我们铭记仇恨，不是为了侵占外国的土地，而是为了保卫自己的祖国。

只有那些可以点燃年轻人心中对敌人永恒的仇恨之火的人，才能培养出年轻的爱国者。我认为自己的教育使命，就在于巧妙地触碰每一个年轻人的心灵，点燃他们心中的勇敢仇恨的火焰。这就是培养对祖国无私的爱。

苏维埃人民的历史记忆应当存留在我们所培养的、使其具有崇高思想和独立行为能力的每一代人的意识中。每一个男人（我们把他从小培养到大），都应该在精神上做好准备，消灭进犯我们神圣祖国的敌人。

14. 尊重并遵守苏联的法律。国家是劳动人民的意志，保护个人的幸福与安宁，保护每个人的权利神圣不可侵犯。我们国家的法律是公正和人道的，集中体现了我们人民几个世纪的智慧和对正义的追求。法律保护着你们所有人，保护着你们的家庭，你们的幸福和你们孩子的未来。如果我们国家的法律不能体现出对邪恶的毫不妥协，它就不可能是公正和人道的。我们国家社会主义制度和关系中最高的人道主义就是依法惩治犯罪。

要善于尊重几个世纪以来在劳动人民中确立的，由社会主义法律所保障的人与人之间的关系准则。当你违反这种准则，就不可能公正地对待同胞，而应该受到谴责。小小的违规行为可能是你走向犯罪的第一步。

善于服从法律、纪律、秩序和社会主义的共同生活规范是自由的最高体现。违反苏联法律就像砍掉你所坐的树枝。你是社会主义国家的自由公民。自由是最伟大的力量，必须谨慎明智地使用它。自由在疯子手中只会变成灾难的源泉。

要拥有支配自由的智慧——这是教育的秘诀之一，我们人类的完美艺术、道德美的创造者，应该拥有这支细腻、有力和优雅的画笔。这是毫不夸张的比喻！老师和父母同样需要拥有这种智慧、这支画笔。

请勿对违法的行为保持沉默。要寻找积极的表达方式，表达你对他人违法行为的绝不宽容。

进行法律教育，预防违法犯罪行为的发生是我们社会中最关注的问题之一。我们有必要开展专门的教育工作，使我们的社会再没有违法犯罪的人。

这项工作的意义是什么？在实践中我们应该做些什么，使我们社会中没有违法犯罪的行为？

在我们的教育体系中，已经形成了一系列的规则，我将逐条阐述。

（1）儿童和青少年有一种天然的直率：要明白无误、毫不含混、毫无保留地告诉他们是非黑白。必须要这样对他们，没有其他的办法！他们将整个世界分为善与恶，好与坏。我们时刻都不能忘记这一点，而且要使儿童尚且稚嫩的想法与最初的社会经历融合，这是十分重要的。保护儿童，使他们发展自身的这种直率，这将成长为战士的勇敢意识。避免孩子未来步入歧途的解毒剂和疫苗之一是让他们从小学会蔑视、仇视邪恶，对恶行毫不宽容。遵循孩子们的内心直率的世界规律行事，孩子有时会做得过头，这不用担心，也没什么危险，以后一切都会纠正过来。一年级的学生玛雅曾跑过来向我抱怨："维佳发现了一根棍子，在草地拍打，草地上正开满了鲜花。黄色的、欢乐的蒲公英的小花，像小小的向日葵一样……他为什么要打它们？"孩子跑到我面前抱怨不是指责维佳。如果我现在就惩罚他，玛雅也会感到十分困惑，内心会受到伤害。她来找我是为了寻找答案。我首先必须要说，这样做是错误的！孩子希望我的眼睛里燃起怒火，这才是为什么蓝眼睛的玛雅跑来找我。我对维佳的不当行为感到愤慨，玛雅高兴起来，我们一起去找维佳——为了保护鲜花，为了让他对自己的行为感到羞愧。两者都是善良和正义的胜利。同时，两者又是磨刀石，可以磨炼孩子心中对恶行绝不宽容、蔑视和仇恨的剑刃。不要让孩子的思想和心灵受到邪恶和不公正事物的侵害，成为冷漠无情的人。

（2）我们和学生的父母一致认为，让孩子们知道并理解世界上有卑鄙的人和邪恶的事情的存在，这是我们多年教育工作的意义。对这些东西感到极端厌恶和愤慨是道德勇敢的表现。以某种方式参与其中就是卑鄙和背叛。为了努力让我们的学生成长为道德上健康、意志上坚定的人，可以说，我们的一大半精力都投入在培养真正的人的道德规范上，以下这些行为被认为是卑鄙且令人不齿的：

懒惰、无所事事、不务正业、好逸恶劳；

将原本属于自己职责的东西说成是自己拥有的勇敢精神和成就；

像父母要求没有通过你的劳动而得到的东西；

贪心、损人利己、不好客；

鄙视自己父母的寻常劳动；

对待老师粗暴无礼；

言不由衷、虚情假意、阳奉阴违；

在比你强的人面前趋炎附势；

做空头承诺，背信弃义；

对待同志暗中诋毁、告密；

犹豫不决、对自己的行为不负责任；

对他人的不幸、苦难、消极、失望漠然置之，为自己的无能找借口；

利用自己的势力和身体上的优势去行恶；

该说话的时候保持沉默，该保持沉默之时却随意胡说；

由于贪图安逸而规避危险；

损害同志利益为自己谋求好处；

欺辱小女孩、姑娘和妇女；

不顺从父母，欺瞒他们；

热衷空谈；

不爱惜牲畜，欺凌牲畜。

我尽力做到：让一切卑鄙无耻的东西都能从小激发孩子们的蔑视、愤怒和厌恶，一旦这些东西的凶恶本质暴露在他们的理智和心灵面前时。最重要的是不仅让孩子们了解什么是卑鄙无耻的东西，还让他们因为世界上存在许多令人不齿的东西而感到难过、悲伤、忧虑。对卑鄙无耻的东西的愤怒和厌恶慢慢地转移到自己身上，这是特别细腻的体现，孩子向往美好且理想的事物，对邪恶永不妥协的态度就取决于这样的变化。如果一个人不但做了不该做的事情，甚至还认为他是可以做坏事的，他应该对自己感到愤怒和厌恶。卑鄙无耻的东西对于个人而言应是无法容忍的、是让人难过的、决不允许的。愤怒是耻辱心——良心的忠诚保卫者——的崇高情感根源。耻辱心——是应对卑鄙无耻的强大的抗生素。耻辱心——就好比是一条河流，声誉、良心和威严的船只就依靠它来支撑。由极度厌恶感到惭愧，又从惭愧转为对那些来自酒肉朋友、大街小巷的引诱和风言风语的勇敢反对，表现出百折不挠、坚毅顽强、坚定不移、永不妥协的精神。

我努力这样去感染小孩们的思想，让他们知道替他人感到羞耻。教育工作者，老师们，你们要仔细思考并且认真研究孩子在感情上的细微差别，随后你们就可以明白对卑鄙无耻东西的讨厌、不能容忍、愤怒和憎恨这种情感。

要这样向孩子展现卑鄙的东西，让他知道替人感到羞愧——卑鄙的东西是他们无法忍受的，甚至对人们可能以为他会参与卑鄙的活动而觉得羞耻。应该知道，要防止消极情绪、摇摆不定、"墙头草"的毛病，实际上是要发挥拥有羞耻心的细腻情感，发扬对卑鄙的态度绝不容忍的精神，因为堕落为违法者和犯罪者的多半正是这种人！

创造蔑视和不许卑鄙无耻的事情发生的情况，是精神坚定、永不妥协的核心。这种坚定和百折不挠可以避免让人堕入歧途。只要为别人感到羞辱、怜惜，乃至同情沉沦不堪的人，就好比大家同情怜惜不幸的人一样，孩子会努力地做个好人——这就是我们赖以接近孩子心灵的关键所在。家长、教育者、老师同志们，请记住，如果孩子不会蔑视丑陋的东西，不会从儿童时期就代替他人体验艰苦，那么，这符合实际教育的唯一驱动力——努力做个好人，是无法想象的。我们不可能依赖其他东西，期望一切其他的东西都是无稽之谈。只有追求做个好人，对美好事物的期望，对理想的憧憬，才是助推教育影响的复杂机器上的唯一发条。形象地说，这个发条只能用一把钥匙才可将其上紧，而这把钥匙我们称之为"对卑鄙行为的蔑视和绝不姑息"。蔑视不齿的东西、替别人感到惭愧和痛苦——如果这些和谐地融入年轻人的内心，那么，他的内心就会变得坚强、永不屈服，他自己将始终拥有预防堕入不法和犯罪道路的免疫力。

担心孩子命运的父母，如果你们希望自己孩子的思想和行为的动机是对美好的追求，请教育他们从心灵深处鄙视那些卑劣的行为。如果你的孩子无法从人类复杂的世界中分辨什么是应当鄙视、憎恨和不能容忍的东西，那么他长大后就会像草一样，随时会被风吹走。

要有无法容忍卑鄙行为的良好氛围……创造这种氛围始于对懒惰、玩忽职守、懈怠的零容忍。人民的智慧教导我们：懒惰是万恶之源。我坚信，劳动教育是从课堂上开始，从书本中开始的——这是最主要、最复杂的"机床"，要掌握起来并不容易。

学校里最重要的东西，教育技巧里最重要且最复杂、最难理解又细腻的东西，都是为了让孩子对游手好闲深感惭愧，为了让孩子蔑视、仇恨懒惰和怠慢行为。无所事事令人厌恶，热爱劳动则富有勇敢的精神——这是我们在实际工作中，在人的世界里首先要分清的界线。有个年轻的教育家在信中提到首要动力的问题，那么，这个动力是什么呢？我认为劳动者的尊严就是首要动力。这是一个需要写成一本厚书才能说明的复杂问题。这里谈的是指让学生坚信：他是一个有知识的劳动者。为了培养孩子对游手好闲的蔑视，为了让懒惰和不务正业被看成是卑鄙无耻的东西，我总是诉诸作为勇敢的劳动战士的有智慧的年轻人的自尊心：做了坏事可耻，不善思考可耻，碌碌无为的生活可耻！老师同志，你要擅长面对自己感受智慧，就像感受鲜活的有道德的人一样。要培养劳动者的智慧，要经常留意暗藏智慧光芒的最敏锐、最隐蔽的角落。如果你可以做到这一点，如果你经常这样做，你的学生会认识到无所事事、碌碌无为是一种卑鄙无耻的东西，他本质上就不会容忍自由散漫的生活。对他而言，劳动是必要的，就像食物和水一样不可或缺。这种人绝不会误入歧途。要让每个学生都拥有自己特殊的兴趣爱好，这对培养劳动者的智慧同等重要。让每个年轻人心中的高尚精神散发光芒——这是避免精神空虚，误入歧途、犹豫不决、容易遭到不良影响的又一抗生素。我认为，只有当每个青少年在学识和信仰的世界里拥有自己丰富和愉快的生活时，老师们的高尚使命才可能完成。学识、信仰、思想会变成照耀每个学生劳动生活道路的耀眼的理智之光，这光芒把极为细小的卑鄙无耻的东西都照耀出来，正是由于对学识和信仰的执着追求，年轻人的内心对卑鄙无耻东西的厌恶和藐视正逐渐发展。

如果年轻人不想学习知识，这是家庭、学校和整个社会的最可怕的不幸！这是一种愚昧的黑暗，在那里我看到了被告席的轮廓和阴沉的监狱围墙。不想拥有知识——就是用一道铁栅栏把自己和一望无际的蓝天隔绝了。

想想看，我的教师朋友们，在教育青少年的过程中，这实际上应该成为关键的东西是否在学校里经常发生——人和人的心灵是否相通。内心上的沟通，会照亮追求幸福的人，唤醒他心中处于消极状态的力量，激发学生对知识的热情，让他坚信：生活里真正的幸福就是做一个不知疲倦的劳动者，学习和追求知识是最复杂、最艰苦、最紧张且最幸福的劳动。然而，缺乏真正的人与人心灵上的沟通，深沉的、踌躇不定的、不坚定的以及摇摆不定的人仍旧是得不到帮助的，不管是什么样的不正常现象，这样的不幸在很多学校还是很主要的问题。那些误入歧途的人都是十分孤单的人，尽管他们的周围有许多长辈和同辈人，尽管人们经常向他们说个不停：不要这么做！这是不被允许的！这是无耻的！你要发誓，不会沦落成为坏人！（有时候还会出现这种情况：人们让他顺其自然。）在学校里，是不应该有这种人出现的：他少年时期和青年时期是在孤独中度过的，没有理智的、道德的、坚强的人与其交往。我认为，这是教育最主要的秩序之一。如果这样的秩序被实现，那么，社会才可能轻松自如。

（3）生命和自由是体现人的本质的最伟大的价值。只有当对这个简单而智慧的真理的认识成为教育的红线时，人才能增强避免走向歧路的免疫力。

没有这种认识，要做到对邪恶行为的毫不容忍是不能想象的。对于那些了解生命和自由的价值的人来说，卑鄙的行为是绝对无法忍受的。全心全意热爱生命和自由的人，才是真正懂得鄙视和憎恨邪恶的人，才是真正懂得挺身而出为善良而斗争的人。

"谨慎待人。"我们这样教育孩子、青少年和青年，"与人交往，就像在童话般的花园里漫步。周围开满了美丽的鲜花，花瓣上晶莹的露珠在颤抖。这时候你要轻轻触碰花朵，以免让露珠滴落到地面上。"

在我们的校园里，有一个玻璃房子，旁边是玫瑰花丛。形象地说，这是我们用来检测学生的"温度计"，它可以反映出我们的集体和个人在心灵上的健康状况。这么多年，我们没有弄碎玻璃房的一块玻璃，露水也不会因为我们粗鲁的行为洒落在地上，一切都非常好。如果你想经常审视自己的工作成果，就要检查你自己的学生，看他们如何看待最宝贵的价值：生命和自由。尤其是看他们是如何享有自由的，你可以用这种"温度计"去测量。

正常的道德发展、爱情、幸福劳动的和谐一致（其实人健全的道德取决于这种和谐一致），只有在孩子确信：有人非常需要我；我对一些人来说是极其珍贵的；有的人把我看成生命的全部意义；同样，我也十分珍惜他人，如果没有他，我将无法生存。只有在这样的情况下才有可能，也许这种信念不会以一种清晰的思想表达出来，然而它让孩子感到身心的愉快和生活的充实。爱抚，与亲人尤其是母亲心灵的融合，和父亲的亲密，不仅仅只是和睦的爱情、幸福和劳动的根源，还是人和人之间的信任和责任感的根源。有些人犯罪，原因之一就是他面对家人和亲密的人对他的思念一点也不关心。相反，只有当诸多方面的精神联系和他人紧密相关的时候，只有当他认识到、感觉到每次迈出愚蠢的步子都会给家人和亲密的人带去不幸的时候，卑鄙的行为（犯罪就是最大的卑鄙的行为）才可以引起他的蔑视和愤怒。真正的教育是能够在孩子的面前将卑鄙无齿的东西显现出来，并让他厌恶这些不堪的东西，鼓励他去同邪恶斗争——这就是培养人承担义务的教育。如果你不想让自己的孩子成为罪犯，误入歧途，就要教他乐于爱人——珍惜家人和亲近人的生命、健康、安宁和幸福。

只有那些从小懂得限制自己自由和愿望的智慧的人才能学会珍惜生命和自由。这种智慧的约束是最微妙的教育技巧之一。放任自由，无法控制欲望，形象地说，这会让一个孩子成为任性蛮横的人。这种任性是十分危险的，其中隐藏着那些不受控制、暂时还处于休眠中的力量，乍看起来会"突然"将一个人推向犯罪的道路。

我相信：许多人不知道如何珍视自由，是因为他们不知道失去自由意味着什么。

在童年和少年时代没有经历过必须放弃自己愿望（实现这种愿望会带来很多乐趣），迫使自己去做相反的事情时的明智和勇敢的心情，就不会成长为一个真正的人。控制自己的愿望好比一把锋利的刀，如果没有它，就无法塑造一个高尚的人。在生活中要懂得使用这把刀的方法和技巧。不要听任个人愿望的支配，如果个人意愿支配着意志而将自我引向到卑劣行为的圈套，那么就要像担忧长疮一样担心，因为为了获得个人的愉快而在无法克制的情感冲动中去做肮脏不堪的事情，是一种隐藏在内心深处的卑鄙行为，是一块隐蔽很深的疮。

老师说要带领全班到森林里远足，承诺孩子们将会有许多的快乐。就在徒步旅行的前一天，五年级学生彼佳的奶奶生病了。他的爸爸要带奶奶去医院，这需要儿子的帮助，但是爸爸拒绝了："让孩子休息吧！"请记住，老师们！在你面前出现了一种最大的危机：如果你让这种愿望实现，那么年轻的心灵中就会出现令人憎恶的苗头！不应该这样！老师要帮助孩子们克服个人欲望，带他去履行崇高的行为。彼佳的奶奶情况非常糟糕，病情急剧恶化，大家都没有去森林……

我亲爱的老师同事们，亲爱的父母们！明智而勇敢地控制欲望，是一支创造人类美好与和谐的魔术棒。请抓紧这支魔术棒，学习使用它。这样，你就会掌握你的学生、你的孩子的心灵的规则。这种心灵的规则，也被我们称之为对不齿行为绝不妥协的另一个方面。

"当内心受到欲望支配的时候，实现欲望会使你感到憎恶。"我这样教育孩子们，"要知道如何命令自己，拒绝实现自己的愿望。它们乍一看是无害的，但本质却十分卑劣。如果你违背了一次，就会违背第二次、第三次，直至你成为罪犯。犯罪者首先是缺乏意志或意志薄弱的人在越过某种界线后，从做肮脏卑劣的事情开始的。"这是许多年前在一个家庭里发生的事情。

一天，妈妈买了一串小面包圈回家，单独拿出了几个放在桌子上，把剩下的用绳子捆紧，接着对7岁的儿子帕夫利克说：

"吃完桌上这些面包圈，才能吃绳子串好的那些。记住：要解开绳子，拿一个，再系好绳子……"

帕夫利克一个接着一个地吃着桌子上的面包圈，最后只剩下两个，白天还没结束，夜晚还没到来。

邻居7岁的孩子米佳来找帕夫利克。他看到桌上的面包圈问道：

"可以给我一个吗，帕夫利克？"

"请吃吧。"帕夫利克给了米佳一个面包圈，自己也吃了一个。

盘子里一个都不剩了。

"我们还有很多……"帕夫利克说道。

他们打开壁橱，帕夫利克拿出一捆面包圈放在桌上。

"来吧，帕夫利克！我们再吃一个。"米佳轻声说，看着门口。

"我们需要解开绳子。"帕夫利克回答。

"为什么要解开绳子？"米佳很吃惊，"你可以把面包圈掰开，绳子还是系得好好的。"

帕夫利克惊讶地睁大眼睛。确实，只要把面包圈掰开就行了。

就在帕夫利克还处在惊讶兴奋之中的时候，米佳已经掰下了两个面包圈，自己拿了一个，然后把另一个交给了他。

"看到了吗？绳子还系着，而我们正在吃面包圈。"米佳说道。

……十年过去了。两个17岁的少年：帕夫利克和米佳坐在被告席上。他们被指控打破橱窗、闯入商店、偷窃钱财。

"审判开始！"法官说。年轻人低着头站了起来。

在这一刻，他们回想起遥远的童年的那一天，那时候他们没有解开绳子就吃到了面包圈。

重要的是，要让孩子们深入思考这种来自生活中且具有启发性的故事。我们花很长时间和父母交谈，想让他们知道怎样才能避免孩子不需要解开绳子就能掰下面包这种事。让这条细细的绳子成为每一个人的警戒线，在这条线之后是可憎的行为，这条界线是内心规范和意志力的基础。

（4）我们认为，预防一个人做出不良的行为，可以防止孩子走上错误和犯罪的道路。无耻是灵魂中最危险的恶习。起初一个无耻的人只是不在乎别人对他的看法，后来就会发展为对自己的命运也漠不关心。当法官问一个犯下严重罪行的16岁少年的职业时，他这样回答：坏蛋。

你还能找到什么与他同样堕落的呢？无礼、卑鄙、背叛，这些罪恶都是无耻与灵魂结合的产物。我们应该采取什么样的措施来防止这些恶习的产生呢？

学校不应该是空谈虚度的地方。我想建议老师们，说话要小心谨慎，鼓励孩子们表达自己的想法。不要让孩子说些他们都无法了解其意义的话。不要让崇高神圣的语言变成讨价还价的筹码。真正的爱不需要靠语言来表达。我们必须教导孩子懂得如何去爱，而不是去谈论爱。要学会感觉并珍藏自己的感情，而不是用言语表达并不存在的感受，这会造成伪善。总之，教育孩子们什么时候要说话很重要，教育孩子们什么时候要沉默也同样重要。

无耻是不守承诺造成的。不要强迫孩子做出不切实际的承诺，因为这种承诺背后没有他们内心的力量和坚定的毅力。如果他本人答应了某件事，请仔细听，你要相信他们，但同时要告诉他们：如果你不能确信自己能做到，请小心许诺。请记住：经常给出承诺和保证是一种坏习惯。这会让孩子的心灵麻木僵硬，不觉得食言是可恶卑鄙的事。

让学校里（家里也是一样）充满真实的话语和信任的情感。让在学校说出的每一句话都开花结果，而不是空中楼阁。

这就是培养真正的人的灵魂的工作，拥有防止违法和犯罪的意义。

热爱知识，热爱学校，热爱老师

把学生当人对待，而不要把学生看成是反复汲取知识的仓库。在教学中培养的是人，而不是只学习知识的仓库般的学生。知识只有从人的内在精神力量和正在被认知的世界的融合中产生，才能成为人的财富。

1. **学习、掌握知识、读书是人生最大的财富和幸福。**你的祖辈却没有过这样的幸福。至于上学、拿起课本、阅读、写字、了解世界，对于当时的他们来说只是一个梦想。你的童年、少年和青年早期是被知识光芒照耀的殿堂。没有知识，它就会变成黑暗的地牢。思想、精神上的需求、创造——你的这些幸福都是工人和农民用自身的劳动换来的。

由于我们的社会教育不仅已经普及，并且成为一种必需，这在许多人眼中不再是幸福，并且对于部分小学生来说是一种惩罚和折磨。

老师们，请记住，如果事情到了这种地步，道德教育就无从谈起。只有当人想要学习，只有当他在学习中上课、写字、了解世界——会令他感到快乐，获得做人的骄傲时，学校里的其他一切才可能成为现实。

学习是美好和幸福的，这些话语在学校里多次出现，但是，其中所蕴含的深刻意义远远没有被年轻人接受，为了让学习成为自愿的行动，且充满魅力，该如何进行教育和启发，并让其充满崇高的精神，这是学校里最难解决的问题，而学校里的事务又千丝万缕。

　　首先，把学生当人对待，而不要把学生看成是反复汲取知识的仓库。在教学中培养的是人，而不是只学习知识的仓库般的学生。知识只有从人的内在精神力量和正在被认知的世界的融合中产生，才能成为人的财富。认知世界快乐的最重要源泉（这种快乐是可以生长出一棵高大的、茂盛的、丰富精神生活大树的种子），是对"知识的获取是我的思绪和精神集中的果实，是不断探索的果实，是思想和心灵创造性劳动的果实"的深刻领会和感受。在一个人仅仅是满足人的物质需求又对真正的需求和人不合理的欲望（这种欲望是经常的——时有的——突发奇想的）乃至有时是任性的要求不能区分的社会中，一个人的道德是否高尚在很大程度上取决于他有什么样的精神需求。思想、思考、发现真理应该成为我们学生的主要需求——这个领域内，应该发挥精神的积极作用。只有我们把学生作为思想家来培养，学习才能被他们看作是一种幸福、美好、有趣的精神活动来予以思考和体会。只有孩子们每天可以经历追求理想、体验真理、深入研究世界奥秘的快乐，精神作用才能获得信念，对精神财富的渴望也会产生。

　　对孩子进行伦理教育时，我觉得到思想起源地去旅行是具有重大意义的。孩子和老师一起到花园中去，或者去看古老的橡树、灌木丛、养蜂场、池塘边或者幽深的山谷，这里有对知识渴望的最细腻的根源。求知的欲望——做有智慧、有学识的人的愿望就是从这里开始的。在这些旅程中，老师的任务就是向孩子们解释那些让人难懂的事物，唤醒他们的学习欲望。最胆怯和害羞的人在这里也会成为一个好奇的思想家。老师越能让孩子理解他们不能理解的事物，他们的惊讶感就会越深刻，孩子对知识和学习的渴望就越强烈。如果在精神发展中没有活跃的思想涌入，孩子对学习、幸福、快乐的态度通常是无法想象的。最早的思想启蒙应当在学习每个字母、每个数学计算规则之前在思想的主要源头——大自然中进行。

　　在学习的第一阶段就开始的思维锻炼应该一天都不能停止，孩子的潜在智力条件越强（我深信，在 14～15 岁之间，通过正确的心理教育方式，一个人可以成功完成当前中学的全部课程），与课程没有直接关联的智力活动会更加有意义。但是要逐步做到，思维的训练除了与自然界的现象相关以外，还应包括书本世界里的东西。

我认为现代学校一项非常重要的教育任务就是让学生生活在书的世界里。我认为十分重要的教育任务是：要让阅读成为每个孩子精神上最热烈，同时又无法抗拒的需求，要让人在书籍中找到自己与思想、美和人的伟大精神、永不干枯的知识源泉的美好融合。这是最基本的、最合理的教育：如果一个人在学校里没有找到书本的世界，如果这个书本的世界无法在他面前揭示生活中获得知识的喜悦，那么，学校教育就会让他毫无所获，因而他只能带着空虚的灵魂生活。

在一个安静的夜晚，睡觉前，你正在阅读一本有趣的书或陶醉地欣赏着音乐。请记住，这时有成千上万的工人在上着夜班，就是因为他们在夜间仍不断工作，你才能读书和听音乐。由于成千上万的工人和集体农庄的农民在黎明时就去上班，正是为了锻造钢铁、制造机器、开采矿井、建造船只、耕种土地、饲养牲口、施肥到田、铺设新的铁路，你才可以一醒来就从容地做早操、吃早餐、上学、掌握知识。为了使你可以安静地、没有顾虑地学习，许多大人——工人、农民、机关的工作人员都在为你劳动。如果你不想上学，十分的不幸，那就意味着他们用自己的劳动为你的碌碌无为付出代价。因此，你在欺骗自己的国家、工人阶级和人民。你会变成游手好闲的人，成为寄生虫。谁要是不理解自己精神生活幸福的根源，他就会过着空洞、毫无意义的生活。

2. 你的每一位长辈都是你的老师和教导者，如果他有这种道德权利的话。社会创建了一个专门的机构——学校。在这里，儿童、少年和青年可以受到教育和培养。我们的人民、我们的国家、我们社会主义制度的未来就取决于学校的创建和人民的精神财富在学校中是如何体现的。我们正在建设的共产主义社会的命运取决于学校的设置，取决于学生们如何看待生活，取决于他们的精神上的热情在什么地方聚集，取决于他们的理想是什么。学校就是共产主义大楼的基石。人才是在学校培养出来的，学校是人民的圣地，也是人民的希望。

在学校里，孩子除了学习阅读、写作、算术、思考、了解周围的世界以及丰富的科学、艺术财富外，还应学习如何生活。在学校里孩子们学习怎样做人。学校是人民精神的摇篮。人们对摇篮的关心越多，他们的前途就越灿烂。学生不只是单纯地聚集在一处的孩子，他们代表着一个拥有可以使人得到提高并变得聪慧起来的一致的法则的儿童社会。同时，儿童社会又装饰着成人社会，并成为它的骄傲。学校赖以为生的法则是我们苏维埃人民的产物。学校中一直存在着你的祖国从古至今的文明，你不单单是一个到不会枯竭的源泉来畅饮的过路人，你是一只能够将我国多民族文化蜂箱充盈起来的蜜蜂，你的职责是为这个蜂箱做出贡献，丰富人民的精神财富。

人们按照每一个人——从他出生到他死去——如何对待自己的学校来判断其内在素养和高尚性格，推断出他珍惜人民的荣誉和光荣的能力。你的职责就是永远让学校成为自己一生中神圣的地方，并将这种思想传递给你的子孙后代。无论使用什么知识将学科丰富起来，不管你的人民和人类造就了多少思想家和天才，学校和它的基础知识、认字课程和阅读入门、老师和指导者以及第一本书，都会作为你的智慧、你的能力、你高尚的品质和你内心的深刻修养的发源地留存在你的心中。学校将永远是人类智慧的重要源泉。

这种教育在道德教养和道德文明的整个体系中具有特殊的含义和特别的意义。学校对最具有同情心、最敏感的一代（也包括全体人民）的感染力取决于它如何对待自己的教育。从学校是人民灵魂的主要塑造者这点来说，它是人民的摇篮。学校对自己的学生的文化面貌可以产生无法磨灭的影响。真正的学校总是为所有具有高尚品质的成年人认为自己是这所学校的学生而骄傲。你们的崇高使命是：让所有将自己的子孙送到你们的学校去上学的人永远受到这个学校的精神影响，让那个被称为小区域的地方处于你们的文明影响中。

在学校中，公民的道德核心在逐步形成，并受到保护，在你的学校的小集体中（称其小，是与全苏联社会相比）建立起来的相互关系，就像水滴一样，反映出我们的生活，我们对未来渴望的共产主义思想。只有当年轻人在学校里意识到自己是位公民，是人民的精神、思想、财富、珍宝和它庄严伟大的守护者时，学校才是人民的摇篮。让学生知道：在人民经历中最艰难的时刻，公民的良心在真正爱国主义者的心中曾经激起了为保卫学校——广义上讲是保卫人民理想的摇篮——而斗争的英勇力量。

我努力做到：在儿童和青少年的思想认知中确定对待学校的正确态度，就像对待人们的孩子和人们创造出的最重要的精神财富一样；让每一个人在回忆学校的钟声、课本和教室里寂静的情景时，都会心跳加速。真诚的情感在每个人的生命中永恒；让每个大人在经过学校时都脱帽致敬；让人们怀着深厚的崇敬之情回忆自己的学生时代。

我认为，要教育儿童和青年像看待人民精神生活中最重要的发源地一样看待学校，这尤为重要，学校应该成为精神财富的宝库。只要学校建成后有第一个学生跨入大门，只要老师的思想和心灵与学生的心灵开始接触（学校教育也是从这里开始的），就要让永久保存在学校图书馆的书放到它的书架上。这不是一个普普通通的提供阅读书籍的图书馆。从广义上讲，这是人类精神文明在学校中的资料库。如果学校可以存在三百年、五百年乃至一千年，学校中的书也可以保存这么多年。奠基的石头，砌墙用的砖头，千年后可能会变成尘土，可书不会。学校，作为人民的摇篮、人民精神和文化的摇篮，首先要永存在书中。让老师和学生都明白这一点是十分重要的。每所学校都应该有自己独特的面貌：自己的习俗、传统和节日。我们学校的节日就是读书的节日。这个节日在每个学年开始前都会举行。这一天，每一位父母会为他们的子女准备一份难忘的有纪念意义的礼物——书。家庭图书室会因为这本书得到充实。然而，节日的这一天最有意义、最有象征的做法是向学校永存的图书馆捐赠一些今年或近年来出版的图书。书本放在架子上，它将永远保存在那里。儿童和青少年在这个书架上阅读的旧书越多，他们对思想的理解就会更加深刻。这是他们的祖辈们使用过的初级读本，也是关于祖国历史的最早教材，也是优秀作家作品的最初版本，这类书已成为俄罗斯文学宝库中的珍品，在其刚出版的那一年很少被他人所知。为永恒的图书馆选择最好的书，去感受、理解何为永远不能忘记的事物——学校的面貌和独特性恰恰体现在这一方面。为永恒图书馆选择书籍，让我们感到对子孙后代的责任。不允许任何一份《每日专刊》放到这个图书馆中，同时不要丧失任何有价值的东西。

　　放在永恒图书馆书架上的书籍是人民生机勃勃、永垂不朽的根源。如果我们可以成功地在年轻的心中树立起对待书籍的态度。那么，我的学生就会成为培养的对象，因为他在我们的学校中学习。如果年轻公民觉得学校是人民的摇篮、人民文化的摇篮、人民光荣和伟大的摇篮，那么即便是校园的围墙对他而言也会有教育意义。并且，当人们从学校门前经过时，他就举手摘帽致敬。当我们的学生今后成为父母，不仅要善于启发孩子对学校的尊重，还要善于启发他们树立信仰，这种信仰是共产主义道德的核心：摇篮也好，社会生活的广阔世界也好（人从摇篮里步入这个世界）——这一切就是社会主义祖国，我愿意为她付出自己的所有，她比我的个人生命更珍贵，我愿意为她献出自己的生命。

　　学校没有永恒的图书馆就不能成为学校，就像人没有名字、没有记忆、没有历史一样。图书馆偶然开放，学生们来这里看书的目的是参观书籍（因为对于阅读来说，这样近期出版的书在普通图书馆中也都有）。他们坚信：在人民的精神生活中，存在着许多供人欣赏的事物。这些事物存在的时间越久，它们对每个人就越显得珍贵。

只有书籍才可以创造学校。只有像对待人民永垂不朽、经久不息的最重要的精神瑰宝那样对待书籍，才能像对待人民的摇篮一样对待学校。

学校为自己的学生感到光荣。学校的毕业生塑造着学校的面貌。雏鸟的翅膀越结实，它的翼展就会越宽阔，就会飞得越高，鸟巢对雏鸟的吸引力就越大。每个飞出学校的毕业生都应该给学校留下痕迹。做不到这一点，作为教育和接受教育的根源地的学校也就不复存在。在学校办公室，有每个学生的第一个作业本，第一张手绘画和第一篇描写自然的作文。而你，一个四五十岁的公民，回忆起自己童年的时候，可以到学校来，体会一下自己的学生生活，回想许多年前你是如何认知世界的。

学校是美好的情感、微妙的感受、关于金色童年的愉快记忆的交汇点。我们争取做到：在学校里，人和人的接触是多么微妙和充满温情，每个人都在创造和守护美丽。

学校是永恒的美的发祥地。在每个年轻人的记忆中，学校作为童年时代的美、世界的美、对世界初步观察的美、思想的美、智慧的美、认知的美和崇高行为的美而保存下来的。要是人们在学校里感觉不到自己的美，体会不到由此产生的崇高品质，学校就不可能成为人民教育的发源地。

我认为，学校以关怀、劳动、创造存在于每个学生的记忆里具有重要的意义。每个人都应按照自己的良知行动，努力增加学校的美，在自己的实践中体现出来——这是我们的教育准则之一。

3. 要尊重、爱戴老师。为了让你成为我们亲爱祖国的真正公民，成为社会主义祖国的爱国主义者，成为具有高尚的灵魂、善于为人担忧的心灵、清醒的头脑、纯洁的内心和双手灵巧的人，老师付出了全部的精力、智慧、才华和生命。每一个真正的老师都有最辛苦、最快乐的生活，都有让人激动和复杂的创造，都有让人难以想象的微妙的和趋于完美的方法，他用这些方法去影响别人的灵魂。

老师塑造了真正的人。你要知道，老师最大的幸福就是你成长为他按照自己的想法、把你作为他的理想而进行塑造的人。因此，如果你想给你的老师——你年长的朋友和同伴带去快乐（老师竭尽全力地成为你的朋友和伙伴，如果你们之间不存在友谊和同伴关系，那几乎谈不上什么教育），那么，你应该与他志同道合，与他一起追逐梦想。

　　老师的劳动是无与伦比的。纺织工人会在一小时后看到他的劳动成果；钢铁工人能够在几小时后为流出的炽热的铁水而欢欣鼓舞——这是他们理想的高峰；耕地者、播种者、农民可以在几个月后欣赏其在田间耕种的庄稼长出金色的稻谷和饱满的谷粒……而老师需要不懈地努力工作才能看到自己创造的事物。往往有这种情况：几十年过去了，他追求的事物才逐渐显现，没有人会像老师那样经常承受不满情绪的冲击，任何一种劳动中，也不会像老师的劳动中失误和困难导致的后果那么严重。老师要对社会负责、对学生的父母负责，他必须要秉承良心、正确地开展工作。你身上的每一个优点都是老师彻夜不眠、生出白发、牺牲自己的幸福换来的——是的，老师经常无暇照顾自己，因为他必须考虑他人，对他来说，这不是自我牺牲，也不是对命运的无条件屈服，而是他个人生活的真正幸福所在。

　　祖国和母亲将你的命运托付给老师，老师必须时时刻刻地考查他的三四十个学生，了解这些学生此刻在想着什么，学生的内心充满了什么样的情感，什么痛苦和耻辱让他们心神不宁，老师是你幸福和快乐的创造者。请记住：如果你对老师冷漠相待，如果你不了解也感受不到老师的工作的困难，那么，你就会随意浪费人类最有价值的事物。

　　你应该知道，老师在掌握教育的学问和本质之前要经过多年的学习积累。但是，任何科学都无法使其内心充满伟大的人类爱的智慧的崇高精神。老师的工作——首先是心灵的紧张劳动，恰恰因为是心灵的劳动，他才是智慧的创造者。请记住：世界上没有任何一项艰难且繁琐的工作可以和老师的工作相比。老师与你的父母一样都是活生生的人，他们也有自己的家人、自己的孩子、自己的悲欢离合。常常也有这样的时刻：独自在大自然的怀抱中休息一下，对于老师是非常需要的，也是十分有益的；有时老师也有内心的痛苦，甚至丧失生活的勇气，但你希望看到老师开开心心，并且十分关心你，为此，他既不可能休息，也不可能有时间独处，他时常强迫自己压抑心中的不幸和烦恼，紧闭自己的心扉，将自己的思想集中到他要走的路上去。为了能使课堂上充满深刻的智慧和朴素的思想，为了他的热情能使你受到高尚思想的激励，让你感到既轻松又自在；而这些只有当老师付出艰难的努力时才成为可能。不要忘记，你对世界了解得越轻松，越发感受到快乐，一个有天赋、有思维和认知能力的人拥有的伟大思想越是深刻地激励着你，老师的心灵在爱和灵感的火焰中燃烧得更加明亮。

还有一个尤其重要且十分平凡的真理不能忘却：老师应当具有伟大的爱人的本领，应当无限地热爱自己的劳动。首先是对孩子们无限的热爱，永远保持充沛的精神、清晰的思路、印象鲜明、情感敏锐——没有这些，老师的工作就会变得艰难。

为了对学生进行正确的教育，为了让学生成为可以充分接受教育的人，成为真正受过教育的人，我们应该向他们解释清楚劳动的意义，要让你的学生成为和你一样的志同道合的人。一定要让他们深刻理解而不是怜惜我们的劳动。

要实现这样的教育，只有具备一个主要的条件才有可能：学校里不应该出现把老师的劳动当成负担的教育工作者。如果老师觉得自己的工作是沉重的负担，那么他口中的任何一种道德教育在学生听来都是对真理的嘲讽，这就会践踏年轻人的心灵。最为完美、最为动听的言语都可能成为道德上蜕化的方式，假如说这种话的人没有道德权利的话。

如果学校的道德不是建立在"我是教师"这个基础之上，无论我们怎样谈论老师高尚、复杂且伟大的工作，终将成为空谈。事实上，学校的道德就是道德思想和教师个性的和谐统一，我要让孩子们相信这种道德理想的美好、真实与智慧。没有在学生看起来十分权威、坚定不移、百折不挠的老师的个性，理想会变成一面被旗手丢在地上的旗帜，只是一块破布。教育中许多不好的根源就隐藏在这种情况里：人们要求学生追随这面旗帜，但谁也不愿举起这面旗帜。要做一位高举理想旗帜的旗手，让这面理想的旗帜带来理想的火花——这是教育最权威的秘诀！孩子们会十分细致地感受到老师就是自己的旗手。要善于甄别哪个是真理的火焰，哪个是虚情假意。孩子们无条件地信任你——这是他们的快乐，他们对你钦佩，因为你是带领他们勇攀高峰的领路人，你是无惧暴风骤雨和狂涛骇浪的引航人，你是时刻准备守护他们的坚强勇敢的人，也是时刻准备把他们倔强又任性、没有自我保护能力的弱点置于自己的力量、勇气和生活智慧的守护之下的坚强勇敢的人。孩子热爱他们毫无保留地信任其精神能力的人。孩子们要是懂得服从老师的权威（包括父亲和母亲），这相当于承认你品格的磊落和人格的完整。这体现在：一方面你是他们的忠实朋友，另一方面你是他们志同道合的朋友；一方面你好比是他们明智的父母，另一方面又像是了解他们许多秘密和心思的同龄人；一方面你要对他们严格要求，另一方面又要敢挑重任，对他们的秘密负责；一方面你是为孩子传道解惑的"万事通"，另一方面你还在不断探索世界，当世界展现在你面前时，和展现在你的学生面前一样，它无数多姿多彩、缤纷绚丽的方面又会让你永远感到惊讶可爱；一方面你要坚守个人的秘密，警惕地防止他人侵入自己的内心世界，另一方面你又是个心胸坦荡、心直口快的人；一方面你是个思想家，另一方面你又是一个能歌善舞、快乐、喜欢娱乐的人；一方面你表现出对卑鄙下作、口是心非、霸道无理行为的势不相容的态度，另一方面你对待人类的某些弱点又采取宽容的态度。作为学校里伦理基础的"自我"的统一体，并不是参照某种样式建立起来的，也不是常年学习培养的结果，而是活生生地存在于我们的品质和行为里。孩子们无法容忍虚假、虚张声势和欺骗行为。他们憎恨那些将黑说成白，或者以崇高的言语修饰黑暗的人。"我"作为一个有道德的教师，如果虚假、两面三刀，不仅不会提高自身的威信，而且会让孩子变成无法接受教育的人——这才是真正的不幸。

　　我想要说的是，孩子对世界的了解，开始于对人的认识，而人又是以父母、老师的名义出现在孩子面前的。我们先在自身表现"我"这一个和谐的统一体，进一步在道德上影响年少的孩子，教他们用人道的态度对待为他人利益而献出自己灵魂的人。运用这种教育务必要巧妙细致、深入人心。这样的目的在于：让我们在孩子面前揭露的道德理想，与孩子们最细腻的内心活动步调一致。我们说的每句话都具有善良、正义和美的含义——这是我们伦理道德教育的精髓。在道德教育的事业上是没有小事的。你的每一句话，可能会损害孩子对你这位老师的美好信任，给孩子的内心带来困惑。接下来，将讲述一个发生在学校日常生活中的事情，这在伦理道德方面是非常重要的。

　　今天，四年级的情况与往年不同。去年这个班的所有课程都是由叶卡捷琳娜·斯蒂芬诺夫娜教授的。而今天伊万·彼得罗维奇上第一堂课，谢尔盖·帕夫洛维奇上第二堂课，伊万·彼得罗维奇教的是数学课，谢尔盖·帕夫洛维奇则教的是地理课。

　　伊万·彼得罗维奇在讲桌后坐下，他看到了一只名叫"勃洛夫科"的狗，它是我们同学阿廖沙的朋友。阿廖沙已经四年级了，勃洛夫科每天都和他一起上学。它还给阿廖沙背着装有早点的袋子。勃洛夫科知道这个袋子里有个小口袋，里面总是装有可口的食物。上课时勃洛夫科总会坐在窗前，守卫着阿廖沙的食物。叶卡捷琳娜·斯蒂芬诺夫娜习惯了勃洛夫科，如果一切都与去年一样，如果所有课程还都是由叶卡捷琳娜·斯蒂芬诺夫娜来上，她会和蔼可亲地说："你感觉如何，勃洛夫科？"勃洛夫科会快乐地摇着尾巴，信任地看着老师的眼睛。

　　而伊万·彼得罗维奇却不认识勃洛夫科，因此问：

　　"这是谁的？"

　　阿廖沙回答道：

　　"这是我的朋友勃洛夫科——我希望它能陪我上课。"

伊万·彼得罗维奇回答道：

"你有一个忠实的好朋友。"

到了第二堂课的老师谢尔盖·帕夫洛维奇上课时，他看到了这条狗，用不同的语调问道：

"这是什么？"

"这是我的朋友勃洛夫科。"阿廖沙回答道，"我上课的时候它总会等在这里。"并期待着老师的回答。

"以后我不想再在窗边看到这条狗。"谢尔盖·帕夫洛维奇严厉地说道。

这时，班上的每个人都脸色凝重、皱着眉头，他们坐着，没人说话，也没人看老师，大家都彼此感到了羞耻，而阿廖沙在同学和狗面前更感到了惭愧难当。

回家后，阿廖沙开始复习功课。他饶有兴致地做功课，写作业。数学是一门有趣的学科。但他从来不做地理作业。全班没有一个学生在家里碰过地理课本。因为，从一开始，这门学科就变得毫无趣味了。

师生之间的关系，不仅仅是学校规则和纪律的问题。一般而言，孩子和成年人之间的关系应该充满着尊重劳动的氛围，如果对工作和勤劳的人不够尊重——就会产生懒惰，就会轻率地对待物质、精神与道德财富，就会对福利采取依赖的态度。那么该如何确立尊重劳动的思想情感呢？

这最主要的是相互理解，毫不留情。我要说的是对于游手好闲、玩忽职守、浪费时间和其他财富自己要不留情面，是彼此都能细致体会对方劳动的情感。孩子们是尊重热爱工作的老师的。充满崇高的热爱劳动的精神。满怀热爱事业激情的老师才可以——这是一团热火——吸引到孩子们，让他们感到惊叹，唤醒他们对待劳动者热情的态度。教师的才能主要在于可以受到劳动的高尚思想的鼓励。只是，我们的劳动是非常特别的：这是精神情感上的劳动，是非常想从自己学生身上看到自己所珍惜的东西的强烈愿望。我们的老师就是将自己的愿望在学生身上实现，要擅长对别人采取批判的态度，就像把培养对象是否达标用来检查自己一样。我认为，这是人类关系中普遍存在的最细腻、最温和的事物。真正的培养是建立在受教育者这样的感受上的：拥有智慧和丰富生活经验的人渴望看到我变得像他们一样，而且如果他对我感到气愤和愤慨，这不是对我的否定，而是一种认可。这就是我的老师对理想的追求。孩子的涵养水平和可以接受教育的程度正是取决于是否擅长体会、理解教师的意愿。对年轻人的心灵给予影响的艺术表现在你如何唤醒这样的可以受教育的能力和教养的需求。在这里，应该一次又一次地强调彼此对劳动体会入微的情感。要善于这样出现在自己学生的面前：让他们可以从你身上感觉到你在脑力活动中的细微差别，感受到你在智力上的一切努力。

孩子们会尽力模仿一切激发他们的想象力，让他们感受到高兴和钦佩的事物。希望你的脑力劳动也会令他们感到高兴和钦佩。教育的根源和秘密之一也在其中。如果你设法唤醒孩子们惊叹好奇的能力，让他为自己的老师就是智慧的明灯、就是光辉的脑力劳动的明灯感到骄傲，那么他们就可以确切地感受到你的心房在跳动。他们会保护和同情你，就像儿子爱护为了给他提供每日生活所需的食物辛苦劳动而感到疲倦后正在休息的父亲。在学校几十年来的工作使我坚信：要让孩子具有义务感，让他理解、体会自己对教师的责任，首先取决于教师是否能唤醒学生对脑力劳动的尊重之情。让孩子细腻地感受到你的劳动——形象地说，这是幼小心灵良知的一汪清泉。只要有这种感觉的地方，那里的孩子们就会在老师遇到困难时主动去帮助他。

下面是一件发生在一年半之前的事情。

一月寒冷的一个早晨，雪花飘落，北风刺骨。孩子们在天还黑着的时候就来到了学校。教室里十分暖和，他们脱下鞋子，坐在暖气边取暖。

上课铃响了，孩子们坐在自己的座位上。时间一分钟一分钟地过去，老师还没有来。孩子们派妮娜——今天的值日生——去老师的办公室看看，老师为什么没有来上课。过了几分钟，妮娜回来了说道：

"伊万·彼得罗维奇病了……清洁工说：'再坐一小会你们就可以回

家了。'"

"乌拉！"孩子们高兴地喊道，"乌拉！老师病了！不用上课了！"

但是，没有人注意到伊万·彼得罗维奇已经在门口站了很长时间，他满身都是雪，他感觉很累。他听着孩子们的尖叫，摇了摇头……或许他是跟在妮娜的身后走进教室的……大家都惊呆了，低着头坐了下来。

伊万·彼得罗维奇走到了讲台上。

"对不起，"他轻声地对孩子们说，"我生病了，但我还是决定来上课，与你们在一起我觉得十分快乐。因为我觉得整日躺在家里真的很无聊，刚才迟到了，对不起了。"

他脱下衣服，坐在讲台边，看着孩子们。孩子们用惭愧的眼神望着他，直到上课结束，孩子们还感到十分惭愧。当老师要放孩子们回家时，他们来到老师面前说：

"伊万·彼得罗维奇，我们请您再上一堂课：我们想请教一些问题……"

教师的"自我"道德的中心问题是他对于知识、脑力劳动、科学、高度文明、学习和读书的态度。孩子们应该将老师的品格当作是对脑力劳动和科学工作的无限忠诚。老师对知识的热爱会赢得学生的信任和爱戴。如果你想得到他人的尊重，那么，你应该做一位孩子的领路人，让他面对真理感到惊叹和赞美，这个真理是你和孩子们共同发现的。然而，发现者应是他们，你只是他们的帮助者，没有你的帮助，他们就会束手无策。只有孩子们在你的辅助下思考、发现真理，并为之感到惊叹和赞美的时候，他们才会深刻理解你劳动的意义。一个只会照本宣科，并要求学生记住、记住、再记住的老师，只会激起学生的反感和内心的愤慨。但是要注意，你的智慧不是仅仅只在测试学生知识时才显现出来。老师用现成的才能过多地强调学生的无知，或者显示自己对学生的优势，没有比这个更加有害的事情了。老师的智慧不应该阻塞，而应当指引、照亮学生的道路，让他们的知识显现出来。要善于这样安排孩子们的脑力劳动，让他们感觉到你和他们一起变得更加聪明，他们每增加一个新的知识都会让你十分高兴。

你激起孩子们对自己的脑力劳动的关心越多,你对孩子们的劳动体验就会越细腻。老师应该把对游手好闲绝不留情和毫不妥协的态度与对孩子在智慧劳动中最微小的努力的关怀和守护的态度融合起来。尤为重要的是让孩子理解并且感受到:在老师的帮助下他今天比之前在智力方面更加充实。一个真正从事脑力劳动的教师的技巧就是擅长让以下两件事情协调一致:一是让孩子不断积累实际知识;二是培养孩子的智慧,锻炼他独立掌握知识的能力。学生总是心怀感激之情回忆教会他们成为知识的主人、知识的支配者的老师。让学生学会思考吧,他会把你当成智慧与道德的导师来回忆和尊重。凡是读死书的地方,就谈不上对智慧的尊重;凡是不尊重智慧的地方,就谈不上将脑力劳动当成最艰苦的事来尊重;凡是不尊重脑力劳动的地方,老师就不可能了解学生的思想世界,因此也就不可能成为鲜明的、具有主要作用和领导力的教育者而在学生身上留下深刻的印象。

在学校里,"信念"这个词是经常提到的。从本质上说,做人就是从"知识就是信念"开始的。知识的火花一旦燃烧起来就会成为信念的烈火,那么这种火苗在哪里呢?这种火苗就是老师目标明确的劳动。它引导着学生实现已经制定的目标,教师的劳动是坚韧的、顽强的,如果你希望学生爱戴你、尊重你,要注意,不要让自己在事实和真理的世界中成为一个缺少热情的评论者、冷漠的解释者以及心灵冷漠的向导。要知道,我们教育学生尊重我们的是指在与他们一起追求真理时,我们有一颗正在燃烧的炽热的心。只有在知识成为一种斗争的力量时,只有学生感到自己不是一个用来填满知识的无底容器,也不只是会"消化"真理的冷漠的人,而成为一个小战士的时候,这种燃烧才成为可能。教育的文明按照其本质来说就是从这里开始的。

老师之所以被称为高尚的"人民教师"绝非偶然。老师的智慧造就了经常被称为世代相传的事物。在我从事教育工作的初期,我看到过令人感动的事,简短叙述如下:

一位年迈的教师倚坐在茂盛的椴树下。他正在给入学的孩子们办理入学手续。绿色的草坪上十分的宁静。新生们觉得羞涩，传来了家长们的轻言细语。

一位白发苍苍的老人走到老师面前，老师睁开眼睛仔细地看着他，闭了一会眼睛，再从头到脚地打量老人一番，然后睁开眼睛注视起来。

最终，老师认出了这是他的第一个学生。六十年前，在这棵椴树下，与今天一样的一个宁静的夏日，在同一地点，他给这位老人办理了入学手续。

"奥斯坦，是你吗？"老教师轻声地问道。

"是我，老师，我带孙子小奥斯坦来上学了。"老教师和他的第一个学生拥抱着、亲吻着。

奥斯坦爷爷叹了口气，悄声说道：

"岁月流逝啊，老师……"

年迈的老师哭了，看着小奥斯坦，沉思着，十分激动，双眸中翻滚着泪花，久久地坐在那里，默默不语。枝繁叶茂的椴树上空，天空蔚蓝。蜜蜂在啤酒花丛中嗡嗡飞舞，遥远的地平线上一条翠绿的森林地带——这一切都和六十年前一样。

"我亲爱的学生们，"老师用平静又激动的声调说道，"你们谁能告诉我，人为什么要学习啊？"

小奥斯坦第一个犹豫地举起了手。站起来，他觉得有些不好意思。老教师笑了。奥斯坦爷爷来到老师面前，请求道："老师，也许我的孙子有时候不懂事，或者学习不像我和您所希望的那样刻苦，这没有关系，但如果他不喜欢思考，那是糟糕的。思考应该成为他的爱好。他应该懂得人为什么需要了解知识，他应当永远像干旱的土地一样，准备贪婪地吸取每一滴知识的甘泉。"

老师要以一个坚强且向上的形象留在学生的记忆里。对老师来说最大的不幸就是身体上的衰弱，当你的老师变得衰弱无力时，要对他表示尊敬，因为他在你身上投入了全部的精力。

4. 知识就是为共产主义而奋斗的战士的精神力量和武器，在我们这个时期，如果没有全民的丰富知识，没有求知和好学的精神，没有丰富的精神生活，就不可能有独立、富强的国家。列宁说道："我们需要大量具有真才实学的人。"① 学生现在学习掌握数学、物理、化学、生物学，就是准备用自己的思想和知识为祖国服务。只要学好社会科学知识，就可以将自己培养为一个公民，一个具有深厚文化修养、高尚趣味和需求的人。

知识是你在儿童、少年和青年时期应获取的宝贵财富。你在年轻时得到的知识，不是以后在任何时候都能够同样得到的。你的责任就是尽最大的努力学习。男子汉的美德就是不要过寄生虫的生活，要鄙视懒惰的思想，要掌握知识，要关心公民的利益。一个男人如果对社会的共同利益不感到精神高涨，那么，他只不过是个会剃胡须的人而已。② 学习中的懒惰、冷漠、意志薄弱、玩世不恭，意味着你埋下了自己寄生生活的毒根。

实现这种教育就是要让孩子们养成热爱劳动的习惯，对懒惰绝不妥协，也绝不宽容。当孩子坐在教室里集中一切精力理解、牢记、体会和掌握所学习的知识时，你应该感到自己是劳动人民的一分子。这种思想绝对不是智慧

---

① 指列宁的《宁愿少些 但要好些》，在这篇文章中列宁指出要发挥社会制度的作用："要做到这一点，就要求我们社会制度中所有的优秀分子，即第一，先进工人，第二，真正受过教育而且可以保证决不相信空话、决不说昧心话的分子，不怕承认任何困难，不怕为达到自己郑重提出的目的而进行任何斗争……"（参见《列宁全集》俄文版，第45卷，第91页。）

② Н. Г. 车尔尼雪夫斯基（Н. Г. Чернышевский，1828—1889，俄国民主主义者、唯物主义哲学家，文艺评论家）在他的文章中说："当我们进入社会时，我们看到周围有许多穿着军礼服和燕尾服的人。这些人身高五英尺半或六英尺，有些人还要更高些。他们中有的在脸颊、上唇和下颚留着胡须，有的剃得很干净，于是我们以为我们看到的是男子汉。这完全是一个误解，是一种幻想，一种错觉，仅此而已。如果没有养成最初参与民政事务的习惯，没有养成公民的感情，长大的男孩只是变成了中年男性，然后变成了老年人，但他没有成为男人，或者至少他没有成为有品格的男子汉。"（参见车尔尼雪夫斯基，《哲学选集》1950年俄文版，第2卷，第231页。）

的消极守护者。只有当你成功地让青年的思想意识里永远确立这种思想，你才可以培养出真正具有高度文化知识的人。要让孩子们觉得，一天不劳动，就是这一天生活的不幸，也是巨大的、无法挽回的损失，我对孩子们进行教育的方式也是建立在这个基础上的。

我总是要向我的每一届学生讲述这样一个具有明显教育意义的真实故事。

日出前，妈妈去上班，她叫醒了9岁的彼得，并说：

"你的假期开始了，今天你的任务是：在屋子旁种下一棵小树，阅读《遥远的青山》。"

妈妈讲明了在哪里挖树，如何种植，将《遥远的青山》那本书放在桌子上，接着就上班去了。

彼得想到："我再睡一会，妈妈出门上班，我正好睡得舒服呢。"他躺下去，马上就睡着了。他做了一个梦：他在小屋旁种的一棵树长大了，而"遥远的青山"也并不遥远，就在池塘边。

彼得醒了："哎，糟糕啊！"太阳已经升到了空中，他想立刻开始劳动，但他又想到："时间还来得及。"

彼得坐在一棵高大的郁郁葱葱的梨树下，想着："我坐一会再开始劳动吧。"

然后，彼得走进花园，吃了新鲜的水果，跟蝴蝶又玩了半个小时，然后再次坐在梨树下。

晚上，妈妈回来后说道：

"儿子，让我看看你都做了些什么。"

而彼得却什么都没做，他惭愧地、不敢正视自己的母亲。

"儿子，你要知道，现在地球上少种了一棵树，而在人类里也少了一个知道什么是《遥远的青山》的人。你失去了巨大的财富——知识。现在，无论你多么努力，也无法了解你浪费的这一天所了解的一切。来吧，让我来告诉你，人们在你浪费的这一天都做了些什么。"

妈妈牵着彼得的手,来到一块刚刚耕过的麦田边,说道:

"昨天这里还是刚刚收割过的麦田,今天已经被开垦完毕。这是拖拉机手的劳动,而你却在虚度时光。"

她带孩子去了一个集体农庄的村民家里,这里摆着许多装满苹果的木头箱子,说道:

"这些苹果早上还在树上,现在,你看到了,装在了箱子里。它们将在晚上被送到城市里。我也在这里工作,而你却在虚度时光。"

妈妈把儿子带到一大堆谷物旁,她说:

"早上这些谷物还是麦穗。收割机的操作员把它们收割下来,脱粒,磨碎,司机把它们运回来,而你却在虚度时光。"

妈妈把孩子带到一座白色大楼前,她带着儿子走了进去,彼得看到在货架上有很多烤好的面包,这里所有的东西闻起来都是面包的香气。

"这是面包房,早晨这些面包还是面粉,但是现在它们成为可口的食物……真想尝一尝美味的面包。面包师全天工作着,汽车开来,面包将被运到商店,而你却在虚度时光。"

最后,他们走进了一栋屋子里,在门口彼得念道:"图书馆。"图书管理员指着一个大架子,上面放着很多书。

"这些都是最近大家读完的,今天才还回来。而且,又借走了同样数量的新书。"管理员说道。

"……而我却在虚度光阴。"彼得自己想到。彼得感觉到了羞愧,低下了头。现在他明白了什么是"失去的一天"了。

我努力追求的是:让孩子在其他人劳动的时候为自己虚度光阴而感到惭愧。只有当学习不仅仅是死记硬背,而是具有鲜明色彩的脑力劳动时,学习的习惯才可以培养出来。一个人只有在从事劳动时才能成为真正的公民。形成这种信念并非易事,要知道我们是在和孩子打交道。我逐渐向孩子们展示了成为劳动决定性力量的雄伟蓝图。这是一些关于建设矿井、水电站、寻找矿产、探索深海、扩大田地面积、保护自然的故事。思想、劳动和文明的统一已经成为生活的规则进入孩子的意识中。在我们这个时代，务农者、放牧人、机器操作员日常的平凡工作，以及农艺师的劳动，都需要丰富的文化知识。这一点让孩子们充满了高尚的学习精神。

然而，这种崇高的思想会变得没有意义，如果学生的智慧是消极力量的话。智慧应该是一种积极的创造力——只有在这种情况下，可以称为真正的脑力劳动的东西才能创造出真正的劳动者——要学会思考、探寻、理解人之为劳动者的美德。

从孩童起，在青少年漫长的生活道路中，我总是努力做到：在已经成为学生生活里不可缺少的有价值的东西中，放在首位的不是物质福利，不是对衣、食、住、行的关注，而是精神生活的欢愉。在青年时期，人应该是一个梦想家——这是从好的方面讲的。只有当思想和智慧驾驭着人与动物类似的一切本能东西的情况下，知识才会完全成为共产主义斗争中的精神力量和武器。一个人必须要吃东西，否则他不会活下去，但是如果他变成贪吃的人，那么他将丧失体面，失去精神上的美。人应该住在美丽舒适的家中，衣着整洁大方。但是如果这一切超出了自己的理想，他就会变成一个庸俗的人。让对知识的崇拜用它的光芒照亮世界上的万物，并且令人相信：世界上有一种价值是位于第二的，它的任务就是供人使用，也有一种价值，真正反映人最本质的东西。

学校的教育——只要我们期望培养出真正有深厚的文化的人——应该成为如今年轻人积极向上的公民生活内容，应该成为人的创造力的展现与表露。年轻人正处于德育、智育、美育的发展时期，在这个时期他不但要了解、认知、掌握关于世界、人、社会斗争的知识，并且要培养出对待世界、对待人、对待自己的态度。培养我们的学生自己对待他所认知的一切能力，这意味着已经教会他们什么是爱与恨。这些才是我们社会中最重要的价值。

坐在课桌旁过平民的生活意味着什么？这意味着，在掌握知识的过程中要培养自己对知识和科学的态度，这态度让作为共产主义理想而奋斗、对敌对的意识形态毫不妥协的战士，作为爱国者、劳动者、士兵的人对社会生活的正确性深信不疑。思想生活与学习的统一是经常被谈论的十分细腻的事情，也就是学习过程中的教育。对待知识、科学、劳动的列宁主义态度以及课堂中的公民生活是我们对待青少年全部教育工作的最复杂、最细腻的事情。对于本质而言，这就是思想政治教育，课堂上的公民生活是从人对待自己的信念开始的。要知道，知识不是在人头脑中没用的真理。知识——是人多方面的、多彩的、热情奔放的思想生活。因为有了认知，有了知识，人就会有追求，有感想，就会理解爱与恨。我一直努力追求的是：要让我的学生拥有知识，要做一名战士——我志同道合的朋友。让他在理解和感触知识的同时，确立自己的思想观念。我觉得老师的任务就是：打造课堂中的公民生活。学校的教育应该一直贯穿着观点、信仰、追求、评价和自我评价的教育——这一切都该包括在对"态度"这个概念的多方面的理解之中。

造就真正有深厚文化的人，培养对待知识的列宁主义的态度——就要将为真理的胜利、为后代的幸福而献身的人的光辉形象呈现在儿童、少年和青年人的面前。教育学生成为为共产主义奋斗的战士——意味着要让青年公民用自己的心灵感受谢尔盖·左拉、菲尼克斯·马特沃诺夫、尤里乌斯·夫契科和卓雅·科莫捷扬斯卡娅的心跳。我努力确保让炽热、火红的历史章节点燃年轻人的内心，唤起他们为祖国忠实服务的意向。没有这种意向，就没有文明。培养出真正具有深厚文化的人——首先是要认识人：具有英雄精神的人，忠于祖国忠于信念、准备并且善于为人民幸福掌握思想财富的人；具有才华的人，准备为祖国的美好未来和光荣使命发展科学技术的人。

伟大的列宁的形象是我们巨大的教育推动力。他辉煌的一生，他的革命思想，马克思主义的信念和坚定的目标，他对知识的珍惜，都是我们对我们的学生进行自我教育的榜样。为了讲述列宁的丰功伟绩，我们每个教育工作者必须达到像他一样高水平的思想境界和精神修养。这种教育的本质就在于教育者本人要怀着崇高的理想信念，表达出对共产主义的坚信不疑。要让学生感受到为共产主义事业的崇高志向与行为的鼓舞。在谈到列宁时，我努力用思想上的美、忠于理想的美、为共产主义胜利而劳动的美深深吸引每一个儿童和青少年。

对这种美的认知和理解是一种有力的刺激因素，它能激起学习的意愿，激起做一个机智、有文化、有修养、精神充足、思想坚定的人的志向。只有当这种美成为自己财富的时候，知识才可能成为力量，才智才可以成为精神上的力量。

我所关心的是让列宁的形象吸引、占据并鼓舞着年轻人的内心，激励年轻人去掌握智慧财富。没有热情、没有高尚的精神、没有灵感、没有对理想的追逐，就不会有爱科学、爱知识、爱阅读、爱学校、爱老师、爱劳动的感情。凡是愿望上升到思想上目标明确的行为并让知识大放异彩的地方，凡是拥有个人立场、观念、自己的前途和自己的幸福观的地方，就能产生坚定的信仰。

关于弗·伊·列宁的事迹可以帮助老师细腻且崇高地触及年轻人的灵魂。这些事迹中，列宁是一个生动鲜活、满腔热忱的人，是作为一位为劳动人民的幸福而奋斗的战士，作为科学的明灯展现在我们面前的。当青少年感受到弗·伊·列宁——一位生动鲜活、热情、热爱劳动人民、痛恨剥削者的人，一个拥有丰富文化、对知识从不满足的人的形象的崇高精神，并受到鼓舞的时候，他年轻的内心就好像大放光芒。在这样的光芒照射下，真正的人的价值对他而言就会具有十分美好的吸引力，按照列宁的方式生活的现实的可能性就会更加具有吸引力了。崇高的精神成为一种愿望——我们所谈的那种可以细腻接触青年人的内心的本质就在这里。

培养具有真正深厚文化的人，要让公民坐在课堂里学习——就是说要教育他们成为思想家和劳动者，我们的学生不应该使用现成的东西，而要积极获取知识。如果他不去获得知识，也不去感受精神和坚强意志集中的乐趣，那么，他就不会成为我的学生。我关于人——为共产主义而奋斗的战士——的论述也不会被他所了解。

成为懂得学习的公民，这意味着要想成为思想上的勤奋者，就要掌握列宁主义知识并珍惜它。具有知识和思想的公民始于这一事实，即学生应牢记在与黑暗和无知的争斗中所诞生的科学真理，这是在与反动派斗争时总结出来的。成为一个有教养的公民，意味着成为一个会思考的劳动者，要按照列宁的方式掌握知识，按照列宁所说的那样爱惜知识。知识和思想上的文明来自学生对科学真理的关怀，而在科学反对愚昧、进步对抗反动的斗争中必然产生的科学真理。比如，你经常向五年级学生介绍古代的历史：关于希腊与波斯、布匿的战争；关于古罗马地区奴隶的状况以及他们在斯巴达克领导下举行的起义。如果你是一位真正的教育者，那么你的授课不能只是公正的"事物上的表达"，而是要对孩子们进行思想与良知的召唤。无论上课发生什么，然而，如果我们谈论的是社会、人民、国家、阶级斗争、人、意识形态、人类的思想和热情的艺术体现，你的话语应该成为学生思想和良知的召唤。只有当你与他们志同道合时，学生才能成为你真正的教育对象。只有感受到了教师——老同志、生活经验丰富的人的召唤，他们才会沿着这条艰难之路走向真理，他们的内心才会和老师一起为同情真理和正义，为由衷地期望真理和正义取得胜利而遭受痛苦的折磨。如果你引领自己的学生树立共产主义信仰，你就要这么来讲述很久之前发生的故事：让他感觉自己就是被关在古罗马三层舰船上的奴隶，一个骄傲的、为自由而战的斯巴达克军队的战士。如果你擅长激起学生的这些感情，那么他们将不再是13岁的孩童，而是在思想感情上已然懂得为争取真理、反对敌对意识形态和反对仇恨人类而斗争的人，共产主义思想将永远成为师生们共同向往的善良的火花和努力寻求的善的标准。

要在教室中做一个公民——意味着要了解苏维埃祖国辉煌的历史、英勇的现在和光辉的未来，这与个人有着密切的利害联系。只有全力以赴地热爱祖国，并为她饱受艰辛和苦难的人，只有感觉自己是人民的一分子的人，才可能用列宁爱国主义者的目光审视生活。做一个真正拥有高尚文化的公民——意味着热爱我们祖先所创造的祖国。但这仅仅是真正文明公民的一半，如果没有为让祖国更加强大、更加幸福而创造、而劳动的意愿，真正公民的高尚文化是无法想象的。已经在学校课堂学习过的年轻人，只有当他为了更多地爱戴、赞美自己的祖国，看清自己必须走过的生活道路的时候，他才会成为一个公民。如果人们没有看到这条路，缺少沿着这条路走下去的愿望和精神准备，公民的教育就无法想象。这是一个十分特别、十分复杂、十分细腻的问题。如果人们觉得生活是美好的，那就谈不上文明教育。文明包括主人公的情感，前辈所创造的一切事物的继承者的情感，还包括对我们生活中常见的一些缺点承担责任的情感。而重要的是别让对坏事的了解变成惑众的言论。一个真正的公民几乎不谈负面的、让人痛苦的事情，而要多想一想应该怎么杜绝它。

真正可以深爱的东西只能是你觉得深刻且有利的东西——你了解这一点首先是为了提升祖国的荣誉，提高自己做公民的尊严。了解祖国是公民尊严的基石。在年轻的内心树立了解祖国的列宁主义态度。我想把年轻人的这种精神状态比成期待下雨的肥沃土壤。只有这样年轻人才会迫不及待地汲取有关祖国的每一滴知识。不仅是简单地了解，而是体验苏联祖国的历史，这是我们每位老师应具备的教育理想，对于十七八岁还在学习的人来说，创造物质和精神财富是他未来的基本活动，关于祖国的了解，不应该只是拘泥于他应该了解的一些事实和结论。我们学生的命运必须与祖国的命运联系在一起：怀着痛苦和自豪，激情和赞美，背负着对人民命运的关怀的心情，反复阅读人民英雄历史的每一章节。历史就是创造公民强大且永恒的力量。我认为我的每位学生都会热爱祖国历史的每一个篇章，热爱有关祖国的每一本书籍。不论我的学生将来从事什么职业——一位科学家，一名农民或瓦工。在青少年时期，孩子要以开放的心胸，敏锐的灵魂，用探索的思想去体验苏联祖国历史曾经走过的道路。只有在这种情况下，他在当今这个社会才能勇敢并且拥有智慧，才能以强大的内在精神力量和不懈的追求给世界留下自己的足迹。每个少年都有自己的历史图书馆——这里存有关于祖国辉煌历史和忠于信仰的儿女的书籍。在这些书中，首先是关于列宁的生活和斗争的作品，关于乌里扬诺夫家族的作品。对在校学生的文明教育，就是激发年轻人深刻思考苏联祖国的命运，善于激起"我是世界上第一个社会主义国家的儿子"的思想情感并引以为豪。

老师的高尚使命就是教育年轻人看到我们生活中和社会中英雄主义的事物，赞美日常生活中普遍且平凡的事物，体会社会主义制度最伟大的创造力——以及年轻一代的欣赏和仰慕之情。理解奋斗带来的幸福，如果生活需要，那么在平凡的日常生活中，可以看见具有伟大历史意义的事情，这就是公民的思想核心，是共青团员、少先队员的爱国主义灵魂，是立志做一个真正人的强大动力。只有作为老师才能够给予学生这种能力的人，才能从自己身上找到强迫自己、控制自己、掌握自己的意志能力。真正的领悟、真正的规矩和自制力，敢于对冷酷无情、无所事事、玩忽职守、肆意浪费精力和时间的现象进行坚定的斗争——这些思想品质的确立只能以公民对世界的认知为基础，只能以对"亲眼了解历史事件的发生，而且我也是这个事件的参与者"的理解为基础。无所事事的人和懒惰的人是道德上的失明者和失聪者。要防止对人的了解和认识的东西采用毫不关心的态度，防止内心和头脑的固化——这是用马列主义教育青少年的最细腻的任务之一。

"我看到了所创造的历史。"对这句话的理解和感受是忠实于社会主义思想的伟大根源，是决心为祖国的荣耀和光荣而奋斗的精神源泉，是富有活力的乐观主义的源泉。

按照列宁说的教育、培养那种有深厚文化知识的人——也就是说，在我们的学生意识里确立的不是一般的真理，而是炽热的革命斗争真理，热爱劳动人民的真理，对思想敌人永不妥协的真理，对祖国敌人痛恨的真理。我们的学生在考虑知识、考虑真理的时候，由于他们的内心树立了以上信念，而变得心跳加速起来。按照列宁的遗训来说，不仅仅是简单地把知识从自己的脑海中灌输到学生的思想中去，而是要引导并且率领年轻公民追随自己一往无前。

5. 在科学的入口处，必须提出如此要求："在这里必须杜绝一切犹豫；这里任何的恐惧都毫无作用。"① 要做一个思想家，要善于边读书边思考，边思考边学习，成为一个知识的探索者和求知欲望强烈的人吧。思考是最为复杂的劳动，你在学校里学习，是为了获取新的知识，要生活在思想的世界中，要体验思想。躲避思考，就会失去理解能力。② Cogito ergo sum（思考，意味着我还活着）。缺少思考的人生是十分可悲的，如果不去思考，不去阅读，就是虚度时光，浪费时间，也是浪费人生最珍贵的财富。要小心年轻时候心灵上的空虚、轻浮、毫无意义的消遣。要鄙视那些仅仅付出最小精力而获得最满意的事物的行为。很容易获得的满足会导致思想和内心的贫瘠。

书籍是你摄取知识的不可或缺的源泉，也是精神财富永不枯竭的源泉。自己建造的小小图书馆，不仅仅要懂得阅读，还要懂得广泛阅读，反复阅读。阅读是一项劳动，是创造，是精神力量和意志力的自我培养。永远不要把工作推到明天去做。强迫自己做明天需要做的一些工作。"如果你总觉得空闲时间不够，那你就什么也别做了。"③

劳动不仅指使用铲子和犁，还有思考。最为重要的是，让我们的学生自己去经历：思考艰苦的劳动，也正是因为它的复杂性和艰难性经常给人带去

---

① 马克思在《政治经济学批判》一书的前言中用但丁的《神曲》来描述地狱的入口：Qui si convien lasciare ogni sospetto a ogni vilt；convien che qui morta.（"在这里必须杜绝一切犹豫；这里任何的恐惧都毫无作用。"）（参见《马克思恩格斯全集》俄文版，第13卷，第9页。）

② 歌德在他的《格言与反省》中这样写道："凡是惧怕思想的人，最终都会失去思想。"（参见《哲学著作选》1964年俄文版，第349页。）

③ 参见《契诃夫全集》1949年俄文版，第12卷，第260页。

快乐。脑力劳动要和体力劳动保持一致，只有这样才有可能培养儿童和青少年下决心成为有思想、有学识、有修养的人。培养已经上学的公民，意味着教育孩子按照列宁所教导的那样去集中思想、全神贯注。我认为在年轻人内心唤醒学生们对热爱劳动的列宁主义、对真正科学的献身精神和热爱书籍的求知欲的赞美是极为重要的教育任务。如今，当我们实现了普及中级教育的时候，尤为重要的是，要让我们的学生用亲身的经历去验证：只要是艰辛的东西，不但十分需要，还十分美好，让人向往。我希望在每个学校显眼的地方写上马克思关于科学的语句。培养真正具有高尚文化的人——这是展现学校教育真正艰辛的精神，是展现求知、探索的精神、艰苦奋斗的精神和时刻工作的人的奋进精神。我一直以来培养、支持、倡导并将其视为信念的思想是：越是刻苦学习，成为一个克服重重困难的胜利者就越光荣。数学、化学、物理的坚固知识，是我们这个时代爱国者手中的锋利武器。如今，这些武器可以维护我们社会主义祖国的荣誉和尊严。在思想方面你的无知或者知识上的浅薄，你要是这样去战斗，这证明你不仅是一名不合格的士兵，更是一名不合格的爱国者。回忆一下高尔基说的话："做一个爱国者是好的，是非常好的，但是成为一个愚笨的爱国者是不幸的。"[①]

在少年的思想中，不应该出现这种想法，觉得学习是轻松的事。经常会有这种情况：有些孩子觉得学习非常困难，这是因为在他们生活中有很长的一段时期认为学习是轻松的。为了让学习觉得轻松（从某种意义上说，学习的困难可以通过坚持不懈的努力而克服），必须要感到学习的困难，这是使人不要想着去逃避困难而走上轻松的道路。

每一堂课，学生都必须通过自己的努力取得知识，这不仅是教学法则，也是符合教育的重要规则。在优秀教师面前学生求知的愿望永远不会消失，因为他们会感到自己是知识的探寻者，他们为自己边思考边工作感到自豪。

---

① 这是高尔基1914年9月写给儿子米·佩什科夫的一封信中的话，该信于1968年3月1日首次刊登在《真理报》上。

如果你想要你的学生永远不丧失求知的欲望——而只能在这种情况下,他才不单单只是学生,而是你的教育对象,你要善于帮助他们确定对思考、思想的态度,就像确立对劳动态度一样。

如果可以在学校中形成这种氛围——人们相互的联系中学识不是不断积累和留存下来的死板的无用的知识,这样,思想才可以算作一种劳动。知识应该是活的,应该成为集体精神生活不可或缺的事物,应该涉及责任和纪律的关系,友谊与责任的关系。

如何做到让学生在少年早期就乐于攻坚克难,蔑视轻松的生活道路呢?真正的脑力工作者需要在精神上十分坚定、坚强、百折不挠。为了让思考成为一种非常美好的劳动,为了让人感到思想的多彩缤纷,人应该掌控自己。当你这位老师成为与学生志同道合的人的时候,当你的脑力劳动,你的精神需求成为学生的指路明灯的时候,你才可能掌控住自己。多年的经验让我坚信:老师只有让学生坚信困难的东西即是美好的东西,他才有可能掌控学生的思想和意志,才可以把他提高到自我掌控的意志的道德教养的高度。我是以自己的信念来控制学生的思想和意志的。培养对教育者权威的信赖和对老师劳动的尊重与崇拜、服从老师的指导(这也是非常必要的东西),除此之外,没有其他的方法和手段。

只有当你特意地去靠近学生,用自己的勤学善问、对学识的渴望和永不满足的精神去鼓励自己的学生,并将思想家的自豪感传递给他时,你的学生才可能成为思想家。

课堂是首个热能基地,人在这里得到热量,就会努力成为思想家。我认为,课堂最重要的教育任务是在孩子的身上燃起对知识渴望的火焰。如果在我上课之后,学生没有感觉到想要了解比我教给他们更多的知识的愿望,如果这样的愿望不能成为一种追求,不能变成推动他进一步学习的力量,就证明课堂的教育任务压根就没有达到。带着教学目的来到课堂,形象地说,意味着给学生带去惊奇感。我的学生在看到无尽的知识海洋时应该感到惊奇,应该感到自己不是缥缈无用的尘土，而是一位勇敢的航海家。我的课程应该让孩子们感受到勇敢精神的鼓舞，在知识的海洋中航行，这种勇敢的精神是不可或缺的。书籍可以让惊奇变成求知好问的精神，只有读书可以让人精神生活多彩，人能否既成为思想家又成为劳动者完全取决于他在少年和青年早些时期如何阅读以及阅读什么样的书籍。不管你给少年讲述什么样的课程，你应该让他们热衷于阅读，因为书中渗透着许多崇高的思想，这可以提高即将走向独立生活的人的精神境界。

要像担心巨大的不幸那样担心青少年把智慧用在死记硬背上，这是和谐发展的敌人。教师对每个学生阅读和学业毫无关系的东西（当然这可能是发生在课堂上的问题引起的）应该给予最大的关心。由于思考的需要，其实年轻人应该阅读的书籍是教科书的两倍到三倍。多年的经验让我得出这个结论，根据思考问题的需要去阅读是发展智力才能、形成创造性智力的主要条件。根据思考、认知、对智慧的伟大和力量感到惊讶等需要而读书，也是人类思想生活的意义所在。没有这样的阅读，对教科书的学习就会不可避免地成为死读书，学生会变得头脑愚笨，学习会成为沉重的负担。但凡不根据思考、认知的需要而阅读的地方，掌握教科书的内容就会变成不能胜任的劳动。因为缺乏丰富充实的精神生活，便会产生不想学习的想法。

友谊，爱情，家庭

不要害怕成年人的劳动和将要遇到的困难，总的来说，不要害怕任何困难。总的来说，你将会成为坚强的人、艰苦奋斗的人，在热爱劳动、坚韧不拔等方面，你将会接近成年人，你要为此感到自豪。

1. 7岁时，你来到学校。父母都觉得你是个小孩，需要保护。事实也是如此，你需要大人的关怀、照顾和保护；没有他们，你无法在这个复杂多面的世界里生活。虽然你很小，但不要忘记，十年之后，当你从学校毕业时，你就成为一个大人了。葡萄的叶子从树枝上掉下十次后，你将再也不是一个7岁的孩子，你会成为一个独立的劳动者、一位战士和未来的家长，那时候，你将为自己的孩子考虑同样的问题。对于你，一个7岁的孩子来说，这似乎是一个难以想象的漫长的人生——这期间，对世界的认知将体现在孩子们的意识里……但是，对于你的老师来说，十年就不是这样漫长了……你的老师知道，与学校同龄的那棵老椴树，十年后也不会变老，而葡萄树的枝条，也会依然和年轻时候见到的一样。

要懂得考虑自己成年的时候的样子，这将帮助你成为一个真正的人。大人们——你的父亲、母亲、老师将你培养成人。但是你必须记住，你将会越来越独立，因此你要不断地努力，你将成为什么样的人也完全取决于你自己。

作为你的老师，可以毫不夸张地对你说：你年幼时期的生活状态会决定你将会成为什么样的人，你的能力将决定你未来的发展。珍惜大人对你的呵护和照顾，同时要试着努力尽快摆脱他们的呵护。不要害怕成年人的劳动和将要遇到的困难，总的来说，不要害怕任何困难。你将会成为坚强的人、艰苦奋斗的人，在热爱劳动、坚韧不拔等方面，你将会接近成年人，你要为此感到自豪。

我需要把这一切告诉一个小孩吗？多年的教育经验使我深信，学校，尤其是家庭教育的错误之一是将孩子永远视为孩子。忘记了孩子在将来会成为大人，这经常会带来不愉快的意外事件。培养孩子成人的教育是道德文化的一个整体问题，在这个问题中，人的智力、道德和创造力是融合起来的。这种教育不仅适用于7岁的孩子，而且必须每年都重复进行。但是，我们主要是在谈论培养年轻人创造力的重要性，这个问题不能狭隘地视为心理学问题。一个人的个人幸福，取决于他自身表现出什么样的才能，取决于他身上哪一方面的才能可以发光发热并照耀他的一生，如果人们从孩童到少年、青年以及成年都是些不求甚解的人、可怜的人，什么才华也没有的人，是不可能想象出一个统一一致的社会的——因为他们恰恰是从这个孩童时期，或者是刚刚准备上学或者刚刚进入学习的初步阶段的年龄步入少年、青年或成年时期的。能力的形成和发展方式是一个广泛的道德问题，这种能力在童年时期就不断发展，多年的经历也证明了这一点。教孩子思考长大的问题是很重要的，这样他才能在自己的头脑中培养长大后成熟的思想和精神。

每一个精神健康的儿童的头脑里都有各种各样的创造力，自然赋予了每个人成为创造者所需的一切。如何扩大这一范围，孩子会发挥什么样的能力取决于他小时候参与的活动（准确地说，取决于入学前两三年和入学后两三年参与的活动）同时，孩子本人与这项活动的关系是非常重要的。我们成年人可以在孩子们的思维意识里唤起并确立什么样的成熟的思想和精神元素，也具有十分重要的意义。这就是一定要鼓励孩子思考成年问题的道德教育意义所在。

人与所有其他动物不同的地方就是大脑有很长的"成熟"阶段。孩子在紧张、充实的精神生活环境中,大脑的成长过程是无与伦比的奇迹——但这不是自然界的奇迹,而是人类的奇迹。孩子在生活成长的过程中,有快乐与悲伤、欢笑与哭泣和爱与恨的时刻,但他远没有真正定型——在这个意义上,大脑成熟的过程中孩子们的可塑性是最高的。这一阶段里,孩子不仅仅是对外部环境,而且对这一时期"还未最终出现"的身体发生的变化、对外部环境和周围世界在头脑中如何被审视和体现都表现得最为敏锐。在这个时期,我们不仅只跟孩子打交道,还和能够决定人的将来即人的才能的思想打交道。我们称之为"先天的自然因素"的那种事物,是在娘胎里只作为活的东西存在,而充满激情的人的生活却在大脑成熟的可塑造性最大的那个时期就已经开始了。

父母教育的智慧——老师是这种教育的自觉的中心——是在孩子大脑可塑期最大的时候让孩子做可以在大脑中表现出来的最紧张的活动。

从某种意义上说,没有长辈的照顾和保护的情况下,孩子是无助的,也是无法自己生活的,不要让他觉得自己无助。相反,让他的行动帮助他建立起这样的信念:我是一个强大的人,自己周围的世界里,生活着很多更弱小和需要保护的生物。你现在是一个孩子,但不要忘记将来你会成为大人,这就是进行道德教育的原因。要考虑的是:你不会一直是个孩子。只有勤学精神成为人的内心中最本质的东西时,他才有可能去思考。不要让孩子上学后的行为变得单调,例如:只从事执行他人想法的行为,这对于智慧的发展是可怕的威胁。伴随着学习的开始,在学习中会出现许多消极记忆(这是必需的,无法避免的)的简单化的东西。提升(可以如此说)求知意愿的特定活动的作用十分明显地加强了。我们已经在一种教导中谈论过这样的认识活动(思维课)。

我还想说一下学校的工作室、花园和牧场,这些都应该让处于成长期的孩子去体验。我们的学校为孩子们准备了真正的小汽车、拖拉机、摩托车、脱粒机、割草机、谷物清洁等装备，另外还有一个供儿童发电的发电厂，当然，这些设备是完全安全的。教育的深层含义是：你是一个孩子，但不要忘记你将是一个成年人，正是基于此，你收割了庄稼，尽管很少，但是你使用的是一台真正的机器，你还要用一台真正的脱粒机将小麦脱皮，当然孩子们还会驾驶一台真正的拖拉机从事劳动。在这段时间里，老师要让孩子用成年人的思维看待世界。尽管从我们成年人的角度来看，这种活动大部分似乎是游戏，但对儿童来说这根本不是游戏。

在低年级教课的老师要极力让孩子们在劳动时与成人一样具有饱满的责任心。人在少年时期就应当看到自己童年时期的劳动基础：他从小树苗培育起来的树应该结出果实了，在他童年时期精心照顾的一颗种子，应该变成丰收的小麦了。

童年时期是富有创造力的、富有理想的、快乐的劳动，是不可替代的思想和智力发展的源泉。形象地说，它像是风或者干净的空气，没有这些，好奇心的火焰就会熄灭。

2. 人的诞生是最大的快乐。要知道，你的出生对你的父母来说是最大的快乐。每年，你的生日到来时，他们都会兴奋地回忆你出生时的样子，你的第一次哭泣，你说出的第一个单词。每一个人来到这个世界上，不仅意味着人类的延续，还承载着人类无与伦比的财富，是祖国的荣耀、伟大和力量的源泉。一个人的诞生就是民族的未来，父母的喜悦也是全体人民的喜悦。

孩子心地纯洁、品德端正，以及在孩子们之间精神上的纯真关系，取决于他们如何对待新生命降临这一事实本身，取决于他们如何对待孕妇，尤其是如何对待即将生产的母亲。为了教育对待新生命降临的崇高态度，我们需要教育未来的父母。

在乌克兰的一个村庄，每有一个孩子诞生，整个村子就会像过节一样。

这种氛围的形成，学校发挥了积极的作用。

　　在一个良好的家庭中，孩子与兄弟姊妹之间发展了精神上交流的需要。在只有一个孩子的家庭中，对孩子进行协调的情感教育的条件大大减少。照顾他人总是始于照顾自己的兄弟姐妹，血缘关系是培养和发展同情和友善的基础。而对于姐姐们来说，这也是培育母亲般情感的第一所学校。家庭里，孩子的诞生，甚至是期待一个孩子的诞生，都是孩子们道德发展的一个独特阶段，在男孩和女孩的精神生活中，一个表现自己真正人的品质的尤为活跃的时期开始了。在个别讨论和协商中，我们建议父母：如果您希望家人相互具有责任感与爱、尊重爱与责任的关系，那么最好是要成为孩子们的父母，而不是独生子女的父母；希望你们每个孩子都有自己的兄弟姐妹，至少一个兄弟或一个姐妹，大点的孩子和小点的孩子出生间隔为三四岁或者五六岁是最理想的。只有当孩子还未成年，而智力和情感却已经发展到了哪怕是初级理解和感受到由于亲兄弟姐妹的出生而为此产生联系的人的相互关系的含义时，新生命的诞生才可以在他的内心深处留下强烈且永不褪色的印象。弟弟或者妹妹的诞生，会为家庭的长辈和晚辈间和睦发展营造最好的条件。

　　在与幼儿的对话中，我们就这些非常棘手的问题向父母提出建议（只有在完全相互信任，与家人在一起进行多年教育合作的条件下这些建议才有可能实现）。我们总是坚信这种主张：让哥哥姐姐把迎接弟弟妹妹的诞生当作生活中的最幸福的事情来对待，而且亲自将这样的事情当作道德上的更新和提升来加以体会。从某种意义上他们会感到：现在我面前会有新的道德要求，现在我不仅是儿子，而且还是哥哥了。假如学校能够帮助父母并且提醒他们，对于孩子什么话可以说，什么话不能说，以及应该如何回答孩子们的问题（这样做将作为高尚且纯洁的道德标准成为孩子精神生活里不可或缺的一部分），那样，就不会出现涉及神圣不可侵犯的东西的问题，生育和母亲的浪漫色彩的光环可以永存。该怎样向他们解释出生的奥秘呢？这个问题经常让家长和老师感到惴惴不安。有些人会谈论《鹳》这个故事，另一些人会觉得将全部情况都告诉孩子会更好。还有一些人认为这样回答最合适：你还小，长大了你会知道的。不过，从道德上讲，选择讲《鹳》这个故事是最合适的，因为它包含有表现了人们的智慧和思想、体现了对我们生活中隐秘事物的关怀、体现了对待孩子敏感内心态度的艺术形象。和孩子们聊一聊美丽和善良的鹳吧，他们会像体会童话故事一般体会它，也会像相信童话故事一般相信它。在内心深处和不可冒犯的领域里，人应该有自己的隐私，如若不然，人就不能够称之为人了，人应该有自己的高尚理想，如若不然，我们就会沦落到庸俗和愚昧无知的局面。凡是随着家庭里新生命出生而产生激动心情的手足般的情感的人，让他到具有纯正浪漫主义色彩的童话故事中去满足自己的求知欲吧。这不会有什么坏的影响，相反，只有通过这种途径才可以进行天真无邪的教育。我特意为学前儿童和低年级的孩子们编写了一个人是怎么来的童话故事。以下就是这个童话的内容：

奥莲卡，你问你的弟弟是如何来到这个世界上的？他从什么地方来到你的家中？为什么你的妈妈又变成了他的妈妈？你为什么成了他的姐姐，而他又为什么成了你的弟弟？孩子们，我要讲一个世界上最真实的故事给你们听。你们瞧啊，东方已经出现一片红色，太阳很快就会升起！在太阳晚上休息的遥远地方，有一片十分美丽的罂粟地。看啊，现在太阳很快就要回到自己的罂粟地了。鲜艳的罂粟花在那里常年盛开，一条清澈的小溪在山谷里潺潺流淌。奥莲卡，太阳在自己的土地上赏赐给每个母亲（包括你的母亲）一丛罂粟花。当母亲想要一个儿子或女儿时，她会想："我将生一个什么样的孩子？"因此，根据她的梦想，在罂粟花下就会诞生下一个男孩或者女孩。一个新生儿在母亲的期盼中、在金色的阳光下出生了——他躺在鲜红的罂粟花中，伸出一双小手，微笑着——他想投入母亲的怀抱。此刻，一只鹳，从远处飞来，这只鸟有着银白色的翅膀和翠绿色的眼睛。鹳把婴儿抱起来送到母亲面前。这是她心爱的孩子，是她在自己的梦想中用爱孕育出来的。奥莲卡，太阳按照你妈妈的愿望把你塑造成为现在的样子，而那只神奇的鸟——有着银白色的翅膀和翠绿色眼睛的鹳又飞回到罂粟花丛中，因为世界上的很多母亲，她们每一个人都有自己的愿望……

能否在孩子身上保持对新生命（甚至是新生命还没有出生的时候）的保护、关爱、满腔热忱的态度，全靠父母的教育智慧。

3. 人的出生并不是为了像默默无闻的尘土一样消失而无处可寻，而是要在自己身后留下永恒的印记。

人首先要让自己永远留在人间，这样我们才是永生的，是我们最大的幸福和生活的意义。如果想永远留在人心中，你就要教育好自己的孩子。教育人是最重要的社会责任。

一个人的道德品质取决于他可以在多大程度上从父母对子女的关系中看到自己生活的最高意义。我们的重要教育使命是，我们创造的人不仅应对当前行为的每一步负责，还要对未来负责，未来就是富有生机的人的智慧、信仰和感情，他的根源就是在现在奠定下来的。

女孩们成年的那天，即她们满16岁，可能成为未来的母亲的时候，我会给她们讲述乌克兰的传说——《谁是世上最能干的手艺人》。

那是很久以前的事了。在乌克兰的一个村庄，姑娘们和妇女们决定展示自己的手艺。她们约好：周日来到广场，每个人都带上自己用双手做出的最好的东西，例如刺绣、花边、亚麻布、桌布或衣服。

在约定的日子里，所有的姑娘和妇女都来到广场上。她们带来了许多让人惊叹的东西。有许多精明能干的妇女和姑娘，让受全村人委托评选最优秀的手艺人的老人们目不暇接。富人们的妻子和女儿带来了用金丝银线绣成的绸缎罩单、精美的花边窗帘，窗帘上编织了许多漂亮的飞鸟。

然而，胜出的是一个不幸男人的妻子玛丽娜。但她没有带任何刺绣的毛巾或花边，尽管她知道如何完美地制作这一切。她带来了她五岁的儿子彼得鲁斯，而彼得鲁斯带来了一只他自己用木头雕刻而成的百灵鸟。彼得鲁斯把百灵鸟放在他的唇上吹了起来了,那只鸟仿佛活了一样,唱起歌来。广场上的每个人一动不动,都被这歌声迷住了。突然间,一只真正的百灵鸟飞来,它被地面的歌声吸引,也开始在蓝天中唱歌。

"能创造一个聪明善良的人才是最有能力的手艺人!"老人们这样决定。

青年男女们,你们已经踏上了生活旅途。你们那令人着迷的一天就像太阳出现在你们面前——它现在还仅仅只是在地平线上,大好前程还在后面。你们应该耕种田地、建造房屋、修建桥梁、饲养牲畜。要为小鸟从温暖的地区飞来感到快乐,要为每一颗翠绿的麦芽的命运担心。你们应该去远征、去杀敌,如果他们想要入侵我们祖国神圣领土的话。你们的心灵、聪慧、才智的一部分就会融化在这一切里。但是,只有在人们的心里才能完全融化自己的心灵。不要忘记,你们将会成为父母。在父母对待子女的关系中——有着最为复杂的劳动智慧。这就是劳动、劳动、千万次的劳动!

男孩们,你们作为父亲(我现在提醒你们,是把你们当作未来的父亲看待),在听到婴儿的叫喊声时,心里应当紧张;女孩们,你们作为母亲(我现在提醒你们,是把你们当作未来的母亲看待),必须在生养儿女时忍受痛苦。在你们踏入漫长生活道路的时候,一定牢记:你应该尽可能多地随身带着青少年时期创造的珍贵财富,因为这些财富对于你今后培养真正的人是尤其需要的。

有一个民间传说,讲的是一个名叫无果花的人的故事。这个人喜欢唱歌,喜欢聚会,他不能在一个地方待太久,总是搬家——一下子从绿色的田野搬到开花的草地,一下子从开花的草地搬到隐蔽的小树林。后来他有了一个儿子。他在橡树枝上挂了一个摇篮,自己坐在一旁唱歌。儿子一天比一天长大。有一天,他从摇篮里跳出来,走到爸爸面前说:

"爸爸,请告诉我您用自己的双手做了些什么?"

父亲对儿子如此睿智的话感到惊讶,他微笑着。在想要给孩子说些什么呢?儿子等着,但父亲沉默了,他停止了歌唱。儿子看着一棵高大的橡树问道：

"这棵橡树或许是您种的吗？"

父亲沉默着摇了摇头。

儿子把父亲带到田里，看着结满果实的麦穗，问：

"或许，这些麦穗是您种的吧？"父亲低下了头，沉默着。

儿子和父亲来到一个深水的池塘，蓝天倒映在池塘的水面，儿子说道：

"爸爸，你说些什么对我有帮助的话吧……"

可是他不仅什么都做不了，而且一句智慧的话也讲不出。他低下头，沉默了……就这样，他变成了无果花，春天到秋天开着花，但没有果实和种子。

年轻人，要当心，不要像无果花一样进入生活，这是最大的悲伤。如果你们无所事事地度过一生，便会愧对儿女，愧对他人。

4. 要把自己身上的东西留给后辈们——要知道人类的精神与动物的不同就在于，延续后代的时候，我们将美、理想、对崇高事业无私奉献的精神也传递给新的一代。年轻人，你们越是深刻地把自己美好的事物留给后人，铭刻在他们身上，你们作为公民就会越富有，你们的个人生活就会越幸福。公民与个人的融合，体现在您的孩子身上，因为他是你们个人的幸福，同时也是人民的幸福；祖国一词是我们语言中最美丽的词，不仅因为它庄严地反映出公民的本质，还因为它深深根植于每个人心中。

对于每一代年轻的学生，我都会讲述一个让做老师的我深深震撼的故事。

两位母亲躺在大城市郊区的一家小医院里——一位黑色头发，一位浅色头发。她们在同一天生下了自己的儿子：黑发母亲的儿子早上出生，浅发母亲的儿子晚上出生。两个妈妈都开心地憧憬着自己儿子的未来。

"我希望我的儿子成为杰出的人。"浅发母亲说，"成为享誉全球的音乐家，或者是作家，或者是一位雕塑家，创造了能让后人铭记瞻仰的艺术作品，或者是一位建造了能够飞向遥远恒星的宇宙飞船的工程师……这就是我所期待的……"

"我希望我的儿子成为一个好人。"黑发母亲说,"永远不要忘记母亲和家。热爱祖国,憎恨敌人。"

孩子的父亲每天都来看年轻的母亲。他们穿着白大褂,坐在白色的长椅上,屏住呼吸,久久地望着儿子的小脸蛋,幸福、惊讶和柔情在他们的眼睛里闪闪发光。接着,他们坐在妻子的床旁,说着很长很长的悄悄话。在孩子的摇篮旁,他们梦想着未来——当然,都是关于幸福的梦想。一周后,成为爸爸的幸福的丈夫把妻子和儿子带回家。

三十年过去了,两位妇女——黑发母亲和浅发母亲——又来到大城市郊区的那家小医院。她们的头发已经都是银灰色的,脸上布满了皱纹,但是她们依然和三十年前一样美丽。她们认出来了彼此,两人在三十年前生下儿子的同一个病房接受治疗,互相讲述着自己的生活。双方都有很多欢乐,也有很多悲伤。她们的丈夫为了保卫祖国在前线牺牲了,但是,出于某种原因,在谈论自己的生活时她们都不谈自己的儿子。终于,黑发母亲问道:

"您的儿子从事什么职业?"

"他是一个杰出的音乐家。"浅发母亲骄傲地回答,"他现在指挥着一支乐队,在我们城市最大的剧院里表演。获得了巨大的成功。您不认识我儿子吗?"浅发母亲妈妈说出音乐家的名字。"是的,当然。"黑发母亲很清楚这个名字,很多人都知道他。她最近才读到了关于这位音乐家在国外获得巨大成功的报道。

"您的儿子怎么样?"浅发母亲问道。

"干农活的人。说得让您更清楚些——他是集体农场的机械师,就是拖拉机司机,康拜因操作员。他经常到畜牧农场工作。从早春到深秋,在雪还未覆盖大地的时候,我的儿子在土地上耕作、播种、收割庄稼,然后再耕作、播种、收割……我们住在离这里一百公里的一个村庄里,儿子有两个孩子——儿子3岁了,女儿刚刚出生……"

"这样啊，那幸福从你身边绕过去了。"浅发母亲说，"你的儿子成了一个平凡的无名之人，田里的农民有上百万人……"

一天还没有过去，黑发母亲的儿子从村里过来看母亲。他穿着白大褂，坐在白色的长椅上，与他的母亲低语了很久很久。在黑发母亲的眼中闪耀着喜悦的光芒。她似乎忘记了世上的一切。紧紧握着儿子那只有力的、晒得黝黑的手，微笑着。儿子离开的时候，似乎在向母亲道歉一样，从袋子里拿出葡萄、蜂蜜和黄油放在桌子上。"早日康复，妈妈。"他说道，并亲吻了母亲。

没有人来找浅发母亲，晚上，房间里一片寂静，黑发母亲躺在床上，带着微笑沉浸在自己的思绪中，浅发母亲说："我儿子现在正忙着音乐会……如果不是音乐会，他当然会来的……"

第二天傍晚，黑发母亲的农民儿子又从遥远村庄赶来看她，他又在白色的长椅上坐了很长时间。浅发母亲听到他说现在全天工作，是收获的关键时刻。儿子与母亲道别时，在桌上放了一罐蜂蜜，一个白面包和一个苹果。黑发母亲的脸上洋溢着幸福的微笑。

从没有人来看望浅发母亲。

晚上，母亲们静静地躺在床上。黑发母亲微笑着，浅发母亲轻轻地叹着气，生怕黑发母亲听见了她的叹息。

第三天傍晚，黑发母亲的农民儿子再次从遥远的村庄赶来看她。他带来了两个大西瓜，还有葡萄和苹果。黑眼睛的3岁的孙子也一起来了。儿子和孙子在黑发母亲的床旁坐了很长时间。幸福在她的眼中闪耀，她看上去年轻了许多。孙子告诉奶奶说，昨天和爸爸一起驾驶了康拜因，浅发母亲在一旁听着，感到很难过。男孩说道："我也要成为康拜因驾驶员。"奶奶轻吻了他。这时，浅发母亲回忆起她的儿子，那位杰出的音乐家，在外旅行演出的时候，家里其他人说，总是把小儿子送到寄宿学校去……

两个母亲在医院住了一个月，农民儿子每天都要从遥远的村庄过来，给母亲带来微笑，好像母亲是从微笑中痊愈的。在浅发母亲看来，当黑发母亲的儿子来看望时，甚至整个医院的人都希望黑发母亲能快些康复。

没有人来看望过浅发母亲。一个月过去了。医生对黑发母亲说："您现在完全康复了。心脏没有杂音，心率也很正常。"医生对浅发母亲说："您仍然需要继续疗养，当然，您也会很快康复的。"说这话时，医生不知道为什么将视线挪开了。

黑发母亲的儿子来医院接她，带来几束大的红玫瑰，送给医生和护士，医院里的每个人都很快乐。

在与黑发母亲告别时，浅发母亲希望和她单独相处一会儿，当所有人离开病房时，浅发母亲含着泪问道：

"亲爱的，请告诉我，你是如何培养出这样一个儿子的？毕竟我们在同一天生了他们，你是如此的幸福，而我……"她哭了。

"我们这次分开，就再也不会见面了。"黑发母亲说道，"因为也许不会有第三次这样奇妙的巧合，所以我会告诉您事实：我在那个幸运日生下的儿子已经死了，他不到一岁就夭折了……现在这个孩子，不是我的亲生儿子，但是比亲生的还要亲！他3岁的时候我收养的他。他当然可能模糊地记得这些……不过，对他来说，我就是他的生母，您已经看到了。我是幸福的，可您却感到不幸福，我对您深表同情，您不知道，这些天，我也替您难受。我早就想出院，因为我儿子的每次拜访都会让您难过。您出院后，去找儿子，对他说：他这样无情，会吃苦头的。他怎样待自己的父母，他的孩子也将怎样待他。对母亲漠不关心是不可饶恕的！"

爱国主义要从小开始培养。不能成为父母真正的儿子的人，也绝不可能成为祖国真正的儿子。

"我们每个人都会有孩子"，这种思想和关怀应该像一条红线贯穿整个青少年群体的精神生活；要爱抚自己的孩子并且唤醒他们这样的思想：他是我的儿子，是我最珍贵的人，这并不十分困难。可要在他的内心深处确定对自己行为负责的责任感，并且把我们当作之前生活过、经历过、并且依然铭刻在心的东西的化身而确立对我们的诚实和信任的情感,却要困难太多。我常常提醒踏入独立生活的每一代年轻人,他们要为自己培养出什么样的儿女对社会、对人民负责。

父亲和母亲养育了祖国忠实的儿子,也为自己树立了无与伦比的纪念碑。如果你们的儿子成为祖国和人民的叛徒——这种情况也是常有的,所以也要把这种苛刻的话语说给你们听——你会受到鄙视和遗忘。背叛祖国是最恶劣、最令人发指的罪行。

未来的父母们,请记住!利己主义、唯利是图,还有像弗·米·陀思妥耶夫斯基描写的那种"只顾自己吃光用光,没有崇高理想的生活",都孕育着背叛和叛变的种子。对伟大且神圣的事业是否忠诚是从以下方面培养出来的:当你的孩子触碰到父亲养活他的面包时,他应当怎么想;当你的儿子看到父母下班回来十分疲惫,需要关怀和休息时,是什么思想让他内心不安、非常内疚;当他了解生活懒散、衣食无忧、冷漠无情会给长辈们带去很大伤害的时候,他的心是如何跳动的。

毕业晚会前,我与即将获得毕业证书的男孩女孩们一起去森林。在大自然中,我们进行了最真诚的对话。我把这次谈话称为对未来的父亲和母亲的最后的指导。对于这种谈话,我常常选择那些能触及公民良心深处的话语。

要记住——我对年轻人这样说——人最高尚的荣誉是为社会培养出真正的人。如果你们善于培养,你们就可以得到作为父母的最大的幸福。

每个人都有责任,都有自己的义务。要对你说的话、你的行为、你的爱与恨负责。但最崇高、最困难的责任莫过于家长对孩子的责任。人民、祖国和我们自己的良心是履行这一职责的最高法官。你们每个年轻人(男孩和女孩)都会从事不同的职业,但你们每个人都会成为父亲和母亲。

男孩的目光与女孩的目光相遇时,心跳会加速,甚至无法呼吸。你们彼此的每次触碰都会产生难以理解的情感、希望和梦想。你们把全部精神寄托在对幸福的期待上,而长辈们给你们留下的无价之宝,就是祖国、社会主义体制、自由的劳动。不过，这个无价之宝只有当它和人的生活息息相关的时候才能使人变得幸福。长辈可以将一切都传授给你们。但谁也不能替代你们去培养人，这需要你们去劳动。世界仿佛伴随着每个人的降生而重生，而人的世界会变成什么样子，你们为此要承担责任。

5. 你的朋友家里有一个弟弟和妹妹出生——你要祝他幸福。别人生了孩子，你要向他表达祝贺，这是人类文明的标志之一。

对于每个人来说，生日是他一生中最快乐的日子，如果没有人祝贺他的生日，甚至没有人记得这件事，这个人将会非常孤独和难过。母亲、父亲、祖父、兄弟、姐妹的生日，我们应该记住。家庭的幸福在于我们彼此交换温暖。家里有多少人，就有多少值得庆祝的生日。

在你所爱之人出生的那一天，要比平常起得早，告诉他："生日快乐！衷心祝你身体健康，幸福快乐，精神坚定，思想睿智。"如果你祝贺你的弟弟或妹妹生日快乐，可以提醒他们，问问他们今天是几岁的生日，让他们感到高兴。在童年时代，过生日是非常激动的；在少年时代，过生日是充满欢乐的；成年时期，过生日时内心是会感到焦虑的；老年时期，生日则会使人感到悲伤。不要计算你父母、爷爷奶奶的岁数。也不要跟你姐姐提醒她有多大，特别是如果她到了 20 岁以上。女人总是希望自己永远年轻……这是占人类半数的女人的权利，我们在她们身上看到了最伟大的力量和最深刻的意义，同时可以看到自己的美。美应该永不褪色，岁月创造了美，岁月也可以摧毁美。时光流逝，就好像经历过、体验过的事物不再重复一样。人们的幸福并不是因为"又大了一岁"，而是因为"这一岁给我们带来多少益处"。对生日的祝福，要求我们注意分寸，表达机智，你如何向别人表示祝贺、你擅长回忆什么、考虑什么、应该说些什么、不应该说些什么，都可以反映出你的文化素质。在向他人祝福的时候，不必说出"祝你长寿……"对少年和儿童来说这些话并不能说明什么，因为理解和体会这些话需要足够的生活哲理；而这句话会再一次让你的父母想起：离开人世的那一天总会到来；对祖父母来说他们会觉得很讽刺，因为他们生命的大部分已经消逝了……

在亲人生日的当天，要给他送上一份礼物。送生日礼物——这是你文化修养的具体表现，是心灵的象征和怀念。要擅长制作一些和购买一些礼物。对于你的亲人而言，最宝贵的礼物就是你自己亲自做些什么，比如，你自己亲手种的花儿，最好的礼物是一幅画、一首诗，或者一本小小的纪念册，以及有你自己的画和诗歌的普通的练习册。如果你不会写诗，那就写一个可以永远留在你回忆里的小故事。如果是你的母亲过生日，你就要给她写一篇回忆录：在你早期的回忆里，你的母亲是什么样的。向你的父母要钱去给他们买生日礼物是非常不好的。如果你不会亲自做些什么，或者不想去做，那么，你们要想想该如何向自己的良心交代！你应该迫使自己放弃一些必需的东西，去买些礼物。不要想着去买那些珍贵笨重的东西，礼轻情意重。生日礼物的价值就是道德价值，它不是通过物质的价值衡量的，而是通过你准备带来欢乐时所投入的心灵的力量衡量的。

特别要记得祝贺爷爷奶奶的生日——忘记他们的生日是道德上的愚昧。

不要忘记你已经年迈的师长的生日，尤其是不应忘记孤独一人的老师的生日。

生日是一个家庭的庆典。是家人和朋友而不是整个公众集体的节日（公众会庆祝那些对社会服务、做出奉献、获得荣誉的人的生日，而且一般是当他过了 50 岁，人们才会了解这个纪念日，不会早于这个年纪）。在 50 岁这个年龄之前，或者某个人尚未获得社会认可就在集体中庄严地庆祝自己的生日——这是不谦虚的表现。通常，只有家庭成员会为成年人隆重地庆祝生日。

不要在宿舍为每一个学生热烈的庆祝生日。可惜的是，这样的情况经常发生：有人在大厅里让学生集合，让在这个月出生的人坐在光荣席上，开始庆祝活动……从教育的角度来看，这样会损害年轻人的心灵，因为这样仅仅只是为了形式，不要让孩子从童年时期就习惯了做这样俗套的事情。生日是亲人们内心的节日，不要忘记这一点。人们在俱乐部里为受到全社会尊敬的人的生日举行庆祝仪式，总是要发表庄重的演讲，之后，家人和最亲近的人会聚集在一起，不这样做，生日作为喜庆的日子是无法想象的。只有当那些拥有可以触碰你内心深处的道德权利的人来参加这心灵的节日时，生日才会体现出它的本质。

应该教孩子们如何祝贺生日，如何赠送生日礼物。但是老师的话只有在孩子学会这种感受时才会触动孩子的心。生活中常常会出现这种情况、事情和现象：当人际关系的问题摆在孩子面前的时候，老师和父母的每一句话才会充满深刻的含义。一个普通的词汇在他们面前突然呈现出未知的、奇妙的色彩，影响他们的内心世界。

在二年级的课堂里，老师看到加莉娅举起了手，她是一个开朗乐观、积极向上、富有同情心的女孩。

"你想说什么，加莉娅？"老师问道。

"玛丽卡的弟弟出生了。"加莉娅说道，脸上洋溢着幸福的笑容，好像是她的弟弟出生一样。玛丽卡是她的好朋友。她们坐在靠窗倒数第二排，班里三十双眼睛饶有兴致地望向玛丽卡。这个女孩有点局促地脸红了，她是第一次体验这种感觉。我们成年人不会清楚了解一个7岁孩子的感受，她对身边出现了弟弟或者妹妹感到非常惊讶，她自己还没有完全了解事情的真相，但她为自己所处的新情况和这种情况让她进入到新的关系而觉得精神高昂、思想崇高。如果我们可以深入地了解孩子的情感世界，该多好啊！这种思想感情在他的亲人和最爱的人来到这个世界上的那天让他的心灵受到了鼓舞——这个亲人之所以显得十分亲密，是因为世界上唯一的母亲生了他（他相信罂粟地的童话故事，但我认为这个故事仅仅是母亲生育奥妙的一件漂亮的法衣而已）。我们会更加尊敬今天已经成为哥哥或者姐姐的人。我们的崇高的使命是：让已经成为哥哥或者姐姐的人在新的情况下比昨天弟弟妹妹还没有出生的时候更加尊重自己。

"玛丽卡有弟弟啦……玛丽卡有弟弟啦……"消息在同学间传开了,老师和孩子们都微笑着。

"太好了!"老师边说,边走到玛丽卡身边,吻了吻她,"让我们祝贺玛丽卡的父母有了一个儿子,祝贺玛丽卡有了一个小弟弟。"

加莉娅拥抱、亲吻了玛丽卡……

"'我们祝贺'这句话是什么意思?"米克拉问道,他若有所思。孩子们不能够理解这个词语字面上微妙的差别……如果他们善于用语言表达自己的情感,他们会说,米克拉十分了解"我们祝贺"的意义,他提问的目的是为了消除自己内心的某种疑惑,你看,他问完之后不知道为什么叹了口气。

教室变得十分的安静,每个人都希望听到老师的回答。

这意味着玛丽卡的爸爸和妈妈拥有了更多的幸福。一个人出生会给很多人带来幸福:

玛丽卡的妈妈生了一个儿子;

玛丽卡的爸爸有了一个儿子;

玛丽卡自己有了一个弟弟;

玛丽卡的爷爷有了一个孙子;

玛丽卡的外公有了一个外孙;

玛丽卡的奶奶有了一个孙子;

玛丽卡的外婆有了一个外孙;

玛丽卡的舅舅有了一个外甥;

玛丽卡的叔叔有了一个侄子;

玛丽卡的表兄有了一个表弟;

我们有了一个新的朋友,

多少人因此而感到快乐幸福啊!

我们因此表示祝贺!

随着一个人的诞生,未来展现在眼前。玛丽卡的弟弟是我们当中最小的一个。当你们这些孩子,成为苏维埃的军人,成为祖国的捍卫者的时候,玛丽卡的弟弟刚好步入小学,学习"母亲"这个单词的含义。晚上你们在边疆戍守,保卫着他的摇篮。他将在睡梦中快乐地微笑——因为你们的保护。我们的祖国因此强大而不可战胜。祝贺每个母亲又生了一个新儿子、一个新公民的时候,我们伟大的祖国希望来到世界的他们,将来能成为一个真正的人。我们还不知道玛丽卡的弟弟将来会成为什么样的人,他甚至还没有名字!玛丽卡的父母几天后会来到学校,他们将从我们人民的名册中为儿子选择一个名字……无论他成为什么人,是祖先土地上的耕种者或宇航员,是瓦工或牧羊人,是园丁还是车工。母亲将把自己所有的精力倾注在他身上,努力培养他成为祖国的忠诚的孩子。这就是我们为什么祝贺。

应该教育孩子这样感受。在老师对待学生的智慧情感的真诚态度中,他说的每一句话都揭示了自己最微妙的方面,形象地说,老师和孩子们都是从同一个角度看到世界,并体验过对庄严和独特那一瞬间好奇赞美的感受。

6. 生活中有这样一种伟大的幸福和伟大的劳动——爱情。青年男女之间的爱,夫妻之间的爱,属于一种特殊的道德主权领域。培养不去干扰人际关系这一微妙领域的能力——这是教育和人类智慧与文化的标志。在未经允许的情况下进入他人的幸福空间,揣着好奇打探他人的生活,粗暴地干涉那些不可接触的和属于个人的领域,再没有比这更无知的体现了。相恋、结婚、生儿育女——是人类自由中最细腻且最温柔、最让人值得骄傲而又最容易让人悲伤、最深沉且又最坦白、最敏锐又最脆弱的领域。在爱情方面展现出睿智、美好、具有自尊感的人,才可以真正感受到美满、自由。在恋爱中表现出的无知、不文明以及道德上的卑劣,会损坏人的尊严。

作为主权不受侵犯的领域,爱深刻地影响了我们社会的基础,因为爱,人们组建了家庭,生育孩子。做一个道德高尚、品行纯正,情感美好的人吧。请记住,这是人类最美好的自由,同时也是最严格和最不可剥夺的义务。只有"想要"与"必须"在人类的行为中和谐地融合，才会产生高尚的爱情。人的欲望是不是文明，会突出地表现在爱情之中。从精神上培育自己具有崇高的爱情——这是学习恋爱的过程，自觉地控制个人的欲望会让你成为真正的人。从本质上讲，正是这一点将人类生命与动物的存在区分开来。动物只有盲目的、本能的冲动和生理上的需求。动物被束缚在身体上，但人类的精神在一定程度上独立于它——只有这样，人才能体现出人的精神。

人真正的自由和美体现在：一个人可以决定自己想要什么或不想要什么。拥有向他人表达自己爱慕感情的勇气，也有在内心严格而明智地压制这种情感的能力。有时候，人的欲望与人的身份是相符的，有时候却不相符、不道德。道德上的纯净和美丽表现在：人对卑劣的欲望从不宽容、毫不妥协，憎恶地抛弃和抑制自己的这种欲望，也憎恶他人身上的这种欲望。对不道德的欲望表达愤怒和坚决的斗争是十分必要的，这首先是为了最大限度地和动物的欲望区分开，达到人类文明的高度——对自身符合道德的崇高欲望坚信不疑，忠诚不移。

更加要像担心火灾一样担心自己的欲望，警惕任其自流、不予教育的态度，如你不擅长未雨绸缪，就很容易给他人带去不幸，并让你的生活变得空虚。在精神心理学和道德美学的方面，青年男女和夫妻间的关系表现出的轻浮、不严肃，是在欲望方面十分无知的结果。

人的精神是完整和无尽的。爱是一项巨大的工程，需要付出巨大的努力。这些精力可能会消耗在一些琐事上，要提防这一点。爱，意味着对爱人付出自己灵魂的力量。"好丈夫有好妻子，好妻子有好丈夫。"乌克兰的谚语这样说道。只有恋爱中"必须"和"想要"和谐地融合在一起，爱才能让情侣彼此更加完美，才能为自己、他人创造人的美。这种美会成为教育他人的力量。愿望的高尚和美丽可以在孩子面前创造最大的精神力量来教育他们。没有美的精神力量的地方，人就会变成只有知识而没有道德的野兽，这是极度危险的！

当你把姑娘当作女性或者把小伙子当作男性去爱之前，你爱他（她）应该首先爱的是这个人而不是其他。要从精神上更多、更广泛地与人交际——事实上，让欲望更加文明化，欲望成为需求，以及需求形成的过程，都是从这里开始的。教人学会爱他人——这是教育哲理最细腻的一个方面。这里，技巧与艺术是相互联系的。

每个人都拥有一定程度的爱，但爱的力量不是无限的，必须谨慎使用。从小就要开始维护。不要将精力分散在琐事上，永无止境地沉迷于爱情之中，不停地寻找新的恋爱对象，对待爱情三心二意，那么，你就会带着空虚的心灵步入成年生活。

如果你对父母漠不关心，说些无情的话，那么你的孩子也会这样对你。在道德上缺乏热情——这种危险要比心力衰竭大一百倍。没有同情心的人，其思想就会变得更加自私，要知道爱是需要经得起时间考验的。要知道，你年轻漂亮的妻子也会变成老奶奶，你自己也会成为老爷爷。真正的爱情是要珍爱一生的，即使一个人离开了人世，爱也依然存在，爱会记住一个人。

确保我们的学生是具有高等文化素养的人，这是我们非常重视的。在这个微妙的教育领域，我们看到了未来父母高尚道德的形成和发展。培养优秀的父亲和母亲，基本上能够解决学校一半的任务。

因为每天都和孩子们接触，凝视他们的眼睛时，看到他们刚离开家并跨进学校门槛，听每个孩子谈话，从他们的目光、微笑和忧伤中捕捉到他们对复杂的世界和成年人之间的关系的反映，我们越来越相信，成年人的欲望对孩子的成长起着巨大的作用。

低俗、邪恶、不符合人性的那些愿望，若表现为具体行动，可以摧毁孩子的心灵，引诱起恶劣的情感。尤其危险的是，它扼杀了孩子们对善的信心，生产小骗子和伪君子。这些人在少年时代就开始了对他人的精神奴役或者奴颜婢膝、阿谀奉承。不幸的是，确实存在这种家庭，在那里，邪恶的欲望占主导地位。如果没有任何方式可以反抗这种邪恶，那么，一个人从小就会变得难以教育，或者完全无法教育，因为这种欲望对人的影响重大，包括信念的形成与否，对别人的信任与怀疑、关怀与冷漠、善意与恶意或是幸灾乐祸，这些观念都是在欲望中培植起来的。一些青少年不为自己身边的人着想，能够为了自己的安宁对他人的不幸漠然视之——这种可怕的现象，追根溯源，可能是年少时期，孩子曾茫然错愕于一个卑鄙的、甚至是不人道的邪念所驱使的行动。

对父母进行的基础师范教育是从关心他们的欲望是否文明开始的。如果孩子们不能够在成年人的高尚欲望的环境中成长，如果这种欲望不能在行动中体现出来，那么，学校的正常教育通常来说是不可思议的。我们常常向父母说明心地纯洁的动机即美好的愿望是如何培养爱人的本领的。我们会告诉他们如何对自私自利的最细微的表现进行永不妥协的斗争。

教给孩子高尚愿望的巨大力量时，要让他们相信：良好的愿望可以激发出无私奉献的行为，从而挽救一个人，而邪恶的愿望可以摧毁一个人。

我们认为最重要的教育任务，是使每个孩子的内心充满崇高的愿望，给他人带来欢乐、幸福、善良与安宁。唤醒崇高的愿望，激发他们善的行为，这也许是教育过程中最微妙和最困难的事情之一。这也是一所真正爱人的道德学校——一所可以培养对他人内在精神世界十分敏锐的学校，一所准备为他人的幸福、美好而献出自己全部心灵的学校。

在童年和刚进入少年时代的阶段，特别是在少年时期，自觉地管理个人欲望起着巨大的作用。我们给孩子们讲述光辉的生活故事，让他们思考人的欲望这个问题——而这并不是那么简单的！要学会真正爱一个人，忠实于自己的感情和义务，这只有在心中产生的愿望被美好、纯洁、崇高的光芒照耀的情况下才能实现。只有懂得崇高道德的人，才能进行高尚的思考。思想、意识在控制欲望和情感中起着主导作用——这是一种不可替代的力量，能够激发美好愿望对孩子的吸引力。有一个普遍的观念我无法赞同：感情是无法控制的。相反，人类的文化就在于：高尚的思想，能控制、支配和命令情感。

如果行为由欲望和感情支配，而思想却在沉睡，这只会导致道德的空虚和败坏。年轻夫妻家庭中的诸多不稳定与问题，在绝大多数情况下，是让不受思想控制和支配的感情影响而过早地决定结婚的后果。

只有在聪明的、高尚的道德思想的影响下，才会产生对美好愿望的憧憬。这种愿望本身不会出现在孩子的脑海中，这点必须要受到老师的启发。我努力确保每个学生都能看到自己的道路，并且可以按照理想前行。这里最重要的是让孩子看到、感受到他人的内心。在睿智的道德思想影响下，能够发现周围需要帮助、同情和支持的人。当我的学生受到人与人之间美好的爱的鼓舞时，我会提醒他们这样一件事：一位清洁工几周前从学校退休了，现在正经历着孤独和艰难的日子。这个小小的提示，已经足以让一个8岁的女孩想要去帮助那个孤独的人。这种想法以某种力量紧紧抓住了年轻的心，甚至使女孩感到惭愧：我为什么没想到曾经每天在学校里欢迎我们的维拉阿姨，现在是孤身一人呢……在孩子的心灵里，对人际关系的细微差别的思想越明亮，越能帮助他们理解什么是好的、什么是坏的，越能让他们为自己的冷漠感到羞愧。不知道如何思考自己的行为的人永远不会感到羞耻。"羞愧是一种存在于人内心的愤怒。"[1] 马克思写道，"羞愧是自身的革命。"教育者的任务是在年轻人的脑海中打开生活的这些方面，认识这些方面唤醒人们以高道德的方式衡量自己的积极要求。衡量的结果，会让孩子去认真思考：我做得是好还是坏？一个人只要会感到羞耻，会生自己的气，他就会开始评判自己的欲望。这不是自责，也不是说要扼住自己的欲望的咽喉、压抑欲望。这是一种崇高的心灵工作，使"必须"和"想要"融为一体。

可以看到，培养孩子承担起今后作为父母的高尚使命和具有崇高的人类的爱，要从培养崇高的思考能力、向往美好的愿望和在生活里找寻这种愿望的愉快的能力做起。每一个孩子都应该接受良好愿望的教育——这是培养高

---

[1] 引自1843年3月马克思给德国公爵夫人阿诺德·鲁格的信。（参见《马克思恩格斯全集》俄文第2版，第1卷，第371页。）

度道德文明最主要的准则之一，一个好父母必须要具有这种道德文明。

我们学校必须做到：为了正确对待关于生儿育女心灵的剧烈活动，必须让青年男女在理智上对性本能的萌动时期有所准备。人从追求异性时开始，就不仅仅只是需要受到尊重的人了，而是有一种能够承担起责任——对他人负责的独立力量。一个人在年轻时期和成年时期给他人带来的是幸福还是悲伤，取决于我们可以在多大程度上明智地对年轻人的才能和思想进行培养。要培养他们对待性萌动时期的冷静态度，就好像是增强可以独立飞行的小鸟翅膀的力量。当人发育成为成年人的时候，当班里的同学不再是小孩或留短发和扎辫子的少年，而是男人和女人的时候，对他们个人生活的每个方面，老师干预的情况已经很大程度上受到了限制。在这一时期，老师做到这一点是十分重要的，即尽可能多地去了解每位学生内心所想的事情，要去发现，而不是观察，要有分寸、不被觉察地去了解每位学生。

我看到一个极其重要的教育任务，那就是在童年和青春期之初，尤其是在少年时期，让学生将爱视为道德上的勇气和美，将生活中的爱视为这是人对人的无限忠诚。爱情的思想应该是对人类美的认识。在培养孩子的时候，我努力让我的每一代学生对这种美感到惊讶和欣赏，以便让忠诚的品德能照亮年轻人的心灵和道路。在生活中，我们周围有许多明亮的、不会熄灭的美的火花，我希望，我的孩子们能够接近这种火花，一方面，让他们能够在年轻时就懂得欣赏人类的忠诚之美；另一方面，让每一个学生都用自己的内心力量使他们的初次对性的冲动变得高贵，为自己成为丈夫、妻子、父亲、母亲的崇高使命作好准备。纯洁、高尚、对爱情的忠诚是把人们团结在最长久、最牢固的家庭单元中的力量。

多年的经验使我相信，对于年轻的男孩女孩，有必要真诚地、坦率地，最重要的是，智慧地谈论爱情。在这种谈话中要严守这样的教导：感情是由思想、理性支配的。在谈论爱情的话语中，不要让激动的情绪占主导地位，而要让智慧和理智占主导地位。不要暗示学生那种错误的观念：感情是无法控制的。要按照内心的想法行事。有意识地培养理智对待人与欲望的态度，老师应该用这样的话来触动学生的内心。

多年来，我收集了一系列关于爱的谈话。我会向十二三岁的少年们这样建议，恋爱是成为父母的起点，爱意味着你要承担起对别人——你爱的那个人以及你未来的孩子——的巨大责任。爱情只有在它理性、聪明、有远见的时候才是道德高尚的。一种不受理性约束、不受未来理想约束的感情，会滋生痛苦和苦难，使那些不幸拥有这样一种爱情的孩子的灵魂空虚。教育者的任务是，帮助学生在少年时期怀着高尚的理智的情感把自己看作是未来的母亲或父亲来考虑。

"现在，我和你们这些即将六年级毕业、已经13岁的男孩女孩们聊天。我还记得你们的父母。吉娜、奥莉娅、加莉娅、托利亚、谢尔盖、尤里——我记得你们父母还是一个7岁的孩子时第一次踏进学校的那天。我同样还记得你们7岁时，他们领着你们这群孩子来到学校的那个阳光明媚的早晨。总有一天，你也会送自己的孩子上学，成为年轻的父亲和母亲，学习如何教育孩子的科学。"

7. 男孩们，喜欢上一个女孩，这是人类繁衍本能的觉醒。从人类成为世界上超越万物的存在开始，他的性本能就不再是盲目的冲动——还包含人类爱情的第一道火花。你来到世上，是为了使繁衍的本能更加高尚，为了把自己的才能和天赋献给这种人类最伟大的美。

尊重女孩，保护她的荣誉、尊严、骄傲和独立。你心生好感的女孩可能成为你的妻子、你孩子的母亲。她将在新一代中复制你和她自己，这是人类不朽的一种体现。爱——不仅仅意味着身体上的亲密接触。对妻子的爱，对丈夫的爱，是精神层面上的，这是心理和道德关系中最微妙的领域。请记住并思考，用一生去全心全意地探索这样一个真理：爱就是人与人之间的关系。人能够做到对爱始终专一，这份感情才是最强烈、最崇高的爱。忠实于自己的爱，就是在你爱的人身上留下自己的一部分。背叛你的爱（如果它真的存在的话），意味着破坏人用心创造出来的财富和美（如果这些财富和美真的存在的话）。

爱不仅仅是热情的赞美和为你创造的美的感受，而是为你所爱的人永不停歇地创造美。不善于做一位爱的创造者的人，他很快就会感到失望，这样的人会不停地追求其他的"恋爱对象"。这不是爱，而是道德的败坏，是精神匮乏、内心空虚的体现。为了一生忠于你所爱的人，你应该一生都在创造美，就像最初相爱时一样，要把精神力量奉献给他，融入自己的智慧、感情和愿望。

在整个奉献和创造的过程中，一个人拥有的欲望起着决定性的作用。只有那些能够驾驭自己的欲望，在高尚的情感冲动中找到真正幸福的人们，才会越来越相爱。形象地说，我们的愿望是人类文明之树上的花朵。我们的愿望有多崇高，取决于我们的感情是否和谐和对爱人是否忠诚。

道德与自我的思想是不可分割的。一个在精神、心理和道德上空虚渺小的人，不会成为好的公民，更不能成为真正的、高尚的战士。

多年的经验表明，父母之间的真爱是培养孩子最重要的精神力量。父亲母亲对彼此崇高的爱，道德的纯洁与美，他们相互尊重、相互信任、敞开心扉、彼此忠诚，无论是处于幸福、悲伤、痛苦还是孤独中——这一切都是不可替代的道德因素，促进年轻人敏锐思想核心形成，即对善的信念和对恶的不妥协，对胜利充满信心，对生活积极乐观的态度。父母之间的深厚情谊，彼此无微不至的关心与扶持，是教育孩子的第一课。

在孩子们的心里，人对人的真诚是理想神圣的事物，他们把父母之间的关系清楚地看作是对真诚的表现。毁坏、蔑视孩子对理想事物的信念，就是歪曲和破坏孩子内心的丑陋和邪恶的力量。当孩子还处于没有建立起这样的信念，或者在成年早期根本不了解何为信念的时候，那就更加糟糕了。这种情况下，来到学校的是一个不肯接受教育的孩子，因为他的内心根本没有人类最宝贵的财富,即对真理的信念以及对何为真理的解释。我相信,叛变、卑鄙的行为、背叛都是从与父母虚伪的共同生活的根源中渗透到孩子精神世界的毒药(这样的共同生活不仅没有真正的人的财富,并且在一些时候连最基本的正直作风都没有)。这毒药可以令敏锐的孩子的心灵产生凶恶和残忍,对理想缺少信仰,对长辈的教导采取藐视、讽刺的态度,对他人乃至对自己的命运也漠不关心。防范这种给校园和社会带去不幸的方法,就是要有一个建立在神圣、崇高和理智的爱的基础上的牢固的家庭。父母在这种理智且富有创造精神环境的家庭中相处的时间越长,他们彼此就会越相爱——这就是爱的哲学。

我们教育父母——无论未来的父母、年轻的父母还是有经验的父母——相敬相爱,这也是我们最重要的教育任务之一。在给家长们上课的时候,我们向他们讲了教育失败与不幸的缘由。我们反复提醒即将结婚的人好好思考家庭的关系,要避免对伴侣的不忠,夫妻关系的破裂、不忠、疏远都会给孩子带来巨大的悲伤。在毕业典礼上,我向十年级的男生和女生讲述了一个对年轻人很有教育意义的生活故事。

每天晚上,7岁的塔拉西克都会遇到下班回来的爸爸,这是一个欢乐的时刻:爸爸开门,塔拉西克朝他跑去,爸爸把儿子抱在怀里。妈妈微笑地准备晚餐。

有一天,塔拉西克放学后看到妈妈坐在窗边悲伤地沉思着。

"妈妈,你为什么悲伤?"塔拉西克惊慌地问道。

"爸爸不会再来找我们了。"妈妈平静地说道。

"怎么不会来了?"孩子惊讶道,"他去哪里了?"

孩子心中没有这样的概念,还不明白爸爸再不会来意味着什么……

妈妈说道:

"他不会和我们生活在一起了,他今天来拿自己的东西。爸爸要去和另外一个女人生活了。"

"为什么?"塔拉西克大喊着,"为什么他要去和别的女人生活?"

母亲很困惑,她急切地想着该如何回答儿子,想到什么就说什么:

"因为我的头发白了……而那个女人没有……"

塔拉西克哭着,抱着妈妈,用手抚摸着母亲黑色的辫子,里面有几缕白色的头发。随后轻声说:

"但这是你的辫子,妈妈……你的辫子是最美丽的,难道爸爸不明白吗?"

"他不明白,儿子……"

然后发生了母亲没有想到的事,在关于辫子的谈话结束之后。男孩找到了爸爸现在和那个女人住的地方。他去找那个女人,那个女人刚好在家。男孩走到她身边,仔细看了看她的头发,说道:"我妈妈的辫子是最美丽的……您这是辫子吗?"

然后塔拉西克去找父亲,父亲在一个汽车修理厂工作。他请父亲到外面,儿子对父亲说的话,会使每一个诚实的父母内心都因痛苦和愤慨感到悲伤。

"爸爸,你为什么离开妈妈?她的辫子那么漂亮……妈妈是最善良的,最亲切的……现在我们这么困难……爸爸,回到妈妈身边吧……"

父亲低着头站在儿子面前,他没有说一句话。傍晚,他回到妻子身边,请求妻子和儿子的原谅。

这个故事中的主角现在就住在我们村子里(塔拉西克完成了学业,他的父母和睦地生活在一起),这个故事让男孩和女孩思考生活的意义,体验美好和丑陋的行为,感受对人的忠诚和对人的责任。

爱是一种责任,人必须承担其应有的责任,我们必须努力确认这种信念。我们需要在人们心中树立这样一种信念,无论是那些惊奇兴奋地第一次向爱人表达自己感情的人,还是那些正在教导孩子们如何生活的人——不负责任,就要因此不得不付出代价。孩子们瞧不起背叛母亲的父亲。

男孩和女孩们,想想有一天,你们(作为你们孩子的父亲和母亲)会变得苍老、柔弱。你和你的孩子们都清楚地知道,剩下的日子不多了,唯一能让一个人在他的晚年过得愉快轻松的是来自孩子们真诚和忠诚的爱。在这崇高的人类的喜悦面前，所有其他的快乐都显得苍白无力。一个真正快乐和聪明的人，他一生都会积累这种财富。这个财富就储存在孩子的内心里，就是孩子们的责任感。要知道，总有一天，你们的孩子会变得比父辈们，更加坚强、更加聪明，这是人生中不可避免且充满智慧的规律。因此，只有当你们在孩子的精神生活中具有伟大的、无可比拟的重要意义，才会成为你们幸福的唯一根源，因为在你们的智慧、你们的内心、你们的每一个想法和意图中，孩子们看到的是你们的义务和责任。这是你们赖以度过晚年的唯一资本，你们将会为自己没有虚度一生的年华而感到欣慰。

8. 建立家庭之前，请确定自己是否已做好准备：

你知道该如何对一个人忠诚吗？你的灵魂懒惰、自私、无情吗？你知道该如何控制自己的欲望吗？你是否准备好为家人提供经济收入，因为你的妻子可能长时间无法工作——她要教育、抚养你们的孩子。结婚前，请咨询你们的父母，他们将用生活中的智慧帮助你做出正确的决定，这是生活中重要的一步。家庭生活的意义和目的在于抚养孩子，如果你在结婚前夕放弃关于孩子未来的考量，就相当于你踏上一段漫长的旅程，但不知道自己的力量和道路。

家庭生活不可能、也不会天天是节日，其中的忧虑、烦恼、不安要比欢乐多得多。家庭生活的快乐，就是对崇高目标的领悟，要实现高尚的目标必定会有担忧、忐忑、顾虑，为照亮你领着所爱的人走的道路而竭尽全力——这就是家庭生活幸福的含义。你必须与你的爱人分担痛楚、悲伤和不幸，你要善于承受命运的打击、保护好你的爱人，你在精神上的崇高、宽宏就体现在其中。要勇于同可能会降临到家庭中的苦难和不幸做斗争。家庭有可能经历的最大不幸之一就是你爱的人生病了。在不幸的时候做一个诚实可靠的人，这需要精力高度集中，有时候还需要做出自我牺牲。当你所爱的人身体孱弱之时，也要一如既往地爱他。

在家庭生活中，必须考虑你所爱的人的想法、感受和愿望。一方面要保持自己的尊严，一方面要懂得互相让步。从你听到自己孩子第一声啼哭的那一刻，你就开始了一项复杂的公民义务。你当爸爸（妈妈）了。要知道，你作为公民的积极表现，你的爱国主义精神的最重要的体现，就是教育孩子。任何工人都可以被同样或更能干的工人所取代。但这个好父亲不能被另一个好父亲取代。怀抱婴儿的母亲，站在摇篮旁的母亲，就像一个守卫边防的哨兵。她创造未来，保护未来。这意味着她创造的是我们伟大的祖国，母亲是祖国的第一勤务员。千千万万的家庭是为大树提供动力的千万条纤细的根脉——这棵大树叫作祖国。当你成为丈夫后，你公民的责任增加了一倍，因为你建立了一个家庭。

在抚养孩子、创造和保护未来方面，每个人都可以达到完美的顶峰——成为真正的大师、艺术家、诗人、贤哲和公众人物。父母的智慧是我们国家宝贵的道德财富。国家像珍视杰出的思想家和艺术家那样珍视那些知道该如何培养真正的公民的智慧的父母。在学校里要得到这样的智慧，你们要通过自己所走的每一步、做出的每一个行为教育自己的孩子。孩子开始认知世界，你们就是出现在他们面前的一个有关人的鲜活的形象。从父母的形象中孩子初步了解"想要""应当"需要统一的观念。孩子的好与坏，体现了你们的道德水准，表现出你们的公民责任、你们的修养、你们的文化素养程度。

在婚姻中，要进行相互教育和自我教育，一分钟都不能停止。婚姻幸福的一个方面是它会让夫妻在精神上变得更加富有，精神境界的提高，会给生活带来极大的快乐，会让生活更充实。未来的丈夫和父亲，你要懂得，对待女性——你的妻子、孩子的母亲、自己的母亲的态度，是教育你在婚姻问题里精神文明的一座重要的学校。对待女性的态度，是掂量良心的念头最细腻的标准。要擅长爱自己的妻子；要善于珍惜她的健康，珍惜她的美丽和声望；要善于保护她不会得病——特别是不要让她过度疲劳或者受到不公正的待遇。

你妻子的名誉，你孩子母亲的名誉，正是你的家族的名誉。

男人对女人的爱以及女人对男人的爱是亲密且神圣的。年轻人要保守爱情的秘密，不要随意公开内心深处隐秘的感情。从我们嘴中说出的关于爱情的话语，只能是崇高和高尚的。如果一个人用不雅粗俗的话语来谈论最美好、最秘密的东西，那他就是侮辱了自己的母亲。

贬低人的尊严，出卖人类最高的感情——爱，就是最大的罪恶。如果他违背了作为父亲、母亲、丈夫、妻子的伟大职责，那么他也不可能是一个可靠的人。为子女而忠于做丈夫、父亲、母亲、妻子的职责是一所人类忠诚和诚实的学校。父亲和母亲的相处方式决定了他们的儿子和女儿如何看待世界，如何审视自己。在家庭关系和婚姻关系中，背叛是最不能宽容的卑鄙行为。

我们想说，教育的最高智慧，是能够把孩子们看成是明天的父亲和母亲。从表面上看，这似乎是很遥远的事。可对于我而言，我已经经历了时间三次无情的循环：那些在我教学工作头几年的学生，现在带着自己的孙子来上学了。如果您是这位老师，看着那些刚刚进入学校的孩子的眼睛，读一读字里行间他们的想法，您会看到他们在未来会成为什么样的父母，您就会以完全不同的方式教育他们。最初，你不需要经常告诉他们：时间很快会过去，总有一天你会有自己的孩子。但这是必须要做的，让处于童年和少年时期的孩子考虑这个问题，让他们对自己未来要承担的责任感到震惊吧。当男孩女孩们的心灵逐渐发育成熟时，他们就会成熟而严肃地考虑未来成为父亲母亲的问题。

我再次强调，在男女逐渐成熟的时期，对生活的目标和人的职责、对愿望和行为的美好、崇高和尊严，对和异性精神接触的最大幸福的考量，会让他们忐忑不安，这一点是有特殊重要性的。在此期间，男孩和女孩的精神生活越是丰富，他们的情感和体会的道德色彩就越明显、越崇高。维护感情的神圣的不可侵犯和克制早期性萌动的秘密的需求就越强烈。

爱情是一朵盛开的花，最好不要触碰它。整个花朵的美丽会让年轻的心灵为之惊叹，无须再对每一个花瓣为什么美丽进行分析。

在男女发育成熟的时期，在首次担忧且害羞地观察世界的时候，总是想通过自己的行为给大家带去幸福和益处，其中会具体表现出对人的关怀、焦虑、不安、担忧和痛苦——这些重要的精神活动能让爱情绚丽多彩。爱情是让人更加热衷于做善事和对邪恶永不妥协的崇高的精神行为。

为了培养高尚的品格，在男孩、女孩两性意识觉醒的过程中非常重要的一点是，让他们的生活充满对真理的渴望。幸福生活的岁月中使人心情激动的欲望，从本质上讲，应该是善良和真实的。

我们经常和青少年谈论应该如何教育孩子。

"几年后，你们将在你们深爱的孩子身上看到自己。"我们这样教育学生。生育不等于创造。人类的创造始于你将自己的智慧、意志和美融入你的孩子身上。当你的孩子发出第一声啼哭，你就会碰到孩子的欲望问题。请记住古老的智慧：如果您想毁掉一个人，给他想要的一切。理智地控制欲望，这是父母的智慧。

对儿童进行道德教育是一种理智的约束。孩子必须知道三件事：可以，不能和应该。形象地说，这三件事好比是三道菜。父母有时会犯一个重大的甚至是致命的错误，即不能正确地交换使用这"三道菜"：可以，不能和应该。孩子12岁，有时是到15岁、16岁时，父母只向他们提供第一道菜："可以"。如果一个孩子成长到少年时期，都是被允许做一切，他会觉得自己是宇宙的中心，一切围绕着他旋转，这种想法会浮现在他脑海中。然后，当你突然发现孩子坐在父母的脖子上时，父母则会以火一般的命令，改变成下一道菜："不允许！"因此孩子的一些行为受到禁止的，不再被允许。这样孩子会感觉到被侮辱了，他会对善与恶，正义与不公正产生错误的认知。到目前为止，他每一根神经都只是感到自己给父母带来了欢乐。无论他做了什么，他的父母都会夸奖他。(即便是他用小拳头吓奶奶，父母也会因此赞扬他是一个独立的人！) 突然，他带给父母的不是欢乐，而是一种不幸和烦恼。这时候，他面对的再不是温和空洞的赞美，而是后脑勺上的一个耳光或是一记皮鞭。脆弱的自尊心会让孩子痛苦。父母每一句严苛的话就是在往他自尊心的伤口上撒盐。自我怜惜是一种精神状态，我毫不夸张地将之称为自私自利的无限源泉。防止您的孩子出现这种情况，这会使他们产生冷漠的性格。但愿他们怜悯自己不要比关心爱护他人更多。

我要再次提醒的是，这些教育不是只针对父母的，也是面向14岁~17岁的青少年朋友的。没有这点，我就无法想象校园是道德文明最重要的中心。多年的经验表明，如果所有这些问题都能成为14岁~17岁孩子们思考的主要内容，如果他们知道自己在将来会成为父母，他们就会成长为完全不同的人。对于他们来说，学习会成为工作和职责，他们会懂得如何看待自己的将来。

教育要做在前面。人真正开始劳动是从18岁上下开始的，但教育他劳动要从他迈出第一步的时候开始。对人类种族延续的知识也应该提前做好准备。教育人注意培养自己的孩子——这包括教授关于人生所需的最主要东西的知识。人们教给孩子很多知识：耕耘、种粮食、驾驶拖拉机、控制机床，这些并不会让人觉得惊讶。但是，没有人考虑教人怎么培养自己的孩子，而这是非常重要的。

有人认为，真正的思想教育始于孩子戴上少先队红领巾的时刻。这是一个错误的想法。当孩子说出"母亲"一词时，思想教育就应该开始了。由人生养的，具有人的品性的孩子会成长为什么样子，在很大程度上取决于孩子与父母的关系和在他念出"母亲""父亲"一词时怀有怎样的感情。孝道是对人性的考验。

那些可怕的人，在他们少年时代就是冷酷无情的。在某种意义上，他们会成为或大或小的叛徒，这取决于向他们开放的"活动领域"。如果这种人成为有家室的人，那么他每天都在做背叛的事：摧残孩子、折磨妻子，让年轻人的心灵变得自私自利、冷漠无情。

如果一个人在少年时代和青年时代早期没有从自己的经历中了解到我们生活中最重要的财富是友谊、忠诚和对理想的坚持（这种理想把年轻人的灵魂牢固地团结在一起，打破这个精神上的联系会是巨大的痛苦），那他就不会幸福。孩子的成长，特别需要这种有反馈的需求——对人的需求。要成为一个真正的人，必须在年轻时敞开你心灵中的丰富的友情，你爱情的纯洁与以后家庭的幸福都取决于此。

友谊是培养爱的学校。我们需要友谊，不是为了充实时光，而是为了让自己的精神变得更加高尚。友谊会将我们灵魂的力量赋予他人，也使我们自己变得更加美丽。

没有友情的爱情是轻薄的。如果一个青年尊敬一位姑娘首先是尊重一个人，如果他爱一位姑娘首先是爱一个人，那么这种崇高的友谊本身也就如同爱情一样美好。不要让男女间的情谊建立在性冲动之上。只有当坚固的友谊让相爱的人联系在一起时，爱情才能从道德上得到证明。不是爱本身激发了道德的纯洁，恰恰相反，是因为有崇高道德，人才能拥有高贵和美好的爱情。

没有所谓的"爱情的科学"，只有人类的科学。谁掌握了它的奥秘，也就是准备好掌握高尚的精神心灵和道德美学的关系。爱情是对人类的严格考验。列宁在与克拉拉·泽特金的谈话中强调，在爱情中要克制、要自律[①]。这主要是指男性要承担的角色。

冲动时需要克制。要知道，彼此相爱的人之间的身体上的亲密接触，只有通过精神上的亲密，即双方都愿意共同生活、生儿育女、患难与共，才能在道德上证明是合理的。结婚前，小伙子想要与爱的人发生身体上的亲密接

---

① 列宁在与克拉拉·泽特金的对话中说："无产阶级是一个新兴的阶级，它不需要任何药物来阻止或刺激。它不想被滥用。它敢但是不想忘记资本主义的可鄙、肮脏和野蛮。它在自己阶级的地位上，在共产主义理想中，获得了斗争的强烈动力。它需要清晰、清晰、清晰。因此，我重复一遍，不应该有任何弱点，也不应该有任何浪费和滥用权力的现象。克制、自律不是被奴役；它们在爱情中也是必不可少的。"（参见《列宁论教育》1973 年俄文版第 3 版，第 626 页。）

触，只会使精神上富有、聪明、诚实的女孩深感羞辱和愤怒。青春时期最快乐的日子，就是精神上富裕的人始终保留着那种纯洁的理想的爱情。

如果两个有着同样尊严感和荣誉感的男孩和姑娘相遇，那么，他们很长一段时间都不会去做越轨的事。这并不意味着他们不想这样做。这种渴望是热烈的、强烈的，但精神上的亲密关系本身就带给他们彼此巨大的幸福，身体上的亲密对他们而言则是次要的、非急迫的了。他们有意将精神上的亲密和理想的爱的时期延长，这让他们得到更大的幸福。

民间谚语说："人生不是走过田野。"一个人在家庭生活中是什么样子，他真实的道德面貌就体现在其中。家庭中的利己主义者和暴躁的人，不可能成为真正的公民。有些人自己的道德发展根本还没有为婚姻做好准备，他们的婚姻就是一种高度不道德的行为，是对他们将要创造的新一代的生活的一种犯罪。有人认为婚姻是为了满足自己的本能需求，一些年轻人认为婚姻可以享受他们婚前他们使用一切办法和承诺手段都享受不到的某种权利。任何法律的限制都不能助长精神约束的弱点的达成。

"请记住，年轻的男孩女孩们。"我们这样教育自己的学生，"结婚后不仅要承担法律责任、物质责任，还要承担精神责任。"社会的精神财富取决于家庭关系的性质。为什么"爱情的诗意"在年轻夫妻共同生活的最初几个月里就消失了？人们结婚时都认为：作为对肉体和精神亲密完全没有障碍的爱情本身，将带来无尽的幸福。不要忘记，爱情之火，形象地说，总是需要一个好的燃料，那就是多方面的精神生活，如果没有这种燃料，爱情会迅速熄灭或只是冒烟，让有毒的空气伤害自己和他人。只有在爱情之外，还拥有什么其他的东西，才能巩固家庭的和谐，如果爱仅限于两性的吸引和身体上的亲密，那么，这种欲望的精神保护是如此的贫乏，贫瘠的关系内核很快就会暴露，而身体的亲密也会成为让人厌恶的事……

请明白，要这样教育我们的青少年，在婚姻中一定要成为爱的创造者，而不只是欢乐爱情的需求者。婚姻生活里，创造的东西应该多于使用掉的。

如果夫妻没有不断储存精神财富，在家庭生活的某一个阶段，会突然发现，丈夫和妻子已经筋疲力尽，他们再也无法向自己心爱的人透露出任何东西，也不会为家庭的精神生活带来什么。婚前由于暂时分离而感到痛苦的人，现在却无法容忍共处一室了，这让家庭生活变成地狱，他们的孩子们首先就会遭受到痛苦。在各个方面都做一个合格的公民，意味着首先要关心社会的未来，而未来就是孩子。请记住，年轻人是未来的丈夫和父亲（妻子和母亲），如果您想组建家庭，请仔细检查您是否准备履行公民的职责。

对于一个懂得如何创造自己爱情的精神财富的人，没有第一次、第二次爱情，只有唯一的爱情。"那些东奔西窜、随意地用自己的情感做交易的人，在我看来最终会觉得自己像乞丐一样可怜。"奥列希·冈察尔[①]用他的长篇小说《旗手》中主人公的口吻如此说过，对爱情忠贞不贰的人说的这些话包含着深刻的哲理。如果你是一个真正的人，假如可以为你所爱的人创造精神财富，那么，你就不会不爱你曾经爱过的人了。真正的爱情，不会随着时间变淡，反而会连年坚固。

有一些五六十岁的男人到了这个年龄后，"突然"发现，他们对妻子没有像青春时期的那种感觉了，于是爱上了年轻美丽的女人。这是道德上的变态。这意味着，这样的人在他们年轻的时候只是过着感官生活，因为对他们来说，爱是本能的满足。不幸的是，一些作家竟然将这种不道德的现象称为"生活的复杂性"……不管这些爱情故事多么复杂，听起来都是虚伪的。这之中没什么复杂的，一切都令人恶心，他们描绘一个青春早已逝去的男人对一个年轻女孩的热爱，这是庸俗化的手段，贬低了那种纯净、轻盈、诗意的，让两个年轻人真正结合在一起的情感。**青春的爱情——少男少女们——这是你们的财富，你们的幸福。但与此同时，长辈们必须用自己智慧的光芒照亮年轻一代的艰辛之路。**

[①] 奥列希·冈察尔（1918—1995）苏联乌克兰作家。乌克兰作协主席，劳动英雄，科学院院士。

小伙子们，你们是未来的丈夫和父亲，要懂得如何珍惜女性的温柔。这种方面，在精神和高尚品性中体现出的是男人最高的荣誉。请记住，对女人的态度通常可以衡量道德水平，马克思写道："基于这种态度，人们可以判断一个人的总体的文化程度。"① 卑鄙的人不仅只在与女性关系的方面，在其他所有方面都会令人感到卑鄙。女人是人类美的最高体现，这种美包含了新生命的诞生、美丽花朵的开放、生命的生长和衰退。她们是生命的代表者和创造者，最深刻地体现了对待人类未来的道德关系。因此，尊重女人就意味着对生命的尊重。

9. 女孩们，对待爱情要有智慧。爱情是一种炽热的感觉，它必须要用理性掌控。这对女孩来说尤其重要，因为你将是未来的母亲。自然与社会赋予你特殊的责任。你是一个女人，具有女性的气质，这种气质是温柔的、端庄的、坚韧的。你的智慧、你的沉着、你的严格，就是对青年最强最有效的教育。女人的智慧可以培养男人的诚实。

爱情与轻浮是不相容的。若是"急于结婚"，你可能会成为一个不快乐的人，如果你着急地去"突然嫁人"的话。你可以将自己的一生托付给你的丈夫，但不要相信"和自己深爱的人一起，住帐篷里也是天堂"之类的无稽之谈。

为了做一个令人爱戴的人，自己应该是一个明智的、精神饱满的人。理智和情感上的无知与匮乏在我们这个时代会成为道德的缺陷。

认为伏特加酒会比你、比与你交谈带给他更多快乐的人，是不可能给你带去幸福的。

女孩的成长要早于男孩。培养女孩明智的爱情观，认真对待最重要的人生问题，是学校真正的道德教育。我认为，教育坚持不懈、勇敢无畏、坚韧

---

① 参见《马克思恩格斯早期著作选》1956年俄文版，第587页。

不屈、对邪恶毫不妥协的女性，是思想上培养人的最重要的任务之一。

从 12 岁开始，我们就与女孩们讨论她们之后作为女人、作为妻子、作为母亲要承担的伟大使命。在这里，非常重要的是让女孩感觉到，老师不是像对待小孩那样对待她们，而是将她们作为未来的女人来看待。

只有当你成为一个睿智的人，你才能感到幸福——这是我们教给未来女性许多思想中的一根红线。数以百万计的、未来的妻子和母亲们，也许会怀着颤抖的心思考：爱是什么？她们有自己的认识。每个男孩，当他成长为男子汉的时候，也许会考虑这个问题。但是，少女们的想法应该是最明智的，因为你们将会成为母亲。

在与 12 岁女孩的交谈中，我以一种特殊的责任感来努力回答这个永恒的问题：爱是什么？我告诉她们：

"我小时候最亲密的人是我的奶奶玛丽娅——她是一个了不起的人，我身上的一切美好、诚实、睿智都要归功于她。她在战争前夕去世了，享年 107 岁。她在我面前打开了一个童话世界，一个母语的世界、一个充满着人性美的世界。我 16 岁那年，一个安静的初秋的夜晚，我和奶奶坐在苹果树下，看着飞往温暖南方的仙鹤，我问道：

'爱是什么？奶奶'

我发现她的黑眼睛变得忧郁而焦虑，她以一种特殊的方式看着我。我觉得奶奶在我身上看到了以前从未见过的新东西。

'爱是什么……人出生后，慢慢长大，最后衰老死亡，但爱却永远存在。如果没有爱，人将无法思考未来。爱是美丽的智慧之眼。上帝创造了世界，教导所有生命繁衍生息。一天，上帝在田野上创造了一个男人和一个女人，教他们建造一间小屋，给了男人一把铁锹，给了一个女人几粒谷物。'你们生活下去繁衍人类吧。'上帝说，'我要回去处理家务，一年后我会回来，看看你们在这里生活得怎么样。'一年后，上帝与天使加布里埃尔一起来了。这是一个清晨，太阳刚刚升起。他看到一个男人和一个女人坐在小屋里，田野里庄稼已经成熟。他们身边是个摇篮，孩子在摇篮里睡觉，一对夫妻看着深红色的天空，然后彼此注视着对方。在他们注视的那一刻，上帝在他们身上看到了某种未知的力量，对他来说这是难以理解的美。这种美比天空和太阳，比大地和麦田还要美。人类瞒着上帝创造了比一切事物都美的东西，甚至比上帝本人还要美，这种美震惊了上帝，以致上帝的灵魂因嫉妒和恐惧而颤抖："这是什么？我创造了世界上的一切，却无法创造出这种美，我甚至没有想到它会存在，它来自哪里，它是什么？"

"这种美这就是爱！"天使加布里埃尔说。

"什么是爱？"上帝问道。

大天使耸了耸肩。

上帝走近那个人，用他苍老的手抚摸他的肩膀，请求道："人啊，教我如何去爱。"起初，这个人甚至没有注意到上帝的手在抚摸他，在他看来，就好像只是苍蝇落在他的肩膀上。上帝重复了他的请求，他恳求那个人。最后，这个人终于听到了上帝的话，回答说：

"爱——不是上帝赐予的，您可以像玩具一样燃烧大地和天空，可以将世界扔进火中，您的灵魂不会因此有丝毫颤动……心中有爱心的人，每一棵小草，每一缕阳光，每一滴露珠，对他们来说都是宝贵的——只有这样才可以得到爱。爱是深情、善良、发自内心的，而你是残酷无情的。你可以学会爱，但你将不再是上帝了。"

上帝是一个软弱暴躁、报复心强的老头，他愤怒地大声喊道：

"哦，这么说，你是不想教我怎么去爱咯，人类？你会记住我的！从现在开始你会变老。时间会带走你的青春和记忆，把这些称之为废墟。五十年后，我会回来，看看你眼中还剩下什么。人类——你们会发现哪个更强大，是爱还是神！"

五十年后，上帝与天使加布里埃尔又一同来到这里。他发现，曾经的窝棚已经变成一个小木屋，荒地上建起了一个花园，麦穗在田间成熟，那个男人的儿子在田里耕作,女儿在收割小麦,孙子们在草地上玩耍。一个老爷爷和一个老奶奶坐在小屋下,看着红色的晨曦,然后望着彼此的眼睛。当上帝看到人类注视彼此的眼神根本没有变老时,上帝感到了恐惧。上帝在男人和女人的眼中看到了更加强大和永恒的美,他不仅看到了爱,还看到了忠诚。他意识到,在人类的忠诚面前,所有神圣的力量都是那么无能为力。上帝为自己的无能为力而愤怒,他变得凶猛且残暴,随时准备摧毁世界。残酷是爱可怕的敌人。

上帝想到:'光衰老还不够,那么,人类都得死去,在折磨和恐惧中陷入地下,腐朽为尘土。死于空虚和无力,死于虚弱和疾病。我会来看你的爱变成了什么。'

三年后,上帝与大天使回来,他看到一个男人坐在一个小土堆上,他的眼神很难过,但充满着更加强大的、上帝不能理解并感到害怕的美。这不仅是爱,不仅是忠诚,还有'内心的纪念'。上帝的手因恐惧而颤抖,他走向那个人,跪在他面前,开始乞求:

'给我这种美。你要什么来换取它都可以,但是请把它给我。'

'我不能给你。'男人回答,'它太珍贵了。获得它的代价就是死亡,而你是不朽的。'

'我可以让你获得永生,获得永恒的青春,但只需将爱给我。'上帝哭了。

'不,没必要。永恒的青春和永生都无法与爱相提并论。'那人回答说,他眼中反映出非常强大的思想和信念,使上帝感到可怕。于是他站起来,捋着胡须,离开坐在小土堆上的老人,转身望向麦田和红色的晨曦,他看到:一个年轻的男人和一个年轻的女人站在金色的阳光下,一会儿看着红色的天空,一会儿彼此望着对方……上帝用双手抓住自己的头,无助地感叹,然后离开人间到天堂去了。从那时起,人类就成了地球上的神。

我的子孙呀,这就是爱!——爱情高于上帝!这是永恒的美和人类的不朽。任时光流逝,爱依然存在,它生活在我们的子孙后代的记忆中。因为有爱。"

这就是爱，女孩们，成千上万的生物在生存繁衍，继续它们的种族，但只有人类拥有爱情——而且只有当他知道如何以人类的方式去爱时，他才是人类。不懂得爱就无法到达人类美丽的顶峰——表示他只是由人生育出来，但没有成为人。

我有很多来自女孩和年轻妇女的信。这些信反映了她们内心的呼唤，但同时也令人不安地提醒我们：真正的爱情必须靠不断地创造、培养和保护。爱不是自然的东西，它不像繁衍的本能一样可以一直继承。

这是众多信件中的一封，写信人是一位17岁的技术学校的学生。她遇到了一个男孩，他们交了朋友。这个男孩喜欢喝酒，粗鲁无礼。他对这个女孩说："不要想办法摆脱我……"这个女孩哭了，她非常痛苦，但是原谅了男孩的粗鲁。从本质上说，这意味着原谅了他的卑鄙："毕竟我爱他。"于是，发生了一件不该发生的事：这个女孩怀孕了，她委身于这个男孩，与其说是出于爱，不如说是出于恐惧。因为她担心如果拒绝他的要求（谈论这些事情很可怕，但在很多情况下都是这样），这个男孩会离开她，去找更听话、更温柔的女孩……当这个女孩对男孩说："我们有孩子了。"他感到惊讶："怎么能说是我们呢？是你，而不是我们。"随后就殴打了她。同时，他还殴打了一个捍卫女孩的朋友。那个女孩只好离开学校，去了另一个城市。她的生活充满痛苦。一段时间后，她得知孩子的父亲因流氓罪被学校开除。

另一封信中，一个女孩也这样写道："他经常喝醉了回来，打我，我爱他，我怕失去他……"

这些信就像是炙热的金属片，我们可以听到女孩的绝望和困惑的呼喊："他爱我，但是不尊重我……怎样才能使他不仅爱我，而且还尊重我？"

当我告诉女孩们这些关于不幸和卑鄙的故事时，我想提醒她们别重蹈覆辙，许多女孩都犯过这些错误，为此她们付出了幸福、健康甚至生命的沉重代价。人的爱不仅应该美好、忠诚，还应该理智、警惕和敏锐，只有聪明、审慎的女孩才能幸福美满。女孩应该意识到生活中不仅仅有美和高尚的东西，生活中还存在着卑鄙、欺骗、欲望、粗鲁和残酷。一个女孩应该拥有的不仅仅是开朗善良的心灵，还要拥有严格坚韧、不轻易委身于人的品格。没有这些，就不可能有真正的坦率高尚的心灵。在人类关系的任何领域，轻率的思想都是有害的，在精神心理和道德美学方面更是致命的。

近年来，"不兼容"这个词已成为流行词。年轻的夫妻不善于计划生活，不善于调整自己的相互关系——这为他们的观点、性格、习惯等的不兼容提供证明。但不能滥用这个概念！"不兼容"具有自身的道德和伦理基础。如果人们只打算在爱情中取乐，而不是创造美好的人际关系，反复无常的人与事就会在其中产生。

爱的智慧在于，一个人能够触摸到另一个人灵魂中难以接近的、复杂的、往往是非常脆弱和敏感的地方。兼容——不是天生的或永恒的东西。选择彼此相爱的人应该要有培养精神兼容的准备。把不兼容认为是一个永远存在的东西来讨论，这种争论的基础是如此幼稚，如此轻率！——如果它没有带来这么多的悲伤和眼泪。所以，学校和家庭的一个非常重要的教育任务就是磨炼，培养每个人与他人兼容的能力。集体生活的智慧首先在于，一个人能否磨平自己的"棱角"，并小心地对待另一个人的"棱角"。精心耐心地削弱自己和他人身上消极的因素，发扬自己和他人身上积极的东西。

很多事情的成功与失败常常取决于在青少年时期是否存在相互严厉要求的智慧。我觉得从精神上培育人的十分复杂的问题是要教育青少年（尤其是女孩们）具有坚韧不拔的严格要求和永不妥协的精神。

在青年的晚期业已形成的"棱角"而体现出的那种东西，在一开始往往是一些顽固、肆意、无法控制自己、无法压抑自己的情绪。我常常和姑娘们专门谈论如何表达严格要求和永不妥协的精神，如何让开始还是温柔的有韧性的孩子的"棱角"不至于变得顽固不化。和男孩子们也要谈论这种话题，但要用另一种口吻。

我希望，每个教育工作者都能明白：不要把学校里的学生仅仅看为父母的孩子，因为这样会有很大的弊端，孩子们有时也在十七八岁的时候步入生活，在生理上已经成熟，但精神上还没有成熟到可以相恋、承担教育、成为复杂的精神生活中明智的、要求严格的人。当然，相恋也好，承担教育责任也好——教育人就是这两者的统一结合——这是最复杂、最快乐、最煎熬、最幸福的劳动。

学校的任务是教育一个和谐的人——一个公民和一个劳动者，一个拥有爱与忠诚的丈夫（妻子）和父亲（母亲）。学校的考试不是看学生能否回答出试卷上的一切问题，学校的主要庆祝活动不是颁发毕业证书。主要的考试是看学生能否成为真正的公民，成为一个勤奋的人，能和自己的爱人生活在对彼此的爱与忠诚中，学校的主要庆祝活动，在我看来，是当父母（曾经也是我们的学生）把他们的孩子送到我们的学校上课，同时老师们深信，我们的学生在我们的培养下，不仅会不断地展现自我，还会将自己提升到人类美和高尚道德的层面。从这之中可以看到，爱是一种强大的力量、伟大的智慧、无与伦比的艺术，它能够创造奇迹——创造人类的奇迹。当那些父母，我曾经的学生，牵着他们孩子的手来到学校，我一次又一次地坚信，应该把爱视为一项艰巨的工作来讨论。

在与女孩真挚的交谈中，我教育她们：

当一个男孩在场时，当你想到他的时候，你的心跳就开始加快，当你希望这个男孩以惊奇和钦佩的眼神看着你时，认为你是世界上的唯一——这意味着你作为女人和母亲的准备已经苏醒。从这一刻开始，你就开启了新的生活，从这一刻起，不但要对自己负责任，还要对将来的那位休戚与共的、你时刻挂念的人负责，这是人的天性所决定的，而这样的天性只是创造美好的事物——未来人类生活的建筑材料，要创造美好的生活，你必须和爱上你的人和你爱上的那个人一起成为美好事物的雕刻家。

产生想做母亲的愿望，是同异性相结合创造新生活的愿望。这是一种无法抗拒的本能的力量，但这还不是人类的爱。想象一块高贵的大理石。雕塑家可以从这块石头中雕刻出一朵美丽的石花、一朵玫瑰，其美丽丝毫不逊色于一朵真正的、芬芳的花朵，挂着露珠，闪烁着朝霞的光芒。他开始雕刻，努力工作，汗流浃背，然后让毫无生命的石头的深处，绽放出一朵栩栩如生的花朵。这是由人的手创造的美。这种美丽是用大理石雕成的，大理石将始终是一块毫无生机的石头，直到它被人用内在的美、天赋和灵性所挖掘。这双体现人高尚精神的手就是人的美。为了获得高尚的爱——让人高尚的感情，就要像这位雕刻家雕刻这个大理石一样。一个没有经历过伟大的爱情劳动的人，在我看来，是一个原始人，他只会把一块大理石带到洞穴里欣赏，却不会想到这块大理石的神秘深处蕴藏着奇妙的美。

不幸的是，恰恰有许多年轻人不愿超越这种原始的可悲的劳动，他们止步于挖出一块大理石，然后欣赏。他感到性的冲动，渴望得到满足，认为这就是爱情。如果除此之外再没有其他的东西，那么，夫妻生活就只有生育——要做到这一点，并不需要很大的智慧……但孩子不是小鸡，如果他们获得生命，来到人间，智慧不能超过他们的父母，那么他们是不幸的。

记住，女孩们，你身上女性意识的觉醒（以及男孩在少年时期性的觉醒）可以比作您来到一片采石场，到处都是漂亮大理石。只有当您从一块粗糙的大理石看到一朵您想要获取、创造并雕刻的花朵时，您才能成为真正的女人。伟大的爱会让人变得聪慧。记住你是人，人与动物的不同之处在于，人可以抬头仰望星空，人与美丽的小鹿不同的是——虽然它也很美丽——人不但渴望和自己性格相仿的人结合，并且以人深刻的愿望审视着和自己性格相仿的人——这种愿望把人提升到生物界万物之首的位置。

青少年阶段是人类生命的黎明时期，在这个时期，人应当为未来智慧的、勇敢的爱创造精神力量。请仔细思考，姑娘们：为爱创造自己的精神力量，必须贯穿您的一生，保留这份力量直到死亡；这种力量是与你不可分割的，你要避免发生错误和失望。我称爱为睿智和勇敢——这是一个真正的人应该拥有的爱情。

一名18岁的女孩写道："他总是侮辱我，嘲笑我，居高临下地把他的爱给我，我像狗一样——看着他的眼睛，对他忠贞且温柔，我该如何对待自己的感情？"你要做自己感情的主人——仅此而已。

精神和心理上的奴役来源于情感上的无知，源自从开始就缺乏情感修养。当女孩为性吸引，就会屈服于命运不知漂浮到哪里，甚至以为自己正在经历的感觉就是真爱。爱情会带给你幸福和快乐。每个女孩都追求幸福、快乐和精神生活的充实。但是，如果你们不设立任何边界，随波逐流，那么，你将会不知去往何处。如果你的感情中没有理智和勇气，你将无法获得幸福，相反，你可能会遭遇不幸。如果性欲与无知融为一体，只渴望短暂的快乐：这意味着你处于可怕的危险之中：一朵花看上去美丽，但实际却隐藏着致命的毒药。

通常根据自己的道德发展来要求姑娘们迎合他渴望的小伙子只是一个无知的孩子，但孩子可怕的是，因为他将成为父亲，这就像让在摇篮里的婴儿玩一支装满子弹的手枪。如果您能理解，姑娘们，看看你的旁边有多少像这样的孩子，他们还不知道这样会导致怎样的后果——这是最大的不幸。这种不幸的根源来自情感上缺乏教养和愚昧无知。在爱情方面，从无知到卑鄙只有一步之遥。不仅有无知的小伙子，他们只想满足自己的性欲，不愿在精神上成为一个真正的男人；也有无知的姑娘，她们任凭"不负责任"的情感支配自己，用"我不知道为什么会这样，但我喜爱，仅此而已"这种话来为自己的无知辩护。如果男孩们用自己的无知伤害别人，还没有意识到自己的无知也使他本人深受其害，那么，女孩们，你们的无知同样会给你们自己带来痛苦。无论如何，别做愚昧无知的人。天性造就你，让你是聪明、勇敢、谨慎、严格的。在天性唤醒你女性意识的那一刻，做一位真正的女人！要懂得审慎，懂得抉择——只要能与女性的睿智和勇气融合在一起，只要不表现出轻浮，就不用害怕。

在精神心理和道德审美领域，如果一位女性成为爱情的主宰，就会体现出普遍的和谐。睿智和勇敢将存在于她的灵魂里。

女性——爱的主宰者——拥有可以培养男性强大、深情和温柔的力量。女人的坚毅果敢的精神造就了在精神上高尚美丽、忠诚可靠的男人。依靠母亲的乳汁让自己获得爱情就是责任（首先是责任，随后是快乐），知道这个真理的小女孩、姑娘和妇女，会对人类的美有严格的要求，对损坏人的尊严、欺诈行为、虚伪的态度和无所事事等邪恶形象绝不姑息。对美要求的严厉性可以帮助她在家庭中建立严格的教育法规，即每个家庭成员对他人的幸福、快乐、命运、生活负责任的精神。

对人负责的精神是婚姻生活的一个领域。当看到不负责任的小事发展成为大事的时候，人们就会感到心痛不已。孩子是爱的结晶。害羞的爱的目光、拥抱、亲吻、这是创造新生活的第一步。你如何看待爱的幸福，你在其中发现了什么，决定了孩子的幸福和整个人类世界的命运。可怕的是我们经常看到一些孩子，看到他们那忧郁绝望的眼神，我的心都碎了。这些孩子因为那些不负责任的青年男女们的轻浮行为而来到世上，他们之间没有任何爱情，好像孩子是无意中出生的。这些孩子是不幸的。我认识一个小孩，他第一份感情是愤怒，第一个信念是世界上没有真理。

秋季的一个阴天，天空正在下雨。7岁的科利亚站在汽车场的门口。他为什么来这里？他没有父亲，科利亚从他的母亲和人们那里了解到他的父亲在这里当司机。有一次，人们对他说：那个男人是你的父亲。这个男孩记住了父亲的脸庞，现在他只想看看父亲。在心灵的深处，科里亚有一丝希望：也许父亲会停下车，走出驾驶室，走过来问：儿子，你好吗？或者，父亲也许会把他带到车上……想到这些，科利亚紧张起来。可是父亲开车从他身旁经过，他发现，父亲知道他在这里，但是看都没有看他一眼……回家后，孩子的内心充满痛苦和愤怒，这个男孩现在什么都不相信，对他来说世界上没有什么神圣的东西。女孩们，作为未来的母亲，你们知道，心中充满着苦涩与怀疑的孩子对社会来说是多大的不幸吗？教育一个经历过痛苦生活的小男孩是多么艰难，他会觉得谁都不需要自己，我是偶然出现在世界上的，我是母亲的悲伤和惩罚。

　　爱情是一种崇高的人类文明。一个人对待爱情的方式可以帮助我们做出正确的结论：他是一个怎样的人。因为爱可以最明确地体现出一个人对社会的未来和道德基础应负的责任。

对自然美和社会美的态度

只有当人的劳动是为了生产生活所需,同时也在创造美的时候,我们的生活才会更加美好。这时,劳动不仅仅只是为了面包本身。我们的教育理想是让人们不仅为面包而劳动,也为快乐而劳动,让观赏美的事物而激发的善良的情感鼓舞人们为了大家的幸福而劳动。

世界不仅存在着人们需要的、实用的东西,还存在着美。当人成为人的那一刻,从被美丽的花瓣和晚霞深深吸引的时候起,他就开始审视自己了。这意味着人发现了美。

美是人类最深刻的东西。它不以我们的意识和意志而转移,但是人可以发现美、理解美,美就在人的心中。没有我们人的意识,就没有美。"人类的意识不仅反映了客观世界,而且创造了客观世界。"[①]

美是我们生活中的欢乐。人之所以为人,是因为他能看到深邃的夜空中闪烁的群星,傍晚时分粉红的云翳,草原上澄澈的雾气,大风天之前深红的晚霞,地平线远方隐约的轮廓,三月积雪中倒映的青色暗影,蔚蓝的天空中飞翔的白鹤,晶莹的露珠反射的阳光,阴雨天灰色的烟雨,丁香灌木丛上的

---

① 引自列宁的《黑格尔〈逻辑学〉一书摘要》。(参见《列宁全集》俄文版第29卷,第194页。)

紫色的云朵，纤细的花梗，还有化雪时露出的蓝色的风铃草。看到这些，你会惊奇地发现美也让你的内心变得高贵了。生活的乐趣向我们敞开，是因为我们能够听到树叶的沙沙作响，蝈蝈的歌声，春天欢乐的小溪潺潺的流水声，炎热夏日里天空中百灵鸟银铃般的啼叫，雪花的簌簌声和暴风雪的沉吟，海浪温柔拍打沙滩的声音和夜晚的庄严静谧——屏住呼吸仔细聆听这千百年来的美妙乐章吧。要懂得聆听这些音乐，珍惜美，保护好美。

当我们向孩子展现周围世界中的美，唤醒他们的喜悦、兴奋和惊喜之情时，我们会反复谈到这些。炎热的夏日，当孩子们徒步旅行或下课后在橡树林的树荫下休息注视着周围的生命时，我们谈论百灵鸟的银铃般的歌唱。只有当孩子的内心感觉到美时，他们才能理解关于美的话语。观察、倾听、体验所见所闻，这就是进入美丽世界的第一个窗口。

在从事小学教学的几年时间里，我多次带着学生到美的起源地去，这是欣赏美的必不可少的一课。孩子们学会观察、聆听周围世界里的乐章，理解它，欣赏它。

美丽，就是一条小溪，它滋养着善良、热情和爱。自然中，红色的浆果和橙色树叶在闪闪发光的野蔷薇丛，小小的枫树，还有长着几片黄色叶子的苹果树，因夜晚的寒冷而被冻坏的西红柿丛——当孩子们看到这些而倍感惊奇的时候，能够唤醒孩子们内心对生命和美的温柔和善意。孩子们同情准备过冬的植物。在他们眼中，植物变成了活生生的生命，将在刺骨的寒风中受到严寒的侵袭。他们想保护植物免受寒冷的侵害。当我们为了帮助它们抵御寒冬而将玫瑰和葡萄掩蔽起来的时候，儿童轻轻地、小心翼翼地遮掩树枝，以免树枝折断或损坏。冬天，孩子们会为小树苗而焦虑地谈论：它们会不会冷？所以，我们收集积雪为树木提供更多的水分，这对孩子来说实际上是一种劳动，是对美的关心，而不是单纯的履行职责。

孩子把自然界中生命的苏醒当作奥秘来看待、思考、感受和体验，这具有很大的教育意义。初春第一朵绽放的花苞、第一株发芽的嫩草、第一只飞舞的蝴蝶、第一声蛙鸣、第一声燕啼、第一声春雷、小麻雀第一次清洗自己的羽毛——我把所有的这些作为永恒的生命之美展现给孩子们。他们对这种美的触动越深，就越能努力地创造美。对孩子们来说，花园里百花盛开是真正的节日。清晨，孩子们来到花园，欣赏白色、粉红色、紫色和橙色的花朵，一簇一簇如浪花一般，孩子们仿佛漂浮在花的海洋中，还可以听见蜜蜂的嗡嗡声。

这些日子里，不要贪睡，应该在黎明时就起来——我教育孩子们要在太阳升起之前就起床，以免错过第一缕阳光照到满是露珠的花朵的时刻。这是令人惊奇的色彩和光影的艺术。如果孩子能够屏息欣赏这种美，他将不会成为一个无情冷漠的人。我们可以在为人民创造快乐的劳动中发展和丰富由美唤起的精神财富。

只有当人的劳动是为了生产生活所需，同时也在创造美的时候，我们的生活才会更加美好。这时，劳动不仅仅只是为了面包本身。我们的教育理想是让人们不仅为面包而劳动，也为快乐而劳动，让观赏美的事物而激发的善良的情感鼓舞人们为了大家的幸福而劳动。

在儿童时代，美的创造特别重要。儿童的劳动首先是创造体现美的物质财富。要使这种劳动具有崇高的精神和奋发的热情，就需要教育者能够运用智慧的、明快的且有说服力的语言。语言是点燃照亮世界美好事物火炬的火苗。我的《伦理学文选》中有一个童话故事，用来帮助孩子们理解美的本质和创造美的劳动的意义。

非常重要的是，让女性、母亲的形象在儿童的心灵中被美好的光环围绕。如果一个人不能尊重女性的美和伟大（她们的使命和功绩），他就不可能成为一个精神丰富、能够细腻地感受老师教育话语号召的人。我努力让每一个孩子都怀着喜悦的心情揭示出一个对自己很重要的真理：在世界上没有什么比母亲更美好了，母亲培养出英雄的儿子，培养了对祖国忠诚的爱国者。少年时代的学生们听到这个关于母亲站在儿子墓前的故事，都会感到震惊和敬佩。

这是不久前发生的事。一个上了年纪的女人来到第聂伯河岸的村庄。她来自遥远的西伯利亚，是士兵彼得·伊万诺夫的母亲。当苏联军队从第聂伯河发动进攻时，彼得·伊万诺夫是第一个越过河的士兵，他在岸上一块大石头附近占据了一个有利位置。他与法西斯战斗了几个小时，胳膊、腿、头部和胸部受了伤。虽然血流不止，但他继续战斗，消灭敌人。当他的战友们过来支援他时，他已经牺牲了。他们在这里埋葬了18岁的士兵彼得·伊万诺夫。

现在，他的老母亲来到第聂伯河边的村庄，人们为她带来面包和盐。紧握她的手来到第聂伯河岸边的一块大花岗岩前。母亲跪在被鲜花包围的小坟墓旁。她沉默了几分钟，闭上了眼睛，所有与母亲一同来到儿子坟墓的人都保持沉默，整个村庄是沉默的，第聂伯河的河岸是沉默的。在这一时刻，似乎全世界都沉默了，仿佛可以听到母亲的心跳声。母亲弯下腰，捡起一块许多年前被子弹打碎的石子，将它握在手中，把手贴在胸口。

在这一时刻，好像每个和母亲一起来到英雄墓前的人都在聆听这悲伤的沉寂。母亲在心里与儿子对话，她对儿子说了一些其他人永远也不会听到的话，除了母亲，再也没有人知道。

母亲在英雄儿子的墓旁……当您看到一位母亲跪在埋葬着儿子遗骸的地方，要停下脚步默哀，直到母亲站起来。这一刻，母亲思考的是人类的命运。世界上没有什么比这些思考更美、更震撼人心的了。没有什么比母亲弯腰看着熟睡的婴儿露出喜悦之情更美的了。小心地将熟睡的婴儿抱在怀里的幸福的母亲形象，就是美的象征。我们认为这种美是教育中最强大的力量。每天，孩子们走进学校时都会看到一幅画，画上描绘着一位母亲和她的孩子。我把这张画看作是一种思想的象征，我们为之努力，将我们的心灵奉献给孩子，我们因此珍惜当下，关心未来。这是我们生命中最闪亮的美。就像行星围着太阳旋转，我们对孩子的所有照料都应该围绕着美，向美的标准靠拢，被美的光芒照耀。我坚信，这种光芒会教育孩子、青少年看到女性的美，这种崇高的美会鼓舞孩子们，会促使他们用最高的标准——真正的人类之美来衡量自己。

女性美是人类美的顶峰。伟大诗人荷马、但丁、莎士比亚、歌德、普希金、谢甫琴科、密茨凯维奇等创作的不朽艺术形象，都体现有对女性美的热情赞颂。他们怀着纯真的感情赞颂的女性美（他们自己也曾热恋过这种女性），已经成为几代人衡量爱情是否纯洁的道德标准。

在道德上懂得美好事物——我称之为对现实女性真实展现出爱慕的重要条件。一个在道德上、审美上受过培养的人不但爱他人的外表美，也爱他人内在的心灵美。善于做一位可以被丰富思想和情感世界所吸引的人——这是道德和审美观念中十分重要的有教养的体现。

人的眼睛是人的精神生活、思想、情感集中体现与表达的镜子。一个人的智力、审美和道德发展得越高，说明他精神文化的总体水平越高。内在的精神世界可以通过外在的面貌生动地反映出来。有的人总是试图在外表上添加什么特征，用一些根本不能体现人的美甚至是有损尊严的东西装饰自己，这其实只能证明他内在的空虚。荒谬的"时尚"之所以引起愤慨，主要是它们恰好反映了一个人在大喊自己内在的精神空虚——这种嚣叫和挑衅会导致人们无法正常生活，所以令人讨厌。

内在美与外在美的统一是道德品德美的表现。一个人想要做一个美丽的人，希望外表很漂亮，这是很自然的事。这种愿望是否能实现取决于他道德品格是否高尚——他的美在多大程度上与他创造性的实际劳动融为一体。当人们从事自己喜欢的活动时，人的美体现得最为明显，仿佛内心的灵感使外表闪闪发光。米隆[①]在雕刻掷铁饼者时，将运动员内在精神力量的张力和体能上的张力结合起来的美充分展现出来，这并非偶然。人们赞颂精神与体能结合的美。游手好闲是美的最大敌人。我们常常给自己的学生传递这样的思

[①] 米隆（Myron，前480—前440），希腊雕刻家。代表作为《掷铁饼者》。被认为是希腊艺术黄金时期——古典时期的开创者。——编者注

想：劳动者——康拜因手、拖拉机手、飞行员、园丁都是美好的人。当人的智慧散发出丰富的具有创造性的光芒并为创造性的思想所鼓励时，人的内在精神美就会让学者、思想家、诗人、艺术家和工人的面貌异彩纷呈。

如果你想成为一个美丽的人，那就忘我地劳动吧，劳动会使你感觉自己像是所爱事业的创造者和主人。努力劳动会使你的目光反射出人类的伟大幸福——创造的幸福。外在美来源于内在的道德美。喜爱创造性劳动的人，外貌也会更有神采，神态也会更细腻生动。

美丽是培养心灵敏感度的有力手段。在这个高度上，你可以看到不了解感受美和没有喜悦、崇高的精神永远看不到的东西。美是照亮世界的灿烂光芒。有了美，你能看到真理、善良。在这种光芒的照耀下，你会感受到忠诚与坚强。美可以教会我们认识邪恶并与邪恶做斗争。我将美称为心灵的锻炼——它使我们的精神，我们的良知，我们的情感和信念变得更加正直。美丽是一面镜子，你可以在其中看到自我，从而知道要对自己采取什么样的态度。

了解和感受美，是自我教育的源泉。

关于美的道德力量，关于道德文明的观点和思想，可以写一本书——内容肯定不少于我们这本，我们只是谈论了最主要的方面。

感受和体验美，追求美，对丑毫不容忍，所有这些都需要一个发达、敏捷和敏感的头脑。只有智慧与美完美融合，才能赋予崇高的道德。没有思想，美就无法向人揭示生命的伟大和人类本身的伟大。美只有与真理、人道主义和对邪恶的不可调和的精神融为一体时，才能让人变得高尚。我常常向每一代儿童（他们精神上的发展可能已经向他们揭示了具有高尚道德和不道德事物的本质）讲述法西斯占领年代发生的故事。盖世太保整夜在地牢里折磨我们苏维埃人民，清晨他回到家，看太阳升起，准备欣赏美丽的新一天，他走进花园去给玫瑰浇水……这种对美的态度在孩子们的心中引起了恐怖、厌恶和仇恨的情感。孩子们坚信，这里根本没有美和快乐，只存在一个高尚的现实的人的世界，一个与邪恶、仇恨人类相对立的世界，也只有在这种世界里，美才是有力的教育者。我们生活在这个世界中，世间的一切都在影响着我们的内心，也正是因为这个世界，对于美的教育才拥有实际的力量，没有美，也就意味着没有真正的教育。美的力量在我们的社会中能够成为实质的力量，是因为我们有着真理的光芒，有着世界上最公平的社会主义社会中人和人的关系。

我认为教育孩子从小观察美，同时思考美和人类的高尚是十分重要的。理解、反思在磨炼感情方面发挥着特殊作用。我和孩子们一同去池塘边看日出，在那里我给他们讲了一个《牛和山雀》的童话故事。

晚上，池塘上结了一层薄薄的冰——就和现在一样。黎明时分，冰面倒映出彩虹般的光泽：孩子们，看啊，黎明的色彩是如何闪烁的？冰面变成了深红色，然后是粉红色、红色，最后变成了紫色，就像烈火一样。太阳从地平线上升起来了，冰面又变成深红色。一只山雀坐在柳树上，欣赏着朝霞映在冰面上变幻的色彩。山雀用自己美妙的鸣叫称赞着精致细腻的美，歌声充满欢乐又有些许忧伤，因为太阳升起后，冰就要开始融化，所有迷人的景色都会消失。

"我很小，脚爪像绒毛一样柔软，但是我不能坐在这神奇的镜子上。"山雀告诉全世界，"是的，它是一面反映整个世界的镜子。看，它多么美！这种美好的时刻，怎么可以依然沉睡在梦里呢？"

这时，岸边站着一只牛。它听了山雀的歌声，非常感动。如果它不是牛的话，它会因为感动留下泪水，可它是一只牛。它想更靠近一些去看看山雀歌唱的美。它走到冰的边缘，但在这里它还是看不到池里的美景。于是牛儿走进池塘，冰块发出破裂的声音，神奇的镜子碎了，污泥从池底升起。

"美跑到哪里去了？"牛嘟着嘴，喝了口水，走到对岸。

《牛与山雀》的童话故事使孩子们认识到，美只向智慧的人和有思想的展现。

美似乎能打开人们对世界的看法，经过长期的美的熏陶，那些恶劣的、丑陋的事物，会变得再也无法接受。教育的规律之一是让邪恶和丑陋被美丽所取代。在教室中间的桌子上放一束美丽的柳枝——孩子们就会看到在角落里的蜘蛛网。在学校门口种一棵常青树——每个从树旁经过的孩子，心灵深处就会依稀浮现出做一件好事的愿望。要帮助孩子们理解这种愿望。总的来说，我们应当密切关注孩子们心灵中潜意识的活动，要珍惜和发展这些微妙的内心活动，将它们转变成一种志向和渴望。美能够实现这种转化，让模糊的思想变成良心的声音。

美与懒散、游手好闲、浪费时间互不相容。学校教育的道德就是要让对美的认识和理解唤醒孩子的担忧和焦虑，让他们努力去改善周围的环境，将世界建设得比今天更美好。有了对美好事物的正确理解，孩子们就会对冷漠、疏忽所造成的后果感到不安。我们从小就要教导孩子们，如果桌子上没有铺上整洁的桌布，如果地板没有打扫干净，如果角落里的蜘蛛网没有清除，那么，就不可能在这样的教室里上课。

要感受大自然的美，并积极地创造美，我将之称为对年轻人心灵的珍贵锻炼，这是人们力图达到外在美和心灵美的统一，努力培养自身的美好品德，鄙视精神空虚、胆小懦弱所必不可少的锻炼。

俄文版编者后记

《如何培养真正的人》一书的原稿于 1967 年至 1970 年用俄语完成。作者去世后，苏联教育科学研究院教育一般问题研究所中小学生道德实验室对书稿进行了讨论，给予了很高的评价。

本书是根据其原稿整理的一个缩编版本。

本书包含一系列有关培养儿童和青少年共产主义性格特征形成的教诲。探讨了关于培养爱国主义、共产主义思想、高尚的公民的精神、社会主义的人本主义，以及热衷钻研、热爱老师、深刻地认识美等各种问题。

书中的对道德的论述通常分为两部分：一是关于儿童的讨论，为老师和教育工作者提供了大量针对儿童的实证材料；二是作者创作的寓言、短篇小说、童话和传说。

一些教诲是对 1966 年作者在基辅用乌克兰语出版的著作《学校儿童的道德准则》（*Нравственные заповеди детства в школе*）的回应。

作者用富有艺术性的故事和极具画面性的实证材料阐述作品《如何培养真正的人》。В. А. 苏霍姆林斯基还以道德读本的形式编写了五卷本的故事与童话合集，旨在对不同年龄的学生进行教育。